COURS
D'HISTOIRE ET DE GÉOGRAPHIE
COLONIALES
DE LA FRANCE

Fait à l'Association polytechnique

PAR

H. FLASSAYER

Agrégé de l'Université
Professeur au Lycée de Nevers

PARIS

LIBRAIRIE CH. DELAGRAVE

15, RUE SOUFFLOT, 15

COURS
D'HISTOIRE & DE GÉOGRAPHIE
COLONIALES
DE LA FRANCE

COURS
D'HISTOIRE ET DE GÉOGRAPHIE
COLONIALES
DE LA FRANCE

FAIT A L'ASSOCIATION POLYTECHNIQUE

PAR

H. FLASSAYER

AGRÉGÉ DE L'UNIVERSITÉ
PROFESSEUR AU LYCÉE DE NEVERS.

PARIS
LIBRAIRIE CH. DELAGRAVE
15, RUE SOUFFLOT, 15
—
1887

PRÉFACE

Ces conférences d'histoire et géographie des colonies françaises ont été faites à Troyes, dans la salle des cours de l'Association polytechnique. Les auditeurs y ont pris un vif intérêt. Cédant aux sollicitations de plusieurs d'entre eux, je me suis décidé à les publier. J'ai cru d'ailleurs qu'il y aurait quelque utilité à répandre, sur ces questions d'actualité grandissante, une publication intermédiaire entre les manuels classiques et les grands ouvrages spéciaux : les uns, renfermés dans d'étroites limites, ne peuvent consacrer aux colonies qu'une place restreinte, les autres contiennent trop de choses, et, pour cette raison, écoliers et grand public ne les consultent guère.

Ouvrage de vulgarisation avant tout, abondant en renseignements exacts, sinon en vues originales, ce livre pourra montrer à nos écoliers, et aux lecteurs qui, pleins de défiance pour les gros volumes, ne se risquent qu'aux publications de mince envergure, quel intérêt s'attache à notre histoire coloniale, quelles ressources variées offre aux nations intelligentes l'exploitation des possessions lointaines. Il y a dans les entreprises d'outre-mer, sagement conduites, un moyen efficace pour la France d'étendre au loin son influence politique, sa civilisation par la propagation de sa belle langue, et d'augmenter ses richesses, en dépit de la crise qui sévit sur notre vieille Europe, par la création de nouveaux débouchés.

H. Flassayer.

COURS D'HISTOIRE
ET DE
GÉOGRAPHIE COLONIALES
DE LA FRANCE

PREMIÈRE LEÇON

INTÉRÊT DES ÉTUDES COLONIALES. — HISTOIRE GÉNÉRALE
DES COLONIES FRANÇAISES.

Examen des préjugés anti-coloniaux. — En France, on n'a jamais eu beaucoup de goût pour les études géographiques en général, et pour les études coloniales en particulier. C'est un tort qui tend heureusement à se réparer : le public commence à donner aux colonies l'attention qu'elles méritent. Les études coloniales offrent d'ailleurs un intérêt multiple : l'attrait qui s'attache toujours aux aventures héroïques des explorateurs, le sentiment de l'utilité des établissements coloniaux pour la métropole. Le charme historique est goûté de tous les lecteurs ; mais tous les lecteurs n'apprécient pas également l'utilité des colonies pour les nations européennes. Il s'est même formé, sur ce point, à la faveur de l'ignorance, une série de préjugés qu'il est pourtant bien facile de réfuter.

Premier préjugé : la France n'a pas le génie colonisateur. — Le premier de ces préjugés se traduit par la vieille formule si souvent répétée : « La

France n'a pas le génie colonisateur. » Sans doute la preuve est faite, établie par des faits éloquents, que le Français est moins colonisateur que l'Anglais, le Hollandais, le Russe même. Il s'attache moins à la terre et court trop aux aventures, où son activité intrépide se dépense en pure perte. On lui reproche encore de n'avoir pas su conserver des établissements magnifiques où les Anglais ont pris sa place, notamment aux Indes et au Canada. Mais peut-on affirmer que ce soit la faute des colons français ? Le gouvernement de Louis XV n'est-il pas le grand, le seul coupable de cette désertion ? L'historien Macaulay a écrit que les Anglais, ses compatriotes, n'avaient eu, pour fonder leur grand empire des Indes, qu'à appliquer les idées d'un Français, Dupleix, si malheureusement sacrifié par l'ancien régime. Du reste, s'il suffisait d'avoir perdu des établissements coloniaux pour déchoir du rang des nations colonisatrices, qui aurait eu l'esprit moins colonisateur que les Espagnols et les Portugais ? Ceux-ci, après avoir créé de vastes et riches empires, n'en détiennent plus que de maigres débris, où l'autorité métropolitaine a peine à se maintenir, comme on le voit à Cuba. Nul n'ose cependant dénier à ces deux peuples le génie de la colonisation. Pourquoi se montrer si rigoureux pour les Français ?

Deuxième préjugé : les colonies sont une charge pour la métropole. — Il s'est formé un autre préjugé qui, pour être aussi vivace, n'est pas mieux fondé : « Les colonies sont une charge pour la métropole. » C'était l'opinion de Montesquieu ; c'était peut-être aussi celle de Voltaire ; mais ces grands hommes, malgré leur génie, étaient de minces économistes. L'économie politique, qui s'éclaire principalement des données de l'expérience, ne faisait que de naître, au moment où ils écrivaient ; ils ont pu se tromper, faute de documents sur des questions mal comprises ; leur autorité a donc peu de poids et ne saurait nous arrêter. L'établissement d'une colonie entraîne sans doute des frais pour la métropole, et cette charge subsistera tout le temps que la colonie naissante ne sera pas assez forte pour vivre d'elle-même. Mais pourquoi exiger d'une colonie ce qu'on n'attend pas d'une exploitation agricole ou commerciale ? Les années de début ne sont-elles pas des années de sacrifices ? A-t-on jamais entendu un agriculteur se plaindre de ne pouvoir récolter avant d'avoir semé, un industriel de ne pouvoir réaliser des bénéfices avant d'avoir couvert ses frais de première installation ? Pourquoi en serait-il autrement des établissements coloniaux ?

Les bénéfices ne viennent qu'après les sacrifices préliminaires. — Il faut envisager les colonies longtemps après leur fondation. Il en est qui n'ont jamais prospéré. Cela peut tenir à des raisons particulières. Est-ce un motif de condamner le commerce, parce que des commerçants font faillite ? Il en est de même des colonies. Nous en avons qui ont peu rapporté jusqu'à ce jour, comme la Guyane ; qui nous ont coûté longtemps, comme l'Algérie ; mais nous en possédons d'autres qui, en revanche, ont contribué à enrichir notre commerce, comme la Réunion et les Antilles. Considérez l'Angleterre et la Hollande, qui n'ont jamais reculé devant les grosses sommes du budget colonial des dépenses. Que ne rapportent pas à l'une, aujourd'hui, l'empire hindou et l'Australie, à l'autre la grasse ferme des Indes Néerlandaises? S'il est démontré que les colonies enrichissent ces peuples d'origine saxonne, pourquoi la France, qui est d'origine latine, ne pourrait-elle qu'en être appauvrie? Si la différence d'origine est un élément d'appréciation, nous ne saurions nous expliquer en ce cas l'éclat extraordinaire des colonies de l'Espagne aux XVIe et XVIIe siècles, de l'Espagne, qui est de race latine comme le Portugal et la France. Une pareille objection, tirée des nationalités, n'a aucun fondement sérieux. Appliquons à nos colonies les traitements et les remèdes des Anglais, et elles deviendront prospères ; loin d'appauvrir la métropole, elles contribueront à l'enrichir, en lui offrant des débouchés économiques nouveaux.

Troisième préjugé : les colonies ont une influence pernicieuse sur la population métropolitaine. — Quelques écrivains ont pensé que les colonies sont de nature à appauvrir les nations, en leur enlevant des individus richement doués d'activité et de courage, en pratiquant à la population une saignée grave. Ceux qui éprouvent de pareilles craintes sont apparemment insensibles aux théories de Malthus, ce fameux économiste anglais qui voyait un bien dans la diminution de la population, un mal dans son contraire. Du reste, malthusiens et anti-malthusiens ne sont aucunement fondés à combattre l'essor colonial, qui n'a pas plus empêché jusqu'ici la population métropolitaine de s'accroître qu'elle n'a exposé les colonies à un trop-plein. Nous n'avons pas à redouter à notre époque l'excès de population en France, surtout dans les communes rurales ; la dépopulation y tient à des causes qui n'ont certes rien à démêler avec la question coloniale. Nous n'avons pas davantage à craindre que l'immigration au Tonkin ou aux Antilles ne vienne à aggraver ce mal. Si l'immigration coloniale se traduisait par une décroissance de la population métropolitaine, comment nous expliquerions-nous cette coïncidence de l'accroissement de la population anglaise et de l'augmentation du nombre de ses émigrants? Même phénomène s'observe en Allemagne : la population germanique augmente, en même temps qu'augmente le nombre des départs pour l'Amérique. La statistique en fait foi. Il n'y a pas à craindre, d'autre part, l'excès de population aux colonies : il n'est pas une seule colonie qui soit trop peuplée, ni Java, ni les Indes anglaises. Il y a, du reste, sur notre planète tant de terres fécondes encore désertes, que la théorie des progressions ethniques de Malthus doit nous laisser longtemps indifférents sur ce point.

Avantages du développement colonial. — Puisque l'excès de dépopulation n'est jamais à craindre chez un peuple colonisateur, non plus que la surabondance de population dans une colonie, il convient de se réjouir du développement des colonies et d'y voir un bien pour tous : la civilisation porte au loin son flambeau et dissipe les ténèbres de la barbarie ; le commerce voit le nombre de ses débouchés augmenter (1) ; le paupérisme s'atténue, au lieu de s'aggraver par l'obstination du malheureux à demeurer accroupi sur la motte de terre où il végète. Les

(1). Cet argument revêt une force singulière aujourd'hui que la vieille Europe, marchant sur les traces de la jeune Amérique, se fait protectionniste, et que les nations les plus libérales n'hésitent plus à défendre leurs marchés par des aggravations de tarifs douaniers.

colonies nous procurent en outre une retraite sûre pour la transportation des condamnés et la relégation des récidivistes. L'expérience démontre que le paresseux, obligé de travailler pour vivre, s'accoutume au travail et ainsi se moralise. L'exemple des grandes cités australiennes est concluant : là se développe et prospère une population intelligente, laborieuse, honnête, descendant en majeure partie des convicts ou récidivistes relégués par le gouvernement britannique à Botany-Bay, vers la fin du XVIII⁰ siècle. Que faut-il de plus pour démontrer, avec l'intérêt des études coloniales, l'utilité pour les peuples européens d'avoir des colonies et d'en étendre les limites ?

Opinion de M. Paul Leroy-Beaulieu sur la colonisation. — C'est une opinion partagée d'ailleurs par les belliqueux comme par les pacifiques. Un de ceux-ci, éminent professeur au Collège de France, M. Paul Leroy-Beaulieu (1) a écrit sur l'Algérie ces paroles caractéristiques. auxquelles on peut donner une portée plus générale : « La colonisation est une question de vie et de mort : ou la France deviendra une grande puissance africaine, ou elle ne sera dans un siècle ou deux qu'une puissance secondaire ; elle comptera dans le monde à peu près comme la Grèce et la Roumanie comptent en Europe. Nous ambitionnons pour notre patrie des destinées plus hautes : que la France devienne résolûment une nation colonisatrice, alors se rouvrent devant elle les longs espoirs et les vastes pensées. » C'est d'ailleurs dans cette voie que marchent ou s'engagent les plus

---

(1) *Histoire de la colonisation chez les peuples modernes*, par Paul Leroy-Beaulieu.

puissantes nations de l'Europe, l'Angleterre, la Russie, l'Allemagne elle-même, dont l'infatigable chancelier rêve la constitution d'un empire colonial. La France ne reste pas en arrière, et semble avoir hâte de réparer les graves fautes du passé. Ces fautes, l'exposé à grands traits des principales phases de notre histoire coloniale, préface indispensable à ces études, nous les rappellera. Puisse l'avenir nous prouver que la dure expérience aura rendu les Français plus prudents et plus sages !

Histoire de la colonisation française avant François Ier. — Sans remonter aux Gaulois, aux Francs, aux Normands, qui aimèrent les déplacements et visitèrent beaucoup de peuples, nous pouvons dater nos premières colonies du règne de Charles V. D'après le témoignage de certaines chartes paroissiales, des Dieppois, des Rouennais, longeant les côtes occidentales de l'Afrique, auraient établi sur les côtes basses et marécageuses de la Guinée supérieure des comptoirs ou loges, et trafiqué avec ses noirs indigènes. Les horreurs de la guerre de Cent ans à son déclin détournèrent apparemment nos nationaux de ces longues traversées ; puis, quand Christophe Colomb eut découvert l'Amérique, que Vasco de Gama eut doublé le Cap des Tourmentes, entraînant sur leurs pas, à la conquête de mondes nouveaux, une foule d'aventuriers, nos rois, occupés aux guerres improductives d'Italie, tout entiers à la conquête des héritages contestés de Milan et de Naples, empêchèrent l'activité française de rivaliser sur les mers avec l'audace espagnole et portugaise. Çà et là quelques hardis marchands français, soucieux de colonisation, se montraient sur les côtes de Sumatra ou dans les baies de Terre-Neuve ; mais c'étaient là des entreprises isolées et sans avenir.

De François Ier à Henri IV. — François Ier, jaloux des succès de ses voisins, demanda, non sans esprit, qu'on lui montrât l'article du testament d'Adam qui excluait les Français de l'Amérique ; et, sans attendre la réponse, chargea le florentin Verazzani d'explorer les abords de Terre-Neuve et d'occuper l'île. Ce fut notre première colonie officielle. Quelques années plus tard, un Malouin, Jacques Cartier, remontant le grand fleuve Saint-Laurent jusqu'au point où s'élève aujourd'hui Montréal, fit reconnaître aux riverains l'autorité de la France (1535). Dès lors le Canada fut un centre de ralliement pour les colons français. Malheureusement les guerres de religion vinrent arrêter toute expansion coloniale, et nous négligeâmes même de nous maintenir à la Calle où nous avions fondé un établissement pour la pêche du corail. Un patriote, aussi généreux que clairvoyant, l'amiral de Coligny, ne put donner suite à ses beaux projets de colonisation ; le fort de Rio-Janeïro, au Brésil, dut être évacué, et, pendant que catholiques et protestants français s'égorgeaient à l'envi, le champ fut laissé libre à nos rivaux. Dès lors il nous faut attendre, pour reprendre notre essor, la fin de ces guerres fratricides et le XVIIe siècle.

Henri IV. — La seconde partie du règne de Henri IV, qui marque une période de relèvement à l'intérieur, fut le point de départ de notre restauration coloniale. Ce mouvement sera encouragé pendant toute la durée du XVIIe siècle : en même temps que les Anglais et les Hollandais s'ébranlaient à la suite des Espagnols et des Portugais, dont la décadence s'annonçait déjà, les Français colonisaient avec succès. L'Acadie était annexée ; Champlain, remontant la voie ouverte par J. Cartier, fondait Québec et garantissait la sécurité aux colons qui affluaient. Déjà le Canada méritait son nom de Nouvelle-France. Sans doute le goût des aventures de chasse primait tout ; mais les colons agriculteurs ne manquaient pas et l'on pouvait prévoir une appropriation du sol régulière et pleine de promesses.

Richelieu. — Richelieu, continuateur des projets de Henri IV à l'extérieur, hérita de ses idées d'agrandissement colonial. La correspondance du grand Cardinal en offre des preuves nombreuses : ce prince de l'Eglise avait l'esprit large ; il fit décréter qu'il n'y aurait aucune déchéance pour la noblesse à s'adonner au commerce maritime. On n'eût pas encore osé le faire pour le commerce intérieur, et aujourd'hui maints rejetons des plus grands noms de France préfèrent une situation besogneuse au relèvement par l'industrie d'un vieil héritage ébréché. Encouragés par le Cardinal, plusieurs cadets de familles nobles concoururent à l'œuvre coloniale de la Couronne. Le Canada recula ses limites au delà de la région des grands lacs, et les Indiens, attirés par la facilité de nos mœurs, acceptèrent volontiers notre suzeraineté. Aux Antilles le sire d'Esnambuc occupait Saint-Christophe (1625), la Martinique, la Guadeloupe et leurs satellites ; Saint-Domingue devenait le séjour de boucaniers et de flibustiers européens, et le drapeau fleurdelisé flottait à la Guyane. En même temps, Pronis prenait position sur la côte sud-est de Mada-

1.

gascar, désireux d'épier, de cet observatoire, les agissements des Portugais et des Hollandais. Durant les troubles de la Fronde, les encouragements officiels firent défaut à nos colons et aux compagnies d'exploitation commerciale. Cela n'empêche pas les colons du Canada et des Antilles françaises de faire des progrès : d'une part il est poussé jusqu'aux Montagnes Rocheuses et le Far-West mystérieux est entrevu ; d'autre part, la Grenade et les Grenadines, Tabago, Sainte-Lucie, la Dominique, Sainte-Croix, Saint-Barthélemy, Saint-Martin, presque toute la ceinture des petites Antilles, sont déclarées possessions françaises ; d'autre part encore, Flacourt, successeur de Pronis, annexe les satellites orientaux de Madagascar, les Mascareignes, et donne à l'une d'elles le nom de Bourbon.

Colbert. Notre empire colonial au XVIIe siècle. — Le calme rétabli en France, et Colbert arrivé aux affaires (1661-83), nos colonies reçurent la plus vive et la plus féconde impulsion. Ce n'est pas le moment d'apprécier les idées économiques de ce grand ministre : on est toujours un peu de son temps, même quand on le domine. Colbert était protectionniste, mais il n'imposait à notre commerce la protection, les monopoles et tout l'appareil du mercantilisme qu'à titre provisoire : quand la France sera assez forte, et ses colonies aussi, il sera temps, pensait-il, d'appliquer la liberté des échanges et de tolérer la concurrence des transports. Du reste, on ne pouvait faire autrement et la liberté illimitée eût tout compromis. Colbert créa deux grandes compagnies des Indes orientales et des Indes occidentales, qui eurent l'appui du roi et des plus riches capitalistes. Ces compagnies eurent le monopole du commerce d'outre-mer, sauf quelques permissions octroyées plus tard à des particuliers, et assurèrent à nos colonies naissantes les débouchés français. Aussitôt, les colonies firent d'immenses progrès. Ogeron, sous l'égide de la France, fonde à Saint-Dominique un établissement agricole modèle ; nos Antilles deviennent une source de richesses ; Cavelier de la Salle et Yberville descendent le Mississipi et assurent à leur patrie la possession de la belle Louisiane ; le Mississipi et l'Ohio, ces artères des riches provinces centrales de la grande République de l'Union, sont des fleuves français ; française aussi est la Floride : 40 millions d'habitants vivent aujourd'hui dans ces contrées qui ont été et qui auraient pu demeurer françaises. Nos efforts ne se bornaient pas à l'Amérique : d'Estrées s'emparait en Afrique d'Arquin, de Portendick, de Gorée, qu'il annexait au Sénégal. En Asie, nous prenions pied aux Indes par la création de comptoirs à Surate, à Ceylan, à San-Tomé, par la fondation (1643) de Pondichéry et l'acquisition de Chandernagor. Notre situation coloniale était alors des plus brillantes, et l'Espagne eût pu nous l'envier : outre que nous possédions de fortes positions stratégiques, nous avions presque tous les types de colonies, de culture et de pêche au Canada, de chasse au Canada et à Saint-Domingue, de plantations aux Antilles, de commerce au Sénégal et aux Indes. Mais déjà l'ère de la décadence était proche.

La décadence au XVIII⁰ siècle. — Avec le XVIII⁰ siècle commencent nos épreuves et nos pertes. Le traité d'Utrecht (1713), qui termina l'interminable guerre de la Succession d'Espagne, nous coûta les deux avant-postes de la Nouvelle-France, l'Acadie et Terre-Neuve, que l'Angleterre s'appropria. En même temps, certaine rédaction obscure relativement à nos Antilles laissait la porte ouverte à des complications diplomatiques. Ainsi le déclin du grand règne se marquait aussi dans nos possessions coloniales. Louis XV fut plus malheureux que son prédécesseur, mais aussi bien plus coupable. Incapable d'apprécier les véritables intérêts de la France dans la guerre de Sept ans (1757-63), il laissa la toute-puissante favorite, Madame de Pompadour, diriger les forces militaires de l'Etat vers les champs de bataille allemands : on vit des armées de 100,000 Français combattre, pour le compte de l'Autriche et de la Russie, les lieutenants de Frédéric II, alors que de maigres convois étaient destinés à nos colonies. Non content d'avoir enlevé aux Indes, où nous avions conquis en pleine paix un empire de 30 millions d'individus, le seul homme capable de s'y maintenir, Dupleix, le roi y envoya Lally-Tollendall, soldat très brave, mais dont la bravoure se trouvait égalée par l'imprudence. En même temps, l'on faisait tout le nécessaire pour perdre le Canada et réduire à l'impuissance les efforts valeureux de Montcalm. Et Louis XV, loin de déplorer ces pertes, déclarait, remarque bien singulière, qu'on était enfin débarrassé de quelques arpents de neige !

Etat de nos colonies à l'époque de la guerre de Sept ans. — Sans doute le Canada n'était pas l'idéal d'une colonie agricole. Le nombre des colons avait lentement augmenté ; l'on y avait donné trop d'importance aux aventures de chasse ; les congrégations avaient apporté à la mainmorte une regrettable extension. On avait cependant, en dépit d'une constitution de la propriété par trop féodale, défriché beaucoup de terres ; Québec et d'autres bourgs se peuplaient ; le Français était bien vu, et le progrès, pour être entravé par quelques restrictions administratives, n'était pas moins réel. Le honteux traité de Paris (1763) ne nous coûta pas seulement le Canada ; nous perdîmes encore, avec la Louisiane, abandonnée à nos alliés du Pacte de Famille, qui ne surent pas la garder, plusieurs Antilles, principalement la Grenade, Tabago et la Dominique, et tout le Sénégal, à l'exception du petit comptoir de Gorée. Pour le présent, du moins, la perte des Antilles semblait la plus grave pour la France : soit à cause du climat si doux et du sol si fertile, soit à cause de la nature des plantations de canne à sucre et autres arbustes des tropiques, qui exigent moins de patience et donnent un rendement énorme, les Antilles, les Antilles françaises surtout, étaient alors en pleine prospérité. Les congrégations établies y témoignaient d'une réelle tolérance religieuse ; le régime des permissions y corrigeait les attributions des compagnies ; les travailleurs y jouissaient d'une liberté relative. La traite des nègres y favorisait bien sans doute, malgré les prescriptions du Code noir, la grande propriété avec ses effets dissolvants, et tendait déjà à introduire le fatal absentéisme, cette plaie de la malheureuse Irlande ; mais ces maux n'étaient encore qu'à l'état d'embryons, et l'on n'était frappé que du spectacle de la prospérité et de la richesse.

Du traité de Paris aux traités de 1815. — Le désastreux traité de Paris eût pu être réparé à la faveur de notre glorieuse participation à la guerre de l'Indépendance américaine, grâce aux défaites continentales des Anglais, grâce surtout aux triomphes de Suffren aux Indes. Par un sentiment de modération exagérée, le ministre Vergennes se contenta de la restitution du Sénégal et de Tabago (traité de Versailles 1783). Dès lors, jusqu'en 1815, nous n'avons plus à enregister que des revers, principalement aux Antilles. D'une part, le bouleversement social est engendré par les réformes timides de la Constituante en faveur des mulâtres, par les réformes trop radicales de la Convention en faveur des nègres. Les mulâtres lèvent les premiers l'étendard de la rébellion ; les noirs suivent. C'est à Saint-Domingue que l'embrasement dura le plus longtemps : l'expédition malencontreuse du général Leclerc, beau-frère de Bonaparte, n'eut d'autre résultat que la perte de 20,000 soldats français, désastre maigrement compensé par la détention de Toussaint-Louverture, le chef des noirs, au fort de Joux (Jura). D'autre part, les Anglais, par la faute même de notre politique envahissante en Europe, durant le Directoire et surtout l'Empire, furent en mesure d'occuper toutes nos colonies américaines, africaines, asiatiques. Nous avions occupé quelque temps l'Egypte, Malte, Corfou et la Louisiane ; mais Bonaparte n'avait pu conserver ces possessions et avait même vendu la Louisiane aux Etats-Unis, ne comprenant pas combien cette réintégration avait été ou pouvait devenir avantageuse. Les traités de 1815 nous rendirent la plupart des colonies que nous avait laissées le traité de Paris, à l'exception de l'Ile-de-France, de Tabago et Sainte-Lucie, que les Anglais, vainqueurs à Waterloo, jugèrent bon de conserver.

Relèvement de la colonisation au XIXᵉ siècle. La Restauration. — Heureusement une ère nouvelle va commencer pour les colonies françaises au XIXᵉ siècle. « Il semble, dit M. Gaffarel (1), que nos divers gouvernements aient renoué la tradition du XVIIᵉ siècle, et essayé de reconstituer notre empire colonial. » La Restauration fait reconnaître nos droits sur Madagascar et tente des améliorations économiques au Sénégal et en Guyane. Ces essais réussirent mal, il est vrai. La tentative guyanaise renouvelée de la triste expédition au Kourou, sous Choiseul, n'eut pas plus de réussite ; l'établissement au Sénégal de cultures intensives n'avait pas été entouré de toutes les garanties que commande la prudence. Ces essais prouvent néanmoins l'intérêt que les Bourbons de la branche aînée portaient aux questions coloniales. Nous ne devons pas oublier non plus que le dernier Bourbon nous a donné Alger (1830), brillant succès qui prépara la conquête du pays, et eût fait oublier peut-être les fautes de la politique intérieure, si elles avaient été moins graves.

Le gouvernement de Juillet et la seconde République. — La conquête de l'Algérie fut l'œuvre de la Monarchie de Juillet. Une nouvelle France se trouva fondée à 48 heures de l'ancienne. A la conquête de l'Algérie le gouvernement de Louis-Philippe joignit quelques petites acquisitions : le Gabon, Assinie, Grand-Bassam, Dabou, sur le golfe de Guinée, Nossi-Bé et Mayotte au nord-ouest de Madagascar, les Marquises et Taïti en Océanie ; mais il commit la faute de se laisser devancer par les Anglais à la Nou-

---

(1) *Colonies françaises*, par P. Gaffarel.

velle-Zélande. La seconde République n'eut pas le temps d'agrandir nos possessions coloniales ; mais elle débuta par une mesure de justice qui les intéressait : elle émancipa les noirs, au risque de mécontenter les créoles ; l'effet de cette brusque émancipation se trouva toutefois amorti par les mesures préparatoires d'amélioration intellectuelle et morale que le roi Louis-Philippe avait appliquées aux colonies.

Le second Empire. — Le second Empire a fait occuper la Nouvelle-Calédonie (1853), les îles Tuamotou (1859), achevé la conquête de l'Algérie, dont il eut plus à cœur de faire un royaume arabe vassal qu'une véritable colonie de production. Il a agrandi, grâce à la valeur du général Faidherbe, le Sénégal, acheté Oboch, sur la mer Rouge, sans oser l'occuper, conquis le delta du Cambodge, imposé notre protectorat au royaume Cambodgien et rétabli l'influence française dans l'Extrême-Orient.

La colonisation sous la troisième République. — La troisième République s'est efforcée de donner à l'Algérie et à nos autres colonies une organisation plus conforme aux institutions modernes. Elle a racheté Saint-Barthélemy à la Suède, converti en sujétion le protectorat de Taïti, et rêve d'annexer les Nouvelles-Hébrides. Elle a reculé, au profit du commerce, les limites du Sénégal jusqu'au haut Niger. Elle ne marchande pas les fonds à Savorgnan de Brazza, qui a étendu notre établissement du Gabon jusqu'au delà de l'Ogooué, au Congo. Forte de ses droits historiques sur Madagascar, ayant à cœur de protéger efficacement les Sakalaves, elle parle haut et ferme aux Hovas de la grande île Malgache, sans s'émouvoir des récriminations intéressées des missionnaires anglicans de Tananarive (1). Elle songe à utiliser la station d'Oboch et la baie de Tadjourah. Elle vient d'établir sur la Tunisie un protectorat précieux pour les intérêts de l'Algérie, sans se laisser arrêter par les accusations d'une opposition systématique (2). Aujourd'hui elle donne toute son attention à nos intérêts dans l'Indo-Chine : le royaume de Cambodge a été transformé en une réelle annexe de la Cochinchine ; le protectorat de l'Annam a été maintenu avec vigueur, et le Tonkin, malgré la Chine, deviendra peut-être le plus beau joyau de notre empire colonial aux Indes (3). En vérité, la France, guérie de ses blessures, relevée de ses humiliations, a repris son rôle glorieux dans le monde.

(1) Un traité conclu le 17 décembre 1885 établit une sorte de protectorat français sur l'île de Madagascar.

(2) De beaux résultats ont été obtenus grâce au contrôle habile de M. Paul Cambon, résident général à Tunis.

(3) M. Paul Bert a été nommé résident général en janvier 1886, et s'est embarqué le 12 février à Marseille pour l'Extrême-Orient, où il va gérer le protectorat de l'Annam et du Tonkin.

IIᵉ LEÇON

L'ALGÉRIE. — SON HISTOIRE

Les premiers habitants. Liby-Phéniciens. Carthaginois. — La région algérienne a eu, à l'origine, sa population autochthone. Il s'y est mêlé, comme partout, des éléments divers, et, parmi ces éléments, l'on peut signaler la race cananéenne, à laquelle se rattachent les fameux Hycsos ou Arabes pasteurs, conquérants éphémères de l'ancienne Egypte. Ainsi a dû se former la race Berbère, mi-sémitique, mi-éthiopienne. Le premier nom de ce peuple paraît être celui de Libyens ou Gétules, donné indistinctement à toutes les peuplades qui occupaient l'Afrique septentrionale depuis les Colonnes d'Hercule jusqu'à la vallée du Nil. Salluste nous les représente sauvages, nomades, portant tout leur bien avec eux, comme Bias, dans leurs fameux *mappalia*. Dans ce pays, qui touche au Soudan, à l'Asie et même à l'Europe, il a dû se produire, dès l'origine, une immense circulation humaine. Mais comme le sol est incliné vers l'Orient, c'est avec l'Orient que les rapports ont dû être les plus fréquents. Après les Cananéens vinrent les Phéniciens, et de ce croisement sortirent les Liby-Phéniciens. Une série de ports ou *emporia* (Utique, Thapsus, Leptis, etc.) s'élevèrent sur la côte méditerranéenne ; plus tard, à l'arrivée d'Elissar (Didon), vaincue avec le parti aristocratique de Tyr par le tyran populaire Pygmalion,

Carthage naquit, et ce nouveau-né établit promptement sa suprématie sur ses aînés. On sait que le gouvernement oligarchique de Carthage, avec son grand conseil, son sénat permanent et ses suffètes électifs, appliquait au commerce toutes ses forces vives, colonisait, colonisait sans relâche, employant au besoin des mercenaires de toutes nationalités, dont les Berbères formaient les plus larges contingents. Le commerce toutefois, quels qu'en fussent les profits, n'absorbait pas exclusivement son activité, et il sut faire rendre à la région qui comprend aujourd'hui la Tunisie et la province de Constantine, tout ce qu'il était possible de lui faire rendre : il y avait de superbes troupeaux de bœufs et de moutons, des plantations d'oliviers, de riches vignobles, et, tous les ans, de magnifiques moissons couvraient les plaines. Après les longues et terribles guerres Puniques, ces terres passèrent à d'autres maîtres.

Les Romains. — Rome, victorieuse des Carthaginois, usa modérément de sa victoire. Elle laissa subsister les royaumes de Numidie et de Mauritanie, ne gardant pour elle qu'une étroite bordure du littoral (de Tabarqua aux îles Kerkenna) ; mais les rois qu'elle maintenait n'étaient pas plus indépendants que les Rajahs tolérés aux Indes par le gouvernement britannique. L'un d'eux, Masinissa, type accompli du cavalier numide, berbère ou kabyle, conquit une grande renommée. Un neveu de celui-ci, le fameux Jugurtha, se perdit par son ambition et son esprit d'indépendance : après avoir épuisé les ressources d'un génie subtil, que devait rappeler Abd-el-Kader, il succomba sous les coups de Marius et les négociations diplomatiques de Sylla, et alla mourir à

Rome, dans les cachots du Tullianum. Rome ne jugea pas encore à propos de soumettre cette région à son autorité directe ; elle était néanmoins bien romaine, si l'on en juge par ce fait caractéristique que l'un des actes du grand drame de la rivalité de César et de Pompée s'y déroula à Thapsus. Le roi pompéien Juba fut vaincu, et le vainqueur César joignit la Numidie à la Mauritanie. Un prince qui avait reçu une éducation romaine, Juba II, gouverna le nouveau royaume ; mais après son règne d'un demi-siècle, pendant lequel la civilisation romaine poussa de plus profondes racines, l'empereur Caligula décréta que la Mauritanie serait une province romaine, annexion qui s'opéra sans grande difficulté.

La civilisation romaine en Afrique. — Les siècles de la domination romaine ne furent point stériles pour l'Afrique : Carthage devint la rivale d'Alexandrie ; les anciennes et les nouvelles cités furent prospères ; il fut fondé des villes, bâti des édifices, percé en tout sens des voies dont on retrouve les solides dallages, dirigé de grands travaux d'utilité générale. L'agriculture atteignit un haut degré de richesse, dont elle se trouve bien éloignée aujourd'hui, malgré les progrès qui ont été réalisés depuis la conquête française. Les témoignages des contemporains et plus encore le spectacle de ruines grandioses, donnent l'idée exacte d'une remarquable prospérité, d'une aisance peu commune. Qu'une pareille civilisation ait disparu sans rien laisser que des souvenirs et des ruines, l'esprit en demeure confondu ; mais si l'on regarde de plus près, on s'aperçoit que cet éclat de la prospérité du « grenier » de Rome, n'était qu'à la surface. Comme le reste du monde romain, la province d'Afrique avait ses bourgeois en petit nombre, vivant sans bruit de la vie municipale, et d'innombrables armées de faméliques, d'esclaves, de colons serfs attachés à la glèbe. De là de fréquentes révoltes, facilement réprimées, mais toujours renaissantes. Le Christianisme s'y établit de bonne heure ; une religion qui promettait l'égalité et annonçait la fin de « l'injustice sociale », devait séduire les nombreux déshérités de la terre africaine ; mais soit déception, soit exagération de l'esprit théologique, les hérésies y germèrent et avec elles surgirent des luttes signalées par d'affreux excès ; c'est la lutte des donatistes et des circoncellions, série interminable de guerres religieuses compliquées de revendications sociales et de sanglantes jacqueries.

Les Vandales. La restauration byzantine. — Un gouverneur mécontent de l'autorité centrale appela les Vandales. Genséric accourut, franchit les Colonnes d'Hercule, dépassa les limites convenues. Le comte Boniface fut réduit à fuir devant ceux qu'il avait appelés et dut leur abandonner Carthage. La prise de possession de cette terre s'effectua comme dans les autres royaumes asservis aux Barbares : le roi des Vandales s'appropria les trésors du fisc et augmenta l'impôt foncier. Il y eut peu de changements dans l'administration, si ce n'est que la piraterie fut inaugurée sur mer. La décadence commença à la mort de Genséric. Dans cette Afrique au climat débilitant, les Vandales, énervés par la chaleur, épuisés par la bonne chère, quand ils n'auraient pu résister que par la sobriété, cette loi des pays chauds, perdirent en peu de temps leur énergie. Les provocations se multipliaient : il y eut des émeutes ; il y eut même une usurpation au détriment d'Hildéric, ami personnel de l'empereur d'Orient, Justinien. Celui-ci envoya son général Bélisaire, qui mit fin au royaume vandale : il n'avait duré qu'un siècle. La restauration byzantine se signala par la reconstruction informe, étrange, de nouvelles forteresses. Le sort des populations n'en fut pas amélioré ; l'anarchie s'en mêla ; les persécutions religieuses eurent pour résultat l'émigration de nombreux ariens ; des insurrections éclatèrent de l'Aurès à la Tripolitaine. Du vivant même de Justinien, tout annonçait la ruine prochaine inévitable de l'établissement factice créé par Bélisaire.

Les Arabes. — Justinien mourut en 565 : moins d'un siècle après, l'Islam, maître de l'Egypte, poussait ses avant-gardes vers la région du Maghreb. Grâce à Sidi-Okba, le fondateur de la ville sainte de Kairouan, la religion de Mahomet s'implanta violemment et profondément. Il naquit plusieurs principautés qui passèrent sous la suzeraineté successive des Ommiades de Damas, des Abbassides de Bagdad, des Kalifes de Cordoue, des Fatimites du Caire. Il se forma ensuite sur les versants de l'Atlas occidental un puissant empire, l'empire d'Al-Mouméïn ; mais il dura peu et eut le sort des dynasties Almoravides et Almohades du Maroc. Des démembrements se produisirent à l'infini sous l'influence dissolvante d'immenses immigrations de pillards arabes. Ce désordre attira l'attention des Espagnols et des Portugais, qui occupèrent divers ports et s'avancèrent jusqu'au Penon d'Alger.

Les frères Barberousse et la Régence d'Alger. — Le cardinal espagnol Ximénès projetait d'y installer un grand établissement militaire, lorsque parurent les frères Barberousse, aventuriers pleins d'audace et de génie, qui changèrent les destinées de l'Afrique septentrionale. Aroudy, l'aîné, condottiere au service du roi de Tunis (1514), s'établit à Alger, malgré les Espagnols, et s'y maintint. Son frère et successeur, Khérédine Barberousse, par un vrai coup de maître qui lui assurait ses conquêtes, reconnut la suzeraineté du sultan des Turcs. Soliman le Magnifique en fit son capitan-pacha ou grand amiral des flottes. Reconnaissant de cette faveur, Barberousse fit de Tunis une vassale de l'Empire des Turcs. Il ne put empêcher Charles-Quint de la prendre (1541); il sut l'empêcher de la garder. Ce même Barberousse, qui combattit avec François Ier contre l'empereur Charles-Quint, fut le véritable fondateur de la régence d'Alger, sorte de république militaire sous la suzeraineté lointaine de la Porte Ottomane. La milice, recrutée comme les janissaires de Constantinople, élisait un agha ou dey; le sultan envoyait un pacha pour le représenter; mais l'autorité de ce fonctionnaire n'ayant pas tardé à devenir purement nominale, le sultan s'abstint d'envoyer un pacha, et le dey d'Alger nomma les beys de l'Ouest, de Tittery, de Constantine.

La piraterie. Démêlés avec la France avant la Restauration. — C'est vers cette époque que la piraterie sur mer commença à s'élever, chez les Algériens, à la hauteur d'une institution politique. On en vivait. La traite des blancs était faite froidement, sans haine ni colère, en vue de la répartition de beaux bénéfices. Cela dura trois siècles avec impunité. Le grand roi, Louis XIV, châtia cependant ces pirates et fit bombarder deux fois Alger, la première fois par Duquesne, la seconde par d'Estrées (1683-88). Il en résulta une salutaire impression de terreur qui faisait dire aux miliciens d'Alger : « Les Français peuvent faire cuire la soupe dans leur pays et venir la manger à Alger. » La haute idée qu'on s'y faisait de la France contribua au maintien des relations pacifiques durant tout le XVIII° siècle. Il ne se passa rien de saillant sous la Révolution et l'Empire. Un instant Napoléon songea à attaquer Alger, mais il y renonça presque aussitôt ; il eut tort : une expédition de ce genre eût été moins périlleuse et plus féconde en résultats utiles que la déplorable expédition d'Espagne.

Polignac et le dey Hussein. — Sous la Restauration, de graves difficultés surgirent. Nous avions, depuis le règne de François Ier, des pêcheurs de corail à la Calle. Le dey Hussein, orgueilleux et emporté, convaincu qu'il n'avait rien à craindre des puissances étrangères, parce que son autorité était illimitée à Alger, avait augmenté notre redevance pour droit de pêche. Cependant la rupture ne vint pas de là. Des Juifs algériens avaient fourni du blé au gouvernement du Directoire. Le compte n'était pas encore réglé, et, devant les prétentions exorbitantes des créanciers, on avait saisi les tribunaux. Hussein, intéressé dans les créances, s'impatientait de ces lenteurs. Une explication publique eut lieu avec le consul Deval ; elle fut orageuse. Notre consul ayant riposté avec vivacité, Hussein le frappa d'un coup d'éventail (avril 1827). Une réparation devenait nécessaire. On envoya le capitaine de la Bretonnerie à Alger : son vaisseau fut criblé de boulets. Devant cette aggravation de l'affront, une attaque s'imposait. Le ministre Clermont-Tonnerre proposa à ses collègues du cabinet de déclarer la guerre à une puissance qui, à son avis, ne faisait point partie intégrante de l'Empire ottoman. L'Angleterre essaya de se mettre en travers, et l'ambassadeur provoqua une explication. Fort de l'adhésion tacite de la Russie, Polignac se contenta de répondre par une circulaire aux puissances. L'Angleterre insistant, nouvelle circulaire à l'Europe, billet net et sec à l'Angleterre. Les relations diplomatiques sont rompues entre l'hôtel du quai d'Orsay et le Foreign-Office.

Conquête d'Alger. — Une expédition est décidée : 40,000 soldats et marins, sous le commandement du maréchal Bourmont et du vice-amiral Duperré, s'embarquent à Toulon pour l'Algérie. Par prudence, on débarque à l'ouest, à Sidi-Ferruch. On prend Alger en flanc : les fantassins français écrasent la cavalerie algérienne sur le plateau de Staouéli. On cerne le fort l'Empereur, on le prend ainsi que la Kasbah ou citadelle. Alger se trouve exposé à nos feux et Hussein demande à capituler. Le 6 juillet 1830, l'armée française entra victorieuse dans cette ville qui avait bravé Charles-Quint, Louis XIV et toute l'Europe. C'était un brillant succès, et qui eût pu faire pardonner à la Restauration bien des fautes ; mais la promulgation inconstitutionnelle des quatre ordonnances de Juillet ne pouvait être compensée, et entraîna quelques jours après la chute des Bourbons.

Les débuts de la conquête. — La Restauration avait-elle compris toute la portée de ce succès ? On peut en douter. Et le gouvernement de Juillet ? Il le comprit tardivement, et après avoir songé maintes fois à abandonner sa conquête, ne voyant guère dans la possession d'Alger qu'une cause de brouille avec l'Angleterre, un simple dérivatif pour les instincts belliqueux de la nation, une école pour ses généraux, un terrain commode pour donner du prestige aux princes d'Orléans. De là une longue oscillation, comme l'ont remarqué nos historiens, entre les idées de conquête définitive, d'occupation restreinte et d'évacuation complète (1).

Les tâtonnements. Les premiers gouverneurs. — Au lendemain même de la prise d'Alger, les tâtonnements commencèrent. Sans direction, sans orientation, le maréchal Bourmont provoqua des soulèvements en laissant mollir la discipline. Son successeur, Clausel, la rétablit. Impatient d'agir au centre et sur les côtes, il se créa des partisans parmi les indigènes. C'est ainsi qu'il prononça la destitution du bey de Constantine, lui donnant pour remplaçant celui de Tunis, dont les troupes allèrent tenir garnison à Oran. Mais un gouvernement timide ne pouvait s'accommoder d'un esprit aussi entreprenant. On rappela bientôt Clausel ; on le remplaça par le général Berthezène, qui n'eut que quelques régiments il avait vu l'Egypte et l'Orient ; mais ses connaissances et ses idées ne dépassaient guère les frontières de l'islamisme…. Son esprit s'était aiguisé aux subtilités de la casuistique. Nul mieux que lui ne citait à propos les textes sacrés en les interprétant toujours à son avantage… De taille moyenne et bien prise, pâle, les traits fins, l'œil ardent, 1 avait toute la dignité

---

(1) *Histoire d'un établissement français*, par Camille Rousset.

sous sa main. Casimir Perier, le plus énergique et peut-être le plus patriote des ministres de Juillet, rappela le trop prudent Berthezène, qu'il remplaça par Savary. Avec de la volonté il fallait du tact, de la modération ; or Savary, ancien chef de la police de Napoléon, ancien président du comité qui assassina le duc d'Enghien, conduisit tout avec cette brutalité aveugle qui sous l'Empire simplifiait toutes choses. Il y eut des excès dont le retentissement fut tel, que le ministère dut nommer une commission d'enquête. La commission désapprouva Savary et conclut à l'établissement d'un gouvernement général. Au lieu de nommer le général Voirol, qui avait fait ses preuves durant un intérim, et occupé Bougie, on nomma Drouet d'Erlon (juillet 1834).

De caractère flottant, l'esprit affaibli par l'âge, le général Drouet d'Erlon se laissa tirailler par toutes les influences contraires. Il y eut bientôt des soulèvements sur tous les points, mais c'est dans l'ouest que les fautes les plus graves furent commises. L'anarchie régnait dans la province d'Oran. Les tribus sentaient vaguement le besoin d'avoir un chef pour rétablir l'ordre et conduire la guerre sainte contre l'Infidèle. Le vieux Maheddin présenta son fils comme le futur sultan, le Mahdi. Les tribus rassemblées l'accueillirent avec transport et lui firent escorte jusque dans Mascara. A partir de ce jour une puissance indigène redoutable fut fondée.

Portrait d'Abd-el-Kader. — « Le fils de Maheddin, écrit M. Maurice Wahl (1), n'était pas un ambitieux vulgaire ; son éducation avait été soignée ;

---

(1) *L'Algérie*, par Maurice Wahl.

élégante d'un aristocrate arabe avec la mine austère d'un saint. Brillant cavalier, il s'exposait bravement au péril, mais sa vaillance était plus raisonnée qu'instinctive... La parole était un de ses moyens d'action; il montait en chaire et prêchait ; alors sa cause devenait celle de Dieu même et du Prophète. Il ne faudrait pas voir en lui un imposteur habile. Sa foi était sincère ; mais il y avait dans ce croyant un politique et un ambitieux. Il ne se servit si bien des passions religieuses que parce qu'il les ressentait... Son gouvernement ne fut guère qu'une copie un peu corrigée de celui des Turcs ; il n'inventa rien de nouveau. Avec toute son intelligence, il ne sut pas comprendre les supériorités de la civilisation ; il se renferma dans ce mépris haineux et invincible que ceux de sa religion éprouvent presque tous pour ce qui n'est pas musulman. Il n'avait pas dans le caractère la sauvagerie bestiale de tant d'autres chefs de révolte ; mais le sang ne lui faisait pas peur, pourvu qu'il ne fût pas inutile. Sa franchise, sa perfidie, sa clémence et sa cruauté, tout était calculé, tout lui semblait justifié par la sainteté du but. Pour trouver à un tel homme ses égaux et ses pareils, il faut remonter aux siècles théocratiques ; le moyen âge a produit, surtout parmi les politiques d'Église, de ces cerveaux vigoureux et étroits qu'emplissait une seule idée, hommes passionnés et froids, souples et violents, faisant servir leur habileté au triomphe de leurs croyances et leurs croyances à leurs ambitions. Tel était Abd-el-Kader, expression vivante de cette société musulmane si attardée dans son passé, si différente de la nôtre et que nous commençons à peine à connaître après un si long contact. »

Premiers démêlés avec Abd-el-Kader. — Mais les débuts de ce prophète furent lents et pénibles, car il eut des rivaux avec qui il dut compter, principalement Mustapha-ben-Ismaël, le chef des Conlourlis de Tlemcen. Les Français ne surent pas profiter de ces rivalités. Le général Desmichels, d'Oran, où il commandait, entra le premier en relation avec Abd-el-Kader et signa la paix : il y aurait échange de consuls entre Mascara et Oran ; le « prince des croyants » délivrait des sauf-conduits. C'était un recul vers nos premiers traités avec les beys indigènes et le germe du fameux traité futur de la Tafna. Desmichels alla même jusqu'à aider l'émir de Mascara contre Mustapha-ben-Ismaël, et concourut à rendre notre ennemi maître incontesté de cette province de l'Ouest où nous ne possédions que quelques points sur la côte, Arzeu, Oran, Mostaganem. Trézel remplaça Desmichels, mais la fermeté du gouvernement ne se maintint pas, et Abd-el-Kader put occuper impunément Milianah et Médéah. Le général Trézel put cependant refouler l'émir au delà du Sig ; mais, comme il avait perdu beaucoup d'hommes dans les défilés de la Macta et de l'Habra, le gouverneur général le remplaça, au moment où il allait être remplacé lui-même par le maréchal Clausel chargé de venger l'échec de la Macta.

Clausel. Bugeaud et le traité de la Tafna. — Mascara fut occupée, puis tout à coup abandonnée (1835) ; il avait fallu toutes les troupes pour escorter le duc d'Orléans ! En revanche, on s'établit solidement à Tlemcen, où se passa une affaire regrettable : nos alliés, les Coulourlis, payèrent des contributions écrasantes. Sur ces entrefaites, on chercha à assurer, par un établissement sur la Tafna, le ravitaillement de Tlemcen. Bugeaud remporta un magnifique succès sur un plateau qui domine les trois rivières de la Sikkah, de l'Isser et de la Tafna ; mais comme à ce moment on désirait la paix aux Tuileries et que la signer c'était faire sa cour à Louis-Philippe, le général, presque indépendant du gouvernement d'Alger par suite du peu de précision des instructions qu'il avait reçues, traita avec l'émir (mai 1837) : il abandonnait Tlemcen et la ligne de la Tafna contre un léger tribut ; on ne se réservait que les villes précédemment occupées sur le littoral et l'on manquait une excellente occasion de préciser les limites de notre possession du Sahel et de la Mitidja. Une fois de plus, on reconnaissait un sultan de l'Algérie. En vérité, nos généraux étaient de médiocres diplomates.

Double expédition contre Constantine. Prise de cette ville. — Il y a peut-être une excuse à cette faute du traité de la Tafna, que le maréchal Clausel eut le tort de ratifier : on avait besoin d'être en paix à l'Ouest pour noyer l'échec de Constantine à l'Est. Il n'y avait certes pas urgence d'attaquer Ahmed dans Constantine ; il valait mieux en finir dans l'Ouest ; mais on avait hâte de récompenser la fidélité de Yussuf. Encore si l'on avait employé des forces suffisantes ! On avait réuni 8,000 hommes à Bône : il n'en vint que 6,000 à Constantine, par la voie de Guelma, conduits par le maréchal Clausel et le duc de Nemours. La position de Constantine, l'ancienne Cirtha, est forminable : un nid d'aigle surplomblant les torrents du Rummel et du Kébir, un plateau escarpé, quadrangulaire, dont trois côtés sont bordés d'horribles précipices. Le siège devenait impossible avec aussi peu d'hommes, par un temps abominable. L'on battit en retraite sur Bône (novembre 1836); le commandant Changarnier protégea le retour. Cet insuccès valut à Clausel d'être rappelé : on le remplaça par Damrémont. Une nouvelle expédition sur Constantine fut décidée, l'année même du traité de la Tafna (octobre 1837). Cette fois le temps fut beau et le voyage moins pénible. L'attaque est commencée avec vigueur et entrain. Le gouverneur général tombe mortellement blessé; le général Vallée le remplace. Trois colonnes d'attaque rampent vers les forteresses par des sentiers de chèvres. Les colonels Lamoricière et Combes, noirs de fumée, escaladent les murs de la ville. Combes, blessé à mort trouve néanmoins la force de venir en informer le duc de Nemours. Ahmed-bey prend la fuite, réduit à n'être plus qu'un chef de partisans : Constantine est à nous.

Les Portes de Fer. Hostilités générales. — Cependant Abd-el-Kader consolidait sa puissance au sud et à l'est de Mascara, sa capitale, et l'organisait en 8 kalifats. Comme il ose soutenir que nous n'avons pas le droit de nous étendre à l'orient de la Mitidja, le général Vallée demande une rectification de frontières à l'effet de se procurer des communications par terre entre Alger et Constantine. L'émir éludant la proposition, le gouverneur général recourt à un expédient qu'on a trop vanté. Il se rend par mer à Philippeville et delà, par terre, à Constantine, puis, par Sétif et l'étroit défilé des Portes de Fer, dans le Fondouk, il regagne, avec ses troupes, Alger (septembre 1839). L'émir proteste aussitôt contre ce qu'il appelle la violation du traité de la Tafna, et, sans plus de déclaration, envahit la belle plaine de la Mitidja, saccage nos établissements agricoles. Après une rapide concentration de nos troupes (mars 1840), nous ripostons par la prise de Médéah et de Milianah. On se bat à Sétif; on se bat à Mazagran, où 123 Français, commandés par le capitaine Lelièvre, tiennent en respect du haut d'un fortin 1,200 Arabes; on se bat partout.

Portrait de Bugeaud. — Bugeaud remplace Vallée l'année suivante. Cette fois, le favori du roi Louis-Philippe allait faire oublier les défaillances du traité de la Tafna, et se montrer tout à fait digne de la haute mission dont il était investi. L'homme à tout faire de la monarchie de Juillet désarma les rancunes de ses ennemis. « Depuis 1815, dit M. Maurice Wahl dans un portrait aussi remarquable que celui d'Abd-el-Kader, la France n'a pas eu un militaire de cette trempe. Il possédait les qualités extérieures du commandement : allure imposante, vigueur physique, santé invincible à la fatigue et à la vieillesse. Brave et réfléchi, résolu et prudent, il savait combiner et agir. Doué d'une remarquable aptitude aux choses de la guerre, plein de confiance en lui-même, il n'était pas de ceux auxquels en impose l'autorité de la routine; son bon sens aidé de son expérience personnelle lui paraissait supérieur à toutes les traditions. Il fit à son usage une tactique et une stratégie nouvelles, et ses leçons, qu'il appuyait d'éclatants exemples, n'ont pas encore perdu de leur actualité. Il tenait assez à ses idées pour les imposer, mais il aimait mieux les faire partager; officiers et soldats, tout le monde était instruit d'avance de ce qu'on allait faire, et n'en montrait que plus d'intelligence et d'ardeur. Les troupes savaient où il les menait; sûr de lui-même, il leur communiquait son assurance. Vigilant et actif, il s'occupait des moindres détails, parce qu'il savait qu'à la guerre il n'en est point d'insignifiant. Bien qu'il fût de nature peu tendre, il veillait avec le plus grand soin au bien-être du soldat ; il y voyait avec raison l'élément essentiel du succès. Malgré ses imperfections morales et une âpreté d'humeur dont ses lieutenants eurent souvent à souffrir, il se fit une réelle popularité militaire. Le « père Bugeaud » fut pour l'armée d'Afrique ce qu'avait été pour la grande armée le « petit Caporal ».

Victoires de Bugeaud et de ses lieutenants. — L'armée d'Afrique fut portée de 60,000 à 100,000 hommes : on voulait enfin l'occupation complète de l'Algérie. Le nouveau gouverneur général longe le Chélif, occupe Mascara et cette fois garde la capital de l'émir (1842) ; il occupe aussi Tlemcen et les hauteurs environnantes ; il ordonne sur tous les points des razzias, qui furent des plus fructueuses. Pendant ce temps, le général Négrier contenait la région orientale, de Msila à Tébessa. Abd-el-Kader, évitant soigneusement les rencontres décisives, échappe à Bedeau et à Lamoricière. Des garnisons sont installées sur la lisière des hauts plateaux, à Sebdou, à Boghar, etc., tant on est loin de la théorie de l'occupation restreinte, si chère jadis à Bugeaud lui-même. L'armée d'Afrique se forme aux coups de main rapides. Le plus retentissant est l'enlèvement de la Smala, sur les bords du Taguin, par le duc d'Aumale, qui avait alors, au dire du colonel Charras, 21 ans et le diable au corps : 600 soldats français ont raison des 6,000 Arabes qui habitaient cette cité volante, et dont 500 étaient armés jusqu'aux dents. Cette surprise eut les conséquences d'une grande victoire : Abd-el-Kader installa le reste de sa Smala ou maison de l'autre côté du chott Rharbi et passa la frontière du Maroc (1843).

Rupture avec le Maroc. Bataille de l'Isly. — Là il eut recours à une sorte d'agitation religieuse pour décider l'empereur Abd-er-Rhaman, qui hésitait. En même temps il faisait des incursions sur le territoire algérien, ce qui força Bugeaud à établir à Lalla-Magrnia un camp dont il confia la direction au général Lamoricière. Le gouvernement marocain, poussé par l'émir, cria dès lors à la violation du territoire. Il envoya des parlementaires, mais leur arrogance fut telle qu'on dut les rejeter par la force sur Ouchda. Des conférences eurent lieu néanmoins ; le général Bedeau fut le Sylla du moderne Bocchus ; mais le nom français imposa moins de terreur à ces fanatiques, et la conférence fut troublée par une attaque de la cavalerie marocaine. Bugeaud envoya un ultimatum : il réclamait le maintien de l'ancienne frontière, la Kis, et l'internement d'Abd-el-Kader. L'empereur Abd-er-Rhaman, secrètement conseillé par l'Angleterre, osa demander la destitution de Bugeaud, coupable à ses yeux d'avoir violé le territoire voisin. C'était la guerre avec le Maroc. Une bataille s'engagea sur les bords de l'Isly, en août 1844 ; les Français était au nombre de 12,000 contre 40,000. L'Isly fut franchie et les Marocains dispersés : ainsi fut abattue d'un seul coup la jactance du Maroc. En même temps, le prince de Joinville, sans s'arrêter aux représentations britanniques, bombardait Tanger et Mogador sur l'Atlantique. La paix fut conclue ; mais par un sentiment d'indulgence bénévole pour les Marocains, et par crainte de déplaire à nos bons amis les Anglais, Guizot se contenta d'exiger la neutralité du Maroc ; la prudence la plus élémentaire conseillait cependant de réclamer comme limite la ligne de la Malouia avec la possession de l'oasis de Figuig, route du grand Désert, refuge ordinaire des rebelles.

Bou-Maza. — Abd-el-Kader, dont l'internement avait été stipulé, repassera bientôt la frontière. Sur ces entrefaites, on signala dans les monts du Dahra, au nord du Chélif, la révolte de Bou-Maza, fanatique féroce, mais sans intelligence. Le général Pélissier usa de représailles : furieux d'avoir rencontré un grand nombre de braves Français empalés ou pendus, il enfuma un jour dans des grottes, jusqu'à l'asphyxie, une armée entière d'Arabes. Bou-Maza, traqué de toutes parts dans le Dahra, passa sur la rive gauche du fleuve et se réfugia dans les massifs de l'Ouarnsensis. C'est alors que l'émir franchit la Tafna, écrasant à l'improviste la colonne de Montaignac.

Dernières résistances et captivité d'Abd-el-Kader. — A cette nouvelle, Bugeaud, qui était allé en France y recevoir, avec le bâton de maréchal, les félicitations du Gouvernement et des Chambres, s'empressa de revenir (septembre 1845). Occupant solidement toute la région du Tell, il organise contre l'ennemi une véritable chasse à courre. Abd-el-Kader se multiplie en quelque sorte : aujourd'hui il est signalé sur les bords du Chelif, demain au désert, un autre jour aux Ksours sahariens, et presque aussitôt sur les pentes abruptes de la Kabylie ; il trouve le moyen de se glisser entre les mailles d'un réseau inextricable tendu par Bugeaud au centre, par Bedeau à gauche, et à droite par Lamoricière. Abd-el-Kader et Bou-Maza se réfugient un instant à Figuig. Le lieutenant, impatient de tenter de nouveau la fortune, regagne le Dahra, mais il se fait prendre par le colonel Saint-Arnaud. Abd-el-Kader, plus prudent, reste au Maroc : il n'en sort que sous la menace d'être arrêté par les Marocains. Il fuit dans la direction du désert : il tombe dans une compagnie du corps de Lamoricière. Il demande alors à rendre son épée au fils du sultan des Français, et obtient de remette ses destinées entre les mains du duc d'Aumale, récemment nommé gouverneur général. Celui-ci promit trop : son père, trop défiant, loin de ratifier une promesse sacrée, retint l'émir prisonnier à Pau, puis à Amboise. C'est d'Amboise que le président de la seconde République, Louis-Napoléon, laissa notre implacable ennemi se retirer en liberté à Brousse d'abord, à Damas ensuite. Il vient de s'éteindre (1883) dans cette ville, sans avoir jamais violé le serment de fidélité à la France. Nous n'oublierons jamais qu'en 1860 il arracha un grand nombre des nôtres au sabre des égorgeurs syriens, service glorieux qui justifie bien la pension qui lui était payée et qui vient d'être reportée sur la tête de ses enfants.

Achèvement de la conquête sous la seconde République et le second Empire. — En 1848, il ne restait qu'à assurer les frontières du Sud. La prise de Zaatcha et de Laghouat, dans l'Aurès, nous donna la clef des portes du Sahara. Il restait à soumettre dans le Tell la Petite et la Grande Kabylie, régions montagneuses habitées par d'opiniâtres indigènes. Le prince Napoléon, qui songeait déjà à renverser le gouvernement qu'il présidait, et sentait le besoin de s'adjoindre un complice glorieux, fit donner un commandement à Saint-Arnaud : la Petite Kabylie, la plus sauvage des deux, fut cernée et réduite, par l'occupation de quelques points, à l'impuissance de nuire. La Grande Kabylie ne fut domptée que sous l'Empire : ce fut l'œuvre du maréchal Randon (1857). Il y eut encore sous les gouvernements des généraux Pélissier et de Mac-Mahon quelques entreprises dans le Sud. La plus glorieuse parait être celle du général Wimpfen à l'entrée du Grand Désert : il avait pour lieutenant Chanzy. On se souvient que ces deux généraux furent rappelés en France en 1870, pour combattre les Allemands. L'un termina sa carrière militaire à Sedan, après avoir vainement tenté de transformer un désastre sans précédent en une retraite honorable ; l'autre devait diriger, avec une tenacité inébranlable, l'armée de l'Ouest durant l'année terrible, et laisser ensuite, par une mort prématurée, d'impérissables regrets.

Les insurrections sous la troisième République. Le protectorat de la Tunisie. — Les désastres de la guerre franco-allemande devaient avoir leur contre-coup en Algérie : les Orientaux ne croient qu'à la force matérielle ; notre prestige militaire suffisait à les contenir depuis longtemps ; mais, quand ils apprirent que nous n'étions pas invincibles, sans rechercher la cause de notre déchéance, ils commencèrent à s'agiter. Il ne leur manquait plus qu'un chef ; il s'en présenta un, l'agha Mokhrani ; ce rebelle, comblé de bienfaits par l'Empire, crut pouvoir obtenir mieux. Il fallut recommencer une campagne de Kabylie. Mokhrani fut vaincu et tué, la région fut pacifiée et l'honneur principal en revient au brave général Saussier. Il y eut encore d'autres soulèvements dans le Sud-Ouest, où les Si-Sliman et les Abou-Amema semblent viser à reprendre le rôle d'Abd-el-Kader. Insaisissables comme le fut longtemps leur modèle, ils débutent par des massacres d'alfatiers aventurés sur les plateaux, et se réfugient ensuite sur le territoire marocain. Le gouvernement du Maroc, tout despotique qu'il est, souffre de l'anarchie et ne peut contenir ses turbulents vassaux. Devons-nous en souffrir? Non certes, et c'est pourquoi l'annexion de Figuig s'impose. Ne pas l'exiger serait une imprudence, un nouvel encouragement aux pillards, aux marabouts fanatiques. Grâce à un remarquable esprit de prévoyance et de décision, le cabinet Ferry a su mettre notre belle colonie algérienne à l'abri de toute incursion dangereuse du côté de l'Est. Qu'il y ait eu ou non des Kroumirs, puisque la question de leur présence a été agitée, le Protectorat français imposé à la Tunisie par le traité du Bardo est un des actes les plus utiles et les plus glorieux du gouvernement de la troisième République. Grâce à ce succès de nos armes et de notre diplomatie, les rassemblements de la Tripolitaine sont moins à craindre que ceux de Figuig; les intérêts algériens se trouvent solidement assurés.

IIIᵉ LEÇON

L'ALGÉRIE. — LE SOL. — LES HABITANTS.

Orographie de l'Algérie. La chaîne du Tell. — L'unité géographique du Magrheb ou Berbérie est évidente, malgré les événements qui l'ont brisée en trois morceaux, le Maroc, l'Algérie, la Tunisie, ces deux derniers étroitement liés ensemble aujourd'hui. Le massif de l'Atlas en constitue la charpente. Certains géographes ont donné de cette région une division fantaisiste, qui a cours encore dans quelques écoles : l'Algérie et la Tunisie seraient traversées par trois chaînes régulières, distinctes, le Petit, le Moyen et le Grand Atlas ; or l'orographie de la contrée ne comporte que deux grandes divisions : au nord, entre les hauts plateaux, les montagnes du Tell; au sud, entre les hauts plateaux et le désert, les montagnes du Sahara. Avec ses empâtements de massifs, ses dépressions brusques, ses vallées creusées dans tous les sens, la chaîne du Tell, semble ne présenter que confusion et discontinuité. Une observation attentive démontre l'existence d'une chaîne à peine interrompue et dominant le littoral, au nord ; derrière, des vallées plus ou moins profondes ; derrière encore, une autre chaîne : d'où une zone littorale et une zone intérieure. Celle-ci est plus importante que celle-là et forme des massifs moins confus. Parmi ces massifs on doit signaler les monts Jurjura et de la Grande

Kabylie, les Ouarnsensis à gauche du Chélif, et à l'occident les monts de Tlemcen. Les pics les plus élevés n'atteignent pas 2,000 mètres, et l'altitude moyenne semble être de 6 à 700 mètres.

Les montagnes sahariennes. — Le système des montagnes sahariennes, qui forment le relief des hauts plateaux, offre plus de simplicité dans sa constitution et dans la direction de ses chaînes. C'est une longue chaîne régulière et à peu près continue. De longues lignes de crêtes se développent presque parallèlement, creusant entre elles des vallées étroites, profondément encaissées. Le versant méridional est aride, brûlé ; mais sur les pentes opposées et dans les vallées les pâturages abondent et les arbres poussent. Cette chaîne, d'une élévation moyenne de 1,500 à 1,600 mètres, avec quelques sommets de plus de 2,000 mètres, a son point d'attache et de raccordement dans l'Aurès, au sud de Constantine. Au pied du Chébra passe une voie qui conduit sans transition du Tell au Sahara algérien : c'est la voie de Batna, Lambessa, Biskra, bien connue des déportés de 1851. C'est là que se rejoignent et se confondent les bourrelets qui forment les sommets des deux talus septentrionaux et méridionaux de l'Atlas saharien ; il s'en détache toutefois vers le nord-est deux principales rangées qui vont expirer aux caps Blanc et Bon, à gauche et à droite du golfe de Tunis.

L'humidité des sommets et le déboisement. — Telle est l'orographie de notre colonie algérienne. Les montagnes sont loin d'y atteindre aux proportions majestueuses de nos Alpes et même de nos Pyrénées. Cette humilité des sommets est profondément regrettable. Dans un pays situé à la bouche

CARTE DE L'ALGÉRIE

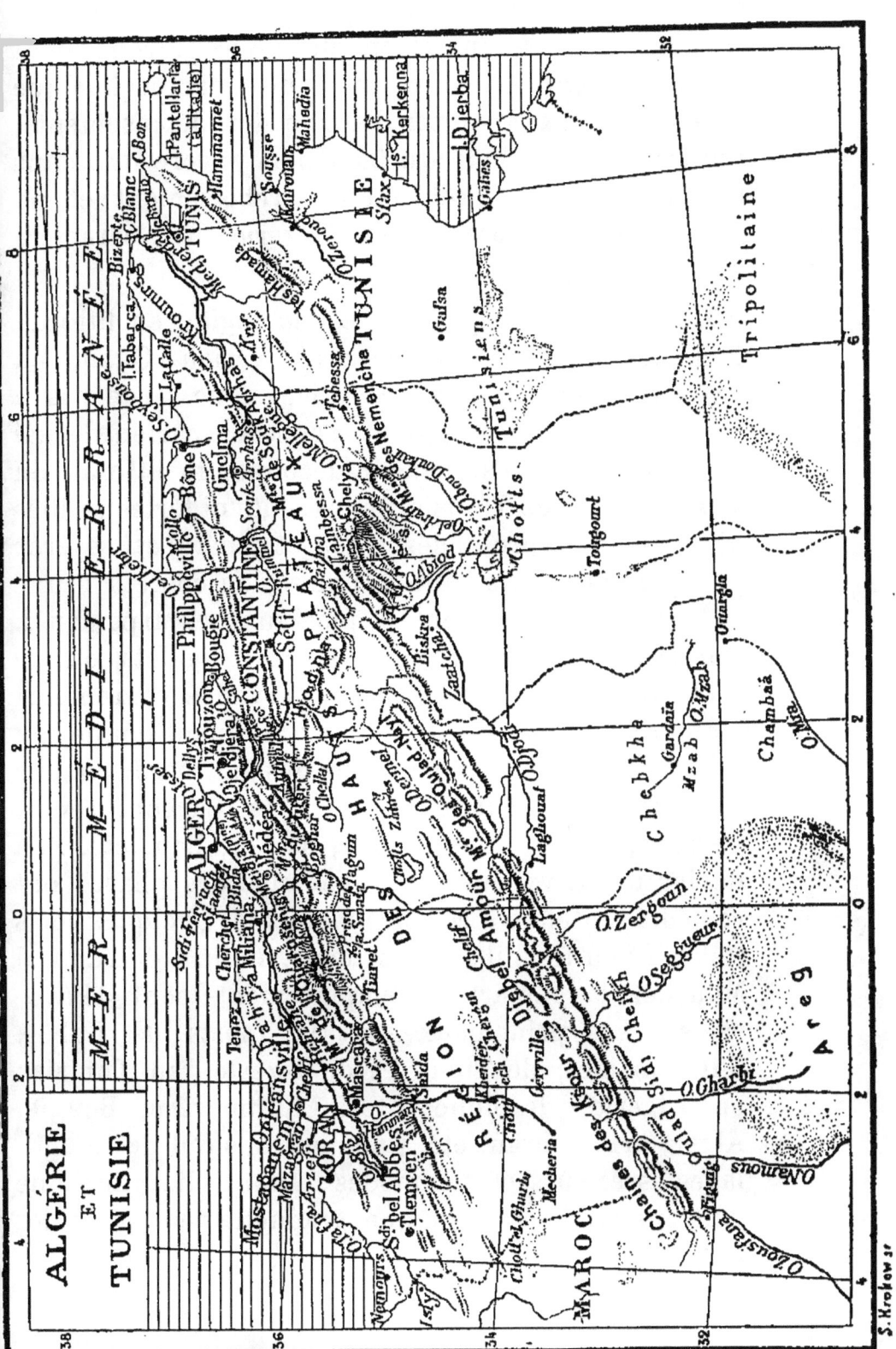

même de l'immense four saharien, les glaciers, les vastes réservoirs qui fécondent l'Europe rendraient de grands services. Au moins peut-on empêcher que ce mal ne s'aggrave par l'action des déboisements, qui tarissent les sources. Bien plus encore que dans la métropole, le problème du reboisement et du gazonnement présente en Algérie un caractère d'urgence.

La côte. — On peut diviser la région en littoral, Tell, hauts plateaux et Sahara algérien. Quand on navigue de France vers l'Algérie, on ne tarde pas à apercevoir un rivage dont l'aspect n'a rien de gai ni d'attrayant. Faiblement découpé, le littoral du Maghreb, sauf en Tunisie, ne présente ni fortes saillies ni échancrures profondes. L'aspect général est sévère : presque partout de hautes falaises, de couleur brune ou rougeâtre, dressent à pic leurs escarpements. Quelques brèches étroites, plages de galets ou de sable fin, interrompent par intervalles ce rempart monotone et chauve. La mer est rarement bonne aux abords de ces rives, par suite des entrecroisements de courants à l'extrémité des caps (Carbon, Tenez, Pescade, Matifou, Bongiarone, de Fer, Bon, etc.). La navigation à vapeur et l'abondance des phares ont remédié toutefois à ces inconvénients. Quelques ports s'élèvent au fond des baies; mais, au dire de l'amiral Mouchez, la plupart des emplacements sont défavorables. Les principaux sont les ports de Gabès, d'Hammamet, de Tunis et de Bizerte, en Tunisie; en Algérie, de Bône, Stora-Philippeville, Bougie, Alger, Arzeu, Oran, etc. Quelques-uns ont des mouillages assez sûrs et commodes ; les améliorations ne peuvent être réalisées que graduellement pour les autres.

Les cours d'eau du Tell. — Le littoral franchi, on entre dans le Tell, d'un mot arabe qui signifie colline, ou d'un mot latin qui signifie terre arable. La première de ces étymologies a peut-être plus de justesse que l'autre. A voir la carte, ce Tell montueux semble riche en eaux courantes ; on y remarque un grand nombre de rivières, dont les principales sont, de l'est à l'ouest : la Medjerda, tributaire du golfe de Tunis ; la Seybouse, qui arrose Guelma et Bône ; le Safsaf, bordé de beaux peupliers, et qui aboutit à Philippeville ; le Kébir et le sauvage Rummel, qui se réunissent au pied de Constantine ; le Sahel, ligne de démarcation entre les deux Kabylies ; l'Isser oriental ; l'Harrach et la Mazafran, qui fécondent la Mitidja et se jettent dans la baie d'Alger, entre les deux promontoires de Pescade et de Matifou ; le vaste et sinueux Chélif, le seul de ces cours d'eau qui prenne sa source au delà du Tell ; la Sig, la Tafna, qui enlacent de leurs replis les verdoyantes plaines de Mascara et de Tlemcen.

La question des eaux en Algérie. — Ces rivières ont un caractère torrentueux. Des pentes d'une extrême raideur dans des montagnes au sol imperméable, en plaine un lit démesurément large et des berges incertaines, voilà ce qui frappe. Aucune n'est navigable ; quelques-unes sont, assez malaisément, flottables. Les crues sont soudaines et durent peu ; les ponts sont fréquemment emportés, de sorte que la naïveté du paysan de La Fontaine pourrait s'appeler prudence en Algérie : en cas de crue, le plus sage est d'attendre que la rivière ait fini de couler. L'irrégularité des cours d'eau compromet la culture, la vie même du pays. Avec les fortes épaisseurs de terre végétale qui recouvrent les plaines, avec le chaud soleil qui brille toute l'année, la fécondité est admirable, à condition que l'eau ne manque pas. Il faut donc empêcher l'eau de se perdre à la mer. En Algérie, comme dans tous les pays à cours d'eau intermittents, par suite de l'imperméabilité excessive du sol, on a reconnu la nécessité des barrages, bassins de retenue où l'eau s'accumule pendant l'hiver, pour se rendre, en été, par des aqueducs, dans des canaux de distribution, où elle est répartie suivant les besoins. On n'en a guère construit jusqu'à ce jour que dans la province de l'Ouest, et le plus remarquable est celui de l'Habra, voisin de la jolie ville de Sidi-bel-Abbès, située sur le Sig, qui emmagasine 35 millions de mètres cubes et a coûté 4 millions de francs. Grosses dépenses rendues plus onéreuses par la nécessité de veiller à empêcher que les vases accumulées n'absorbent, ne boivent cette eau si précieuse, mais dépenses indispensables.

Le climat du Tell. — L'aspect du sol, le climat, les productions ne sont pas les mêmes dans toute l'étendue du Tell. Le littoral jouit d'un climat maritime : l'hiver y est d'une douceur printanière, ce qui fait d'Alger la rivale de nos stations provençales les plus recherchées. Mais la clémence de ces hivers du littoral est jugée avec sévérité par nos hygiénistes : elle énerve, affadit l'organisme humain, et le livre, anémique et sans défense, aux brutalités de la saison chaude. On ne peut pas dire que la côte d'Algérie soit malsaine ; mais ceux qui l'ont habitée longtemps finissent par éprouver une diminution de vigueur physique et d'activité intellectuelle.

Les cultures du Tell. Les plaines. — Il n'y a de culture, sur le littoral, qu'aux environs des ports ;

l'on y admire de véritables forêts de verdure, où sont comme noyées d'innombrables villas. Sur les plages d'alluvions s'est établie la culture maraîchère ; elle constitue avec la pêche les ressources naturelles et ordinaires du littoral. Les plaines recouvrent une bonne partie de la surface du Tell ; les plus belles, les mieux cultivées se voient à proximité de Tunis, de Bône, dans la Mitidja, près de Sidi-bel-Abbès et de Tlemcen ; ce sont comme des couloirs évasés entre les massifs montagneux. La température, sèche et franche, s'y supporte mieux que l'énervante humidité du littoral. Malheureusement ces plaines fertiles sont souvent insalubres. Disposées en cuvette, elles reçoivent toutes les eaux qui descendent des montagnes ; ces eaux s'immobilisent en marécages. Périodiquement, à partir des premières chaleurs jusqu'au nettoyage des grandes pluies, les fièvres sévissent. D'immenses améliorations se sont déjà réalisées ; d'autres peuvent être poursuivies ; mais la puissance du travail humain ne va pas jusqu'à changer les formes mêmes du sol : étranglées entre deux montagnes, ces plaines ne seront jamais bien ventilées. La population s'y porte cependant, parce que ces terrains sont très fertiles : l'humus s'y est amassé en couches profondes et l'eau y abonde. Prairies, arbres fruitiers, on peut tout tenter ; mais la principale production est celle des céréales. La Mitidja, couverte de grasses fermes, est comme une autre Beauce. Sétif, au temps des moissons, est perdu au milieu d'un océan d'épis ; il en est de même des plaines de l'Ouest, des vallées de la Sig et de l'Isser occidental.

Les cultures dans les montagnes du Tell. — Pour trouver dans le Tell de véritables hivers, il faut gravir les montagnes : l'âpreté du climat y est salutaire. La région montagneuse a cependant ses contrées insalubres, et il est en Kabylie des vallées encaissées dans des plis de terrain, enveloppées de brouillards, où végète une population rachitique. Le sol des montagnes est naturellement moins fertile que celui des plaines ; il y a cependant des parties fécondes, et le fléau du déboisement n'a pas tout ravagé. A côté des essences forestières, les arbres fruitiers abondent, et particulièrement l'olivier. Mais les plus belles régions sont assurément, avec la plaine de la Mitidja, les pentes de la Tlemcen, heureux coins de terre qui rappellent les plus beaux paysages de notre France. De Tlemcen, si intéressante par ses monuments historiques et les vestiges de son passé, la vue s'étend sur un panorama harmonieux de vallons, de croupes arrondies, de bosquets et de ruisseaux innombrables.

Les hauts plateaux. — Les hauts plateaux, nettement délimités dans les provinces d'Oran et d'Alger, se confondent dans la province de Constantine avec le Tell et le Sahara ; d'où il résulte qu'en Tunisie il n'y a pas de transition sensible entre le littoral et le désert. Ce nom de hauts plateaux est exact : que l'on arrive du sud ou du nord, il faut gravir des pentes pour atteindre cette plate-forme. L'altitude est de 800 à 1,000 mètres, et les ondulations y sont moins accentuées que dans le Tell. Comme les bords sont renflés en forme de bourrelets, les eaux qu'y déposent des pluies rares mais torrentielles, n'ayant aucun écoulement au nord et au sud, refluent par des vallées parallèles dans des dépressions appelées chotts ou sebkhas. On en compte cinq principaux ; ce sont, de l'ouest à l'est :

le Rharbi et le Chergui, encaissés, aux frontières du Maroc, par de hautes rives; les deux Zahrès, au centre ; le vaste Hodna, le plus important de tous (75 kilomètres de longueur), sur les bords duquel des ruines imposantes attestent le souvenir de l'occupation romaine. Le chott n'est pas plus un lac que l'oued n'est un fleuve ou une rivière ; l'eau en est peu profonde, vaseuse, jaunâtre, jamais potable ; en été, quand les Ouadi se perdent en route, le soleil a bientôt fait de tout tarir. L'évaporation laisse alors à sec d'épaisses couches de sel dont les efflorescences blanchâtres présentent, quand la lumière s'y joue, au rapport des voyageurs, l'éblouissant éclat d'une mer de glace ou d'une vaste nappe de sel gemme.

Le climat et le sol des plateaux. — Les hauts plateaux, secs et dénudés, ont un climat extrême. Les écarts de température sont énormes entre les saisons, et quelquefois entre les différentes heures de la même journée. Incommode et pénible, le climat des hauts plateaux n'est pas insalubre : l'air qu'on y respire est fortifiant et la malaria, aux effets morbides, y est inconnue. Bien qu'on ait surnommé cette région le petit désert, le sol n'en est pas stérile : après les pluies, il se revêt d'un tapis de végétation, de plantes herbacées bonnes pour les troupeaux, et surtout d'alfa, qui recouvre les 7/10 de la surface des plateaux et dont la tige sert à fabriquer des nattes, des cordages, du papier. L'alfa alimente un commerce de plus de 10 millions, fait vivre deux chemins de fer, et contribue à peupler les hauts plateaux d'éléments européens. Mais il lui faut de l'eau ; et, comme les pluies sont irrégulières, on pourrait, en forant des puits, en pratiquant des barrages, multiplier les réservoirs d'eau.

Le boisement et le gazonnement des plateaux.
— A la question des eaux est liée celle des forêts ; l'une et l'autre restauration auraient pour conséquence l'extension des pâturages. Le sol, malgré l'affirmation de l'historien Salluste, n'est pas impropre à la végétation forestière. Le reboisement serait une entreprise énorme ; mais on peut procéder graduellement. Un rideau d'arbres continu serait pour l'Algérie tout entière le rempart le plus efficace contre les influences dévastatrices du Sahara et le souffle brûlant du sirocco. Les pâturages sont la grande ressource des indigènes sur les plateaux ; mais l'imprévoyance des Arabes les laisse se détériorer et s'appauvrir. La rareté de l'eau ne permet l'élève du gros bétail qu'à titre exceptionnel ; les moutons seuls s'accommodent volontiers du régime frugal auquel on les soumet. En multipliant les points d'eau, on multiplierait les pâturages. L'élevage européen pourrait à son tour installer dans le pays ses procédés savants et ses puissants moyens d'action. Comme l'Australie, comme les pampas de la Confédération argentine, la région des plateaux pourrait devenir un grand marché de viande, qui aurait pour lui l'avantage de la proximité. L'agriculture tellienne trouverait à sa portée les engrais qui lui ont manqué jusqu'à ce jour ; un trafic réciproque s'établirait des plateaux au Tell, et de l'Algérie à l'Europe.

Le Sahara algérien. — « Le Sahara n'est à personne, » stipule le traité de Tanger (1844) ; il est par conséquent à tout le monde ; de là des évaluations de superficie flottant entre 300,000 et 600,000 kilomètres carrés. En réalité, le Sahara algérien ne comprend que les oasis du nord, dont Tougourt est la plus importante, et les territoires de parcours où se meuvent les tribus soumises des Ouled-Sidi-Cheick, des Ksours, des Ziban. Encore n'exerçons-nous sur les peuplades les plus lointaines, au Souf, au Mzab, chez les Chambas, qu'une suzeraineté plus ou moins effective selon les circonstances. Le Sahara n'est pas pour rien la terre des mirages : il n'est pas de contrée sur laquelle se soient accréditées plus d'erreurs, ni qui prête à plus d'illusions. Ce n'est pas, quoiqu'on l'ait dit, le lit d'une mer nouvellement desséchée : excepté sur les bords de l'Atlantique, le sol ne contient pas de fossiles marins. La stérilité n'est pas absolue : des populations et des animaux y vivent depuis des siècles. Il y a des sables, mais la plus grande partie est occupée par l'Hamada, série de plateaux à peine ondulés, avec quelques coupures à pic, dont le sol a été tellement durci par la sécheresse qu'il a pris la consistance du roc. On perd sa peine à y creuser des puits.

Les puits. — Les oasis. — Le manque d'eau, voilà le fléau ; avec l'eau, le roc redeviendrait terre. Partout où l'homme a pu trouver de l'eau, il s'est installé et a créé ces îlots de verdure qu'on nomme oasis, où s'élève le palmier, qui, comme le riz, veut avoir les pieds dans l'eau et la tête dans le feu du ciel ; arbre précieux dont le fruit, la datte, nourrit l'homme, le suc fournit un breuvage, le tronc des planches, la feuille des nattes. Les oasis sont placées près des sources, ou disposées en archipel le long des ouadi, ces vallées desséchées qui rident le Sahara. L'eau circulant rarement à la surface, il faut aller la chercher dans des nappes souterraines : aussi l'industrie des puisatiers est-elle en grand honneur. Le puisatier court d'ailleurs de grands risques dans ses opérations : en creusant les couches profondes, il peut être noyé par l'irruption des eaux ou écrasé par la chute des déblais. Ces puits coûtent cher et durent peu. Mais, dans la province de Constantine, aux abords des chotts tunisiens, l'administration est venue en aide aux indigènes, et à des moyens enfantins a substitué le secours de notre puissante industrie : des puits arabes ont été solidement restaurés, des puits artésiens tubés en fer établis pour longtemps.

Difficulté de la colonisation au Sahara. — Ce succès est un encouragement à étendre partout les centres de vie et de production. Il faut toutefois se garder des chimères, et ne pas considérer, par une réaction excessive contre les anciennes légendes, le Sahara comme une terre promise. Les oasis tant vantées ne sont elles-mêmes que des paradis relatifs. On pourra améliorer les conditions du pays, sans doute, on ne le changera jamais complètement, car on n'éteindra pas les ardeurs de son climat. La colonisation y sera toujours difficile. Avec des occupations peu pénibles, une hygiène régulière, presque tous les Européens ploient sous l'écrasement du climat. Qu'adviendrait-il, s'ils s'imposaient de dures fatigues? Il ne faut désespérer de rien, sans doute ; mais les projets de voies ferrées trans-sahariennes, de canalisation par les chotts tunisiens au golfe Gabès, malgré la confiance des Lesseps et des Roudaire, présenteront longtemps encore de grandes difficultés.

La population. — La population de l'Algérie est d'un peu moins de trois millions d'habitants, à peine 10 habitants par kilomètre carré. Les indigènes musulmans forment les 5/6 de cette population. La Tunisie, dont la superficie ne dépasse guère celle d'une province algérienne, a une population, proportionnellement supérieure, de plus de deux millions et composée des mêmes éléments, avec cette différence que le chiffre des Européens y est moins élevé. Ainsi, connaître les indigènes algériens, c'est connaître les indigènes tunisiens. Les indigènes se subdivisent en Arabes, Berbères, Maures Coulourlis, Nègres, Juifs ; la population coloniale comprend des Français, des Espagnols, des Italiens, auxquels viennent se joindre quelques Anglais, des Allemands et des Suisses.

Les Arabes. Le type. — Les Arabes ne forment qu'un sixième de la population musulmane. Malgré cette infériorité numérique, l'élément arabe est le plus important. L'Arabe pur sang est grand, fort, élégant. Le grand air et le soleil donnent à sa peau cette belle teinte bronzée qui fait si bien ressortir les lignes énergiques du visage. C'est surtout chez les nomades de l'aristocratie saharienne que ce type se retrouve dans sa plus grande beauté. Il revit sur les toiles éclatantes de Fromentin. Mais tous les Arabes ne ressemblent pas aux superbes cavaliers en burnous blanc du peintre français : la race est souvens altérée par des mélanges, abâtardie par la misère et le vice. Ils supportent les privations et les maladies avec une grande constance ; mais ils gardent devant la maladie une indifférence exagérée. Le fatalisme musulman est anti-hygiénique : malpropreté, variole, typhus, ils ne combattent rien et acceptent tout avec résignation.

La vie nomade. — L'élément nomade est le plus nombreux, par tradition comme par nécessité, le Sahara et les hauts plateaux n'étant pas susceptibles d'une culture régulière. Les caravanes gagnent le Tell aux approches de l'été et reviennent, après l'automne, sur les hauts plateaux. « C'est un curieux spectacle que celui d'une tribu en marche, raconte M. Maurice Wahl (1) : les chameaux s'avancent gravement, en file, portant les provisions, les tentes, les ustensiles de ménage ; puis viennent quelques bœufs ou vaches maigres, les chèvres et la masse serrée des moutons qu'entoure un nuage de poussière ; les femmes, leurs enfants sur le dos, cheminent à pied ; seules les grandes dames du désert prennent place dans l'atta-touch, le palanquin installé sur le chameau. Les hommes, le fusil au poing, sont en avant pour éclairer la route ou en arrière pour la protéger ; d'autres courent sur les flancs de la longue colonne, surveillant les bêtes, les empêchant de s'égarer ou d'être volées. Le soir, on s'arrête et l'on campe. » On campe sous la tente de laine, plantée en terre au moyen de pieux, de deux perches et d'un poteau. C'est un médiocre abri contre la pluie et la poussière, mais elle est légère et portative. L'ameublement est rudimentaire, comme aussi la nourriture : kouskous, fruits, miel et galettes. L'on ne mange de la viande que dans les grandes circonstances, et l'on fait alors rôtir un mouton à la broche. L'élevage est la grande affaire, mais ces pasteurs n'ont pas la science de nos éleveurs, et perdent bien des têtes de bétail par leur faute. L'Arabe du Tell est plutôt cultivateur qu'éleveur ; mais ses cultures sont négligées ; il n'a pas le feu sacré de nos paysans français et des colons algériens.

La religion. — Ce qui réunit les pasteurs du Sup et les laboureurs du Nord, c'est la religion : les mos-

---

(1) *L'Algérie*, par M. Maurice Wahl.

quées, les mausolées des marabouts leur servent de points de ralliement. Le fanatisme religieux est le principal obstacle que nous ayons rencontré en Algérie ; il a suppléé à l'esprit national pour ranimer les révoltes et encourager les résistances. Le moyen de combattre l'influence de l'Islam n'est pas dans le prosélytisme catholique ou protestant ; il faut gagner l'indigène à la civilisation par l'instruction et les affaires : c'est le plus sûr ; l'indigène restera peut-être musulman, comme le Français reste catholique, mais, avant tout, il sera un homme moderne et sociable.

Institutions et caractère des Arabes. — En attendant le peuple arabe se modifie lentement ; il a conservé ses anciennes institutions, et l'unité sociale est toujours la tribu. Si la tribu est nombreuse, elle se fractionne en ferkas et en douars ; si elle est faible, elle noue des alliances et se fédère. Personne civile, elle a ses chefs et sa propriété collective. Le chef est redouté dans la tribu, le ferkar, le douar, comme dans la famille. La condition des femmes est malheureuse ; bien que la polygamie ne soit pas générale, la femme est une servante, une esclave qu'on achète, et qui aime rarement son mari, son maître. Malgré une surveillance étroite, des châtiments terribles, les adultères sont fréquents. A la brutalité les Arabes joignent l'âpreté au gain, licite ou non ; à leurs yeux, le vol est une action indifférente, et la ruse est en grand honneur. Malgré la fierté de leurs allures, ils sont flexibles devant la force et oscillent sans cesse de la fidélité à la révolte, de la révolte à la soumission. Avec cela des qualités précieuses : le courage, le mépris de la mort, la tempérance.

Les Berbères. Le type. — Les vrais indigènes, ce sont les Berbères ; mais ils se sont fortement mélangés et confondus avec l'envahisseur arabe. Pour retrouver cette race dans sa pureté relative, il faut la chercher en Kabylie, dans l'Aurès et les districts du Mzab. Le Berbère, plus souvent brun que blond, a les formes massives et les traits gros. Il n'a pas la finesse, l'élégance native de l'Arabe ; mais sa physionomie est plus naturelle, plus mobile, plus vivante. Le costume est plus simple : burnous en temps de paix, tablier en temps de guerre. Sa nourriture est aussi moins recherchée. L'Arabe, malgré sa sobriété, raille le kouskous noir que le Kabyle apprête avec de l'huile rance et accompagne de méchants légumes.

La vie sédentaire du Kabyle. — Dans la montagneuse région du Jurjura, la vie nomade n'est pas possible ; aussi le Kabyle habite-t-il une maison de pierre fermée, perchée sur une crête rocheuse. Entrez-y : vous y trouverez la malpropreté des douars de la plaine ; ce sont des étables où le bétail habite avec la famille. Les femmes berbères ont plus de liberté que les femmes arabes, se montrent à visage découvert et aident activement leurs maris dans leur labeur ingrat. L'huile d'olives est le plus clair du revenu de la maison. Les Kabyles fabriquent eux-mêmes leurs étoffes, leur poterie, leur poudre, leurs armes. Quelques-uns font du colportage et émigrent, comme nos Savoyards et nos Auvergnats, pour rapporter ensuite au pays natal le pécule amassé dans la plaine.

Organisation politique et mœurs religieuses des Kabyles. — A première vue, leur organisation ressemble à celle des Arabes ; mais la ressemblance est tout extérieure. La tribu kabyle n'a qu'une existence factice et même conventionnelle ; les parties qui la composent, les thaddarts ou villages conservent leur existence propre et ne se laissent pas absorber. Les Kabyles sont musulmans, mais pas tout à fait à la manière arabe : le droit coutumier a plus d'autorité chez eux que le Coran ; ils se soumettent aux prescriptions de la loi religieuse, mais non sans se permettre un peu de fraude. On le voit quand ils mangent du sanglier ; croyant savoir que toute la viande de cet animal n'est pas impure, et ignorant quelle partie n'est point soumise à l'interdiction, ils mangent du sanglier en toute tranquillité, après en avoir jeté un gros morceau au loin, en priant Allah de leur pardonner s'ils n'ont pas mis la main sur la partie défendue. En dépit de ce compromis piquant entre leur appétit et leur conscience, les Berbères de la Kabylie n'en demeurent pas moins très attachés à l'Islam, et, malgré leur avarice, nourrissent tout un clergé régulier, les marabouts, qu'on a comparés à des moines, mais à des moines qui feraient souche.

Les Berbères de l'Aurès et les Mozabites. — Les montagnards de l'Aurès sont les frères des Kabyles : leurs idiomes sonnent comme ceux du Jurjura ; leurs maisons sont bâties sur les crêtes et dominent les vallées ; leur zèle pour la religion est le même, et ils ont le même droit coutumier. Mais ils donnent plus de soins à l'élevage des troupeaux qu'à la culture de la terre, et ne sont pas tout à fait sédentaires comme les Kabyles. A la même famille appartiennent les Mozabites qui, à force de persévérance, ont rendu habitables d'affreux plateaux brûlés à l'entrée du Sahara. Ils ont le goût du commerce et en font avec le Tell. Leurs assemblées ou djemaas, d'apparence si démocratique, sont à la direction du clergé musulman. Il semble toutefois que le despotisme théocratique y perde du terrain, devant les efforts des laïques désireux de l'annexion pure et simple. Mais la corporation des talbas ne se rendra pas sans résistance, et, pour le moment, les deux influences sont en lutte sur la double question de la propriété collective et de la propriété individuelle. Les disputes dégénèrent souvent en collisions sanglantes.

Le Berbère est-il plus accessible que l'Arabe à notre civilisation ? — Le Berbère est aujourd'hui plus à la mode que l'Arabe : on le dit moins réfractaire à notre civilisation. C'est une exagération : il n'est pas complètement sédentaire ; il admet la polygamie ; il a peu de respect pour la femme et la bat volontiers pour lui apprendre à ne pas regarder les étrangers. Il s'arroge même le droit de la tuer, et elle ne possède rien en propre. Leur société n'est pas moins brutale que celle des Arabes. C'est encore méconnaître les Berbères que de parler de leur tiédeur religieuse : leur crédule enthousiasme pour les faux chérifs et leur empressement à s'affilier aux confréries donnent l'exacte mesure de leur ferveur. On s'émerveille encore devant leurs institutions politiques ; mais leurs djemmaas sont tumultueuses et dominées par l'influence des marabouts ; souvent elles dégénèrent en batailles où le sang coule à flots. Enfin les vertus berbères ne résistent pas à l'épreuve des faits. Nos magistrats et nos officiers peuvent nous édifier sur ce qu'on a appelé la franchise kabyle. Aussi violents que les Arabes, ils sont encore plus cruels et d'une cruauté plus raffinée : l'insurrection Mokrani est, sous ce rapport, pleine d'exemples concluants. Ce sont des Berbères aussi ces Touaregs du Grand Désert, qui se sont révélés naguère comme des maîtres dans l'art de trahir. Ils sont venus chercher le colonel Flatters jusqu'à Alger, lui prodiguant les avances et les promesses; quand ils l'eurent attiré dans leur guet-apens, les guides se transformèrent en assassins et en empoisonneurs. La seule supériorité du Berbère sur l'Arabe est dans la tournure plus pratique de son esprit, une intelligence plus souple, une aptitude remarquable à comprendre où est son intérêt. Quand il se sera aperçu que l'instruction est une force, il cherchera à s'instruire. Beaucoup y sont déjà disposés (1). C'est par là que nous aurons prise sur cette race.

Les Maures, les Coulourlis et les nègres de l'Algérie. — Les Maures sont les indigènes qui habitent les villes. Grands et bien faits, quand l'embonpoint ne les alourdit pas, ils ne reproduisent ni le type berbère ni le type arabe; ils resssembleraient plutôt aux populations du Midi de l'Europe: donnez à un Napolitain le turban, la veste collante, le pantalon bouffant, avec la lenteur des allures, rien ne le distingue d'un Maure. Les Maures sont le résidu de toutes les races; ils n'ont joué aucun rôle, et ont subi tous les événements sans protester, sans songer même à le faire. Les professions qu'ils exercent sont de celles qui demandent le moins d'efforts: ils sont nés boutiquiers, mais boutiquiers somnolents: vendre sans jamais provoquer la clientèle est leur rôle. Il y a des Coulourlis, nés de l'union des Turcs avec les femmes du pays. Depuis 1830, le nombre en décroît; on n'en rencontre guère qu'à Tunis ou à Tlemcem; ils se confondent aujourd'hui avec les Maures, dont ils portent le costume. Cette décroissance est regrettable, car les Coulourlis sont une race énergique et active. On ren-

---

(1) *L'Afrique septentrionale*, par Elisée Reclus.

contre des noirs, descendants des nègres jadis importés du Soudan et convertis à l'Islam. Ils exercent les professions qui demandent peu d'intelligence et beaucoup de force musculaire : ils sont portefaix, maçons, manœuvres. Les femmes sont masseuses dans les bains, servantes, devineresses. Cette race, plus capable que les autres de supporter les fortes chaleurs et les miasmes des bas-fonds, pourrait rendre de grands services dans les oasis du Sahara. Elle n'est malheureusement pas assez nombreuse.

Les Juifs. — Les Israélites sont très nombreux dans toute la région du Maghreb. Sous l'empereur Hadrien on en avait chassé un grand nombre de la Cyrénaïque. La première invasion arabe les y trouva et en convertit un grand nombre à la loi de Mahomet. Le Judaïsme fut renforcé aux XIV° et XV° siècles par l'émigration espagnole. Ces nouveaux venus, mieux instruits et plus rapprochés de leurs institutions primitives, prirent bien vite une influence prépondérante. Un décret du gouvernement de Tours (1870), inspiré et promulgué par Crémieux, naturalisa en masse les Juifs algériens. Cette mesure avait été déjà réclamée sous l'Empire, par le comte Lehon, à la suite d'une enquête économique. Ils votent encore, sans doute, par esprit de secte, mais ils se transforment à mesure que l'élément jeune prend le dessus sur le vieil élément. Demeurés stationnaires de 1830 à 1870, les Juifs ont accompli, depuis leur naturalisation collective, de remarquables progrès, qui ne feront que s'étendre, grâce à la merveilleuse facilité d'adaptation que possède cette race.

Les créoles algériens. — Les Français, en Algérie, composent la majeure partie de la population

urbaine ; ils sont fonctionnaires, médecins, hommes
de loi, négociants, industriels. Hors des villes, un
grand nombre appartiennent à la classe agricole. La
plupart de ceux-ci habitent l'Algérie sans esprit de retour et sont attachés à la colonie. Pendant longtemps, nos départements du Midi ont été presque les
seuls à recruter l'émigration. Les récents ravages du
phylloxera ont amené une précieuse affluence de
vignerons de l'Hérault, du Gard et de Vaucluse. Quelques Francs-Comtois et Alsaciens-Lorrains représentent nos provinces du Nord-Est. Les déportés de 1848
et de 1851 appartiennent à toutes les provinces. Les
Français sont au nombre de 200,000 environ en Algérie, et chaque région de la France a fourni son contingent. Les types différents s'y sont fondus: aussi le
créole algérien ne ressemble-t-il exactement ni au
Français du Midi, ni au Français du Nord. Les traits
sont plus réguliers que dans le Midi, les physiono-
mies plus mobiles que dans le Nord. Le costume européen s'y est conservé, mais avec quelque chose de
plus libre. La vie y est devenue plus régulière qu'aux
premières années de l'occupation ; la famille s'y
constitue sur des bases plus solides ; moins de failli-
tes que dans le passé, et plus de naissances légitimes.

Mœurs des Franco-Algériens. — Plusieurs
écrivains ont toutefois reproché à nos Franco-Algériens d'être exclusifs et intolérants. Ces descendants
des proscrits oublieraient-ils le respect dû à toutes
les convictions sincères ? On ajoute que les préjugés
de race, inconnus dans la métropole, s'y épanouissent
en toute vigueur. Que diraient les philosophes du
XVIII° siècle, les hommes de la Révolution égalitaire,
s'il leur était donné d'entendre le langage aristocra-

tique de ceux qui se prétendent animés de leur esprit démocratique ? Il y a là comme un reniement des traditions généreuses de la France moderne, un danger pour la paix sociale et l'avenir de l'Algérie. On y a encore le tort de se réclamer sans cesse de la tutelle officielle ; ce qui n'empêche pas de l'attaquer avec furie en temps d'élection. Pour être acclimatées aux Etats-Unis et dans l'Amérique du Sud, ces mœurs politiques ne conviennent guère à des hommes libres, en pleine possession d'eux-mêmes.

Esprit hardi et progressif des Franco-Algériens. — Ces réserves faites, tous sont unanimes à louer la franchise, la bravoure intrépide des Franco-Algériens. Les femmes mêmes ont le courage de leurs maris, et, promptes à manier le fusil ou le revolver, elles commandent le respect à qui le leur dénie, et le travail au serviteur paresseux qui le refuse. La lutte pour l'existence a aguerri cette race. L'élan est donné aujourd'hui et le colon, en bonne voie, n'a qu'à continuer. Il a l'amour du sol, comme son frère de l'autre côté de la Méditerranée, mais il n'a pas sa timidité routinière ; il a soif des innovations et des perfectionnements de l'outillage. En résumé, cette population de colons, rejeton vigoureux de la France, compense largement ses défauts par les qualités solides et brillantes qu'elle a acquises en partage.

La population étrangère. — La population étrangère (160,000 environ) provient particulièrement des rivages méditerranéens. Plus de la moitié sont Espagnols et habitent l'Ouest. Ce n'est pas l'élite de la population espagnole qui émigre, et l'on compte beaucoup de vagabonds sans aveu ; toutefois, l'on n'est plus à compter aujourd'hui les colons honorables et les commerçants de bon renom dans la province d'Oran. Rares dans l'Ouest, les Italiens, les Maltais surtout, sont nombreux dans la province de Constantine et sur les rivages tunisiens. La plupart sont pêcheurs, mariniers, maraîchers. Population grossière et superstitieuse, elle forme avec le Français, indifférent en matière religieuse, un contraste saisissant par son empressement à s'entasser dans les églises et à se presser aux processions du culte catholique. Les Allemands, les Suisses, les Anglais, ne forment pas de groupes distincts. Il serait injuste de nier les services rendus à la colonisation par l'élément européen étranger; mais il faut convenir que la présence de ces étrangers constitue un embarras dans le présent, un danger dans l'avenir, à moins que l'administration n'avise à empêcher l'élément national d'être débordé, et ne se montre désormais plus soucieuse de la moralité des immigrants, comme le lui conseillent les économistes.

Progrès de la population. — Un fait important et consolant se dégage de cette courte revue de la population algérienne : elle augmente et s'améliore, sans que l'élément indigène périsse étouffé, comme cela se voit, par exemple, dans les colonies anglaises de l'Australie et du Canada. Pour l'honneur de la France, on doit se féliciter que les musulmans de l'Afrique septentrionale ne soient pas exposés à disparaître. Les prétendues fatalités historiques de la disparition des races inférieures ne sont le plus souvent que des excuses commodes pour justifier l'écrasement des vaincus.

IVᵉ LEÇON

L'ALGÉRIE. — GOUVERNEMENT ET INSTITUTIONS. — COLONISATION. — RÉSULTATS ÉCONOMIQUES OBTENUS. — UN MOT DE NOTRE PROTECTORAT A TUNIS.

Division administrative. — C'est en 1845, après le traité de Tanger, que l'Algérie a reçu un gouvernement qui ne subordonnait pas complètement les intérêts civils aux intérêts militaires. C'était sous l'administration de Bugeaud, duc d'Isly. L'Algérie était divisée en trois provinces ou préfectures : d'Alger, de Constantine, d'Oran. Il n'y eut presque rien de changé jusqu'en 1858, époque où l'on créa un ministère d'Algérie en faveur du prince Jérôme Napoléon. La colonie était gouvernée de loin, tout alla mal. On décida le retour au gouvernement général militaire (1860), siégeant à Alger : l'élément guerrier devint plus que jamais prépondérant dans une colonie que l'empereur rêvait de transformer en royaume arabe. Cependant l'enquête agricole Lehon, ordonnée à la suite d'une série de famines, conclut à la restauration d'une administration civile. Un gouvernement général civil fut institué, mais l'application n'en devait être faite sérieusement que par la troisième République.

Les attributions du gouverneur général civil. — L'Algérie continue à être divisée en territoire civil et en territoire militaire, mais la superficie du territoire civil est considérablement augmentée. Le gouverneur général est un fonctionnaire civil, bien qu'au début ce poste ait été confié au général Chanzy. L'essentiel est que ce département soit administré par un homme de valeur, connaissant bien le pays, aussi apte à agir qu'à délibérer. Il administre, assisté d'un conseil de gouvernement et d'un conseil supérieur. Le conseil de gouvernement, formé de hauts fonctionnaires et de rapporteurs, a des attributions purement administratives. Le conseil supérieur comprend, avec les 12 membres du conseil de gouvernement, les 3 préfets, les 3 généraux de division et 18 délégués des conseils généraux. Il examine les projets budgétaires, dépenses ou recettes, et peut émettre des vœux sur les questions qui intéressent la colonie. Le gouverneur dresse le budget de l'Algérie, sous la réserve de modifications à introduire par les ministres compétents ; mais ce budget est discuté et voté par les Chambres françaises. En général, l'Algérie se suffit à elle-même, sauf en ce qui concerne l'armée, que la métropole se charge encore aujourd'hui d'entretenir. Il y a toutefois, sur ce point, un grand progrès réalisé et les charges métropolitaines ordinaires s'atténuent.

Vœux de réformes politiques. — Le gouverneur général relève de divers ministères. Peut-être serait-il préférable qu'il fût directement responsable devant le Parlement : il défendrait lui-même son budget, et la responsabilité ne serait pas émiettée. On espère qu'on en viendra là, et que le nombre des représentants de l'Algérie, qui est de 3 sénateurs et de 3 députés, sera augmenté. On espère encore que l'assimilation à la métropole se poursuivra (1) : il faudra beaucoup de prudence, car il n'y a guère que

(1) M. Tirman, gouverneur général, y travaille activement.

200.000 Français sur 3 millions d'habitants. Il serait dangereux d'oublier que dans le cas d'assimilation complète, indigènes et étrangers auraient les droits de citoyen; peut-on affirmer qu'ils en useraient pour le bien de la mère-patrie? Quant à l'autonomie, réclamée par quelques impatients, elle constituerait un état plus dangereux encore : car les liens d'union ne sont pas encore bien étroits. Le péril de la séparation, nul dans le présent, pourrait être à craindre dans l'avenir. Entre ces deux opinions extrêmes, l'assimilation complète et l'autonomie, on doit chercher pour le moment un terrain de conciliation. La conciliation existe déjà dans une certaine mesure, et l'on paraît avoir renoncé pour toujours au régime arbitraire des décrets.

Le territoire civil et le territoire militaire. — Le territoire civil, divisé comme en France en préfectures, sous-préfectures, communes, avec des conseils généraux et municipaux électifs, comprend deux sortes de communes: la commune de plein exercice, image de la nôtre, sauf l'adjonction de quelques assesseurs musulmans désignés par l'administration, et la commune mixte, où, les indigènes étant en majorité, le maire est l'élu du gouvernement, et le conseil tout entier une commission également choisie par le pouvoir. Quant au territoire militaire, il a conservé sa vieille organisation, œuvre de Bugeaud, avec ses commandements indigènes d'aghas et de caïds et de bureaux arabes ou comités permanents d'officiers, intermédiaires entre les caïds et le pouvoir central, trop portés à trancher les affaires plutôt qu'à les régler. Les abus des anciens bureaux ne sont plus possibles, et ce n'est plus aujourd'hui que l'on verrait des officiers de l'armée française pousser l'âpreté du gain et l'espoir de l'impunité jusqu'à attaquer des diligences et dévaliser des voyageurs, comme le capitaine Doineau, de honteuse mémoire. Mais peut-on affirmer que l'esprit de domination arbitraire qui inspirait les bureaux de l'Empire soit bien mort? Il y a encore quelque chose à faire sous ce rapport. S'il est vrai que les indigènes croient avant tout à l'efficacité de la force, ils savent, à n'en pas douter, apprécier la justice. Nous touchons ici à l'une des questions les plus complexes et les plus intéressantes, la question des indigènes et celle des raisons qui ont, jusqu'à ce jour, ajourné pour eux l'heure du droit commun.

La question des indigènes. — Les indigènes n'ont pas encore atteint l'âge d'homme : sauf de rares exceptions chez les Kabyles, dont l'esprit paraît plus ouvert, on ne rencontre, en général, après une occupation d'un demi-siècle, que misère, ignorance, superstition, haine fanatique. Peut-être le sang-froid et la patience ont-ils manqué à l'administration. On peut ramener à trois principaux les moyens d'agir sur un peuple soumis : le refoulement, le fusionnement, l'abstention. Le premier, appliqué par les Anglais en Australie et dans presque toutes leurs colonies, est injuste; il répugne aux mœurs françaises. Il ferait, d'ailleurs, un vide que nous ne pourrions combler et que d'autres songeraient à combler à leur profit : nous aurions mérité, en sacrifiant tout un élément ethnique, le reproche d'avoir travaillé pour les autres. Le *sic vos non vobis* nous serait une fois de plus applicable. Le troisième moyen, l'abstention, serait une imprudence, bien que les Hollandais, à Java, ne paraissent pas s'en trouver mal. Plus agressifs et remuants que les Malais et les

Hindous, les Arabes et les Berbères pourraient prendre notre modération pour de la faiblesse, et nous aurions semé la guerre interminable. Le second moyen, le fusionnement, appliqué par nous jusqu'ici sans esprit de suite, vaut mieux et s'impose : il faut améliorer l'indigène, nous l'assimiler en assimilant, dans la mesure du possible et par gradation, leurs institutions aux nôtres.

Réformes urgentes. — Le grand obstacle, c'est la religion, c'est l'Islam, c'est le Coran, à la fois Bible et Code civil. Attaquons d'abord la partie civile, et la partie religieuse se trouvera par là même amoindrie. Attirons les enfants des indigènes dans nos excellentes écoles primaires, déjà si nombreuses et si prospères. Arrachons-les à leurs talebs ignorants et brutaux, qui, la baguette à la main, autant pour frapper que pour démontrer, ne savent que leur apprendre à marmotter les surates ou versets du Coran. S'ils frappent à la porte de nos établissements d'enseignement secondaire, qu'au lieu de les parquer à part, comme au lycée d'Alger, on fasse le fusionnement, qui seul leur procurera le bénéfice de la vie en commun avec les enfants des colons et des fonctionnaires. Ne pourrait-on établir une naturalisation à deux degrés ? le premier degré leur laisserait leurs usages ; mais, ce degré franchi, ils seraient fatalement entraînés à franchir le second. Faisons naître chez eux le goût de notre justice et de nos juges : ce serait facile, car leurs caïds les mangent, selon leur pittoresque expression. Supprimons, pour les amorcer, les lenteurs que nous apportons avec eux jusque dans l'application des prescriptions du code musulman, pourtant si simple et si primitif. Modifions l'impôt indigène en le simplifiant : les indigènes payent à nos percepteurs ou receveurs en territoire civil, à leurs chefs en territoire militaire ; astreignons au moins ceux-ci à remplir les formalités légales, dont la preuve serait une garantie pour leurs subordonnés. L'Arabe, le Berbère, sont exposés, en effet, à payer deux fois au lieu d'une les divers impôts, de capitation, foncier, indirect, sur le palmier ou autre produit.

Propriété et polygamie. — Quant à la propriété, elle s'individualise petit à petit, grâce à la loi Warnier (1873) ; bien qu'elle ait une tendance à redevenir collective, il y a des résultats acquis. Il y en a aussi dans le régime de la famille : le Berbère et même l'Arabe s'éloignent de la polygamie. Le jour où cette déplorable institution de la multiplicité des femmes, aggravée par une facilité excessive de divorcer, aura disparu, la femme indigène, assurée de n'être plus jamais dépossédée, déploiera dans la direction du ménage plus de zèle, plus d'ordre, plus d'esprit d'économie, et tout le monde y aura gagné. Telle est, réduite à sa plus simple expression, la question des indigènes ; tel est le but à atteindre, avant d'établir une assimilation complète entre la colonie et la métropole, entre les indigènes et les colons naturalisés.

Colonisation terrienne. — Une autre question non moins intéressante et liée de très près à celle des indigènes, c'est la question de la colonisation terrienne. Au point de vue économique, la première condition de prospérité d'une colonie de peuplement, c'est la grande abondance des bonnes terres et un régime d'appropriation facile ; or, en Algérie, cette condition a manqué : peu ou point de bonnes terres vacantes et de réelles difficultés de colonisation résultant de notre répugnance à refouler les indigènes loin des côtes, de l'état collectif et indivis de la propriété, qui entrave l'échange, et enfin de nos mœurs administratives, les concessions gratuites étant ordinairement arbitraires et pouvant être retirées d'après les statuts. Ce dernier point est curieux à étudier.

Le régime des concessions territoriales de 1845 à 1881. — De 1845 à 1851, pas de concessions en principe, sauf l'agrément du gouverneur, au delà de 25 hectares ; encore n'y avait-il pas aliénation, puisqu'il n'était délivré aux colons qu'un titre provisoire, sans délai d'occupation des terres, ce qui les rendait souvent inoccupées, sous le contrôle d'un seul inspecteur tout-puissant. En 1851, un délai de trois mois, sans cautionnement, est imposé. Le contrôle est au choix du colon qui, le délai passé, peut aliéner ou hypothéquer sa terre, laquelle peut d'ailleurs comprendre plus ou moins de 25 hectares ; le concessionnaire est tenu seulement de remplir les conditions prescrites, sous peine de déchéance, avec indemnité, bien entendu, s'il a négligé de les remplir. Ce n'était qu'un adoucissement au régime antérieur, et les colons sérieux, rebutés par la mauvaise qualité des terres octroyées et le manque d'eau, lui préféraient l'achat. En 1860, le régime de la vente, à titre définitif, des terres vacantes, comme en Australie, fut introduit ; la vente était à prix fixe ou aux enchères, au choix de l'acheteur. La statistique enregistre de bons résultats presque immédiats : la population européenne agricole monta de 83,000 à 110,000 colons ; la superficie des terres appropriées s'éleva de 280,000 à 569,000 hectares. De cet excellent régime, qui a pour lui les suffrages des plus éminents économistes de notre temps, l'administration devait revenir (loi de 1881) à celui des concessions, avec moins d'entraves, il est vrai : ainsi l'emprunt est permis et le concessionnaire peut hypothéquer sa terre ; le prêteur se trouve ainsi garanti par l'hypothèque, même avant qu'on ait délivré au colon le titre définitif de propriété.

Inconvénients de la colonisation officielle. — Succès relatifs. — Il y a donc la colonisation indépendante et la colonisation officielle simultanées. Celle-ci, on le voit, demeure encore défectueuse. Tandis que le trapper canadien, le squatter australien se fixent où ils veulent, l'administration française crée, où il lui plaît, des centres de colonisation, en se retranchant derrière des nécessités de défense ou de protection ; le gouvernement s'adjuge conséquemment le droit de supprimer ces centres, mesure de nature à occasionner de graves perturbations économiques. Un autre grand obstacle à la colonisation officielle, c'est l'épuisement et la pénurie du domaine : il n'y avait plus de terres à concéder en 1870 ; l'insurrection de 1871 semble avoir éclaté à propos : les impôts, les séquestrations de biens à titre d'indemnité pour prix du sang de 10.000 colons égorgés et dommages causés aux propriétés mobilières et immobilières, rapportaient 19 millions d'argent et 300.000 hectares de terres. Le Parlement français en alloua 100.000 aux Alsaciens-Lorrains émigrés sous le patronage de MM. Dolfus et d'Haussonville ; mais l'illusion enfanta bientôt la déception. Il y avait des conditions difficiles à remplir (on exigeait pour chaque famille un apport de 5,000 francs); de plus l'acclimatation est toujours difficile dans des centres dépourvus d'eau et de routes. Aussi ne s'est-il pas établi plus de 10,000 familles dans les dix années qui ont suivi. Il s'est élevé toutefois quelques beaux villages, comme le constate le rapport de M. d'Haussonville, et il a été colonisé 430.000 hectares : ces procédés anormaux ont obtenu un succès relatif.

Que fera demain le gouvernement français ? — Mais le gouvernement n'a plus de terres à distribuer : de là le projet de crédit de 50 millions pour acheter des terres aux Arabes, et y établir 10,000 familles de colons européens. Le Parlement a rejeté ce projet, soit qu'il ait voulu empêcher les haines des Arabes de s'accumuler (ne sachant pas utiliser leur capital, ceux-ci le dépensent sans fruit, et, ce capital ainsi dépensé, ils sont portés à voir dans leurs remplaçants des usurpateurs), soit qu'il ait à cœur d'empêcher le fonctionnement arbitraire des jurys d'expropriation, qui pourraient ne pas respecter la petite propriété divisée des Kabyles. Que fera-t-il demain ? Tout le monde est d'avis d'accorder le crédit : les divergences ne portent que sur l'emploi.

Sacrifices urgents. — La colonisation algérienne étant une loi hydraulique, selon le mot de M. Duval, l'Etat pourrait irriguer 500.000 hectares. Procurant ainsi aux terres une plus-value énorme, il aurait le droit de demander aux propriétaires leur concours. Les Européens et les Arabes possesseurs à titre individuel auraient le choix de contribuer aux dépenses, soit par un versement en argent, soit par l'abandon d'une partie de leurs biens-fonds. La propriété allégée de quelques arpents gagnerait en fécondité ce qu'elle aurait perdu en étendue. Par cette voie détournée, on constituerait un nouveau territoire de colonisation, tout en réalisant une amélioration générale. En même temps, l'achat de gré à gré se trouverait encouragé, et la colonisation indépendante, qui a quelque importance dans le passé et une importance égale dans le présent, prendrait son élan au mieux des intérêts généraux.

Résultats obtenus. — L'œuvre accomplie n'est pas méprisable : 180.000 colons européens ont défriché et cultivé plus d'un million d'hectares, l'étendue de deux départements français. C'est un peu plus du tiers du territoire cultivé, les forêts non comprises. Le reste est envahi par la broussaille inculte et les pâtis altérés d'eau. Les terres des indigènes sont bien inférieures à celles des colons, même les terres des Kabyles : leurs procédés agricoles sont enfantins ; ils savent mal préparer et employer l'engrais ; les assolements ou alternances de cultures diverses dans un même champ leur sont inconnues ; leur attirail est primitif, leurs maisons sont mal disposées.

Principales productions agricoles. — A la tête des productions agricoles de l'Algérie se placent les céréales et particulièrement le blé : les neuf dixièmes du sol arable. Le maïs abonde aussi, comme aussi la pomme de terre, et les légumes, vendus comme primeurs en Italie et même en France. La culture des plantes industrielles a moins d'importance : les plants de coton de la province d'Oran, dont on avait espéré merveille à l'époque de la crise cotonnière (1860), sont négligés ; on en peut dire autant du lin. Le mûrier ne rend pas non plus beaucoup : la maladie du ver à soie s'est fait sentir jusqu'en Algérie. En échange, le tabac, dont la culture est libre, rapporte beaucoup.

La Vigne. — Les Fruits. — Le Palmier. —
Une autre culture, prospère bien que récente, c'est la vigne. A quelque chose malheur est bon parfois : un grand nombre de viticulteurs de l'Hérault et de Vaucluse, ruinés par l'invasion du phylloxéra, ont émigré en Algérie, où ils obtiennent des résultats de nature à compenser ce qu'ils ont perdu en France. Les vins algériens ont fait bonne figure à l'exposition internationale de Vienne (1873) : « Dans quelques années disait le rapporteur de la série vinicole, l'Algérie fournira du vin au monde entier. » Le rapport exalte les qualités de ce vin généreux, susceptible d'atteindre une heureuse vieillesse. L'Algérie peut montrer encore avec orgueil ses nombreux et superbes oliviers, de culture facile et d'excellent rapport ; ses orangers, ses citronniers, ses figuiers, ses grenadiers, tous les arbres à fruits de la Provence, de l'Espagne et de l'Italie. La région saharienne a aussi son arbre « nourrisseur, » le palmier, d'un usage multiple : le fruit est le pain, le suc la boisson des habitants des oasis et des marchands et explorateurs qui les visitent ; l'écorce sert à fabriquer des nattes et le bois peut être scié en planches. Cet arbre est la providence du Sahara.

L'Exploitation forestière. — L'Algérie possède plus de 3 millions d'hectares de forêts, principalement dans la province de Constantine. Les essences principales sont : diverses espèces de chênes, chênes-liège, chênes verts, etc., les grands cèdres, les pins d'Alep, riches en résine, les oliviers sauvages, les thuyas, recherchés des ébénistes ; les genévriers, les eucalyptus. L'exploitation forestière, malgré le zèle intelligent de l'administration des eaux et forêts, est peu active, par suite du mauvais état des chemins. Il est difficile aussi de prévenir les incendies, moins fréquents que dans le passé, mais trop fréquents encore, et dus autant à l'ignorance qu'à la malveillance des indigènes. Il est urgent d'arrêter de pareils fléaux et l'on y veille depuis longtemps. L'on commence aussi à boiser les pentes des plateaux et les rives des Ouadi.

La question du bétail et des pâturages. — A la question agricole se rattache celle du bétail et des pâturages. On voit peu de prairies naturelles fixes ; il n'y a guère que des prairies artificielles, luzerne, trèfle, etc.; on n'en rencontre que dans le Tell. Il résulte de là que le bétail, surtout le bétail des indigènes, de beaucoup le plus nombreux, 12 millions de têtes environ dont plus de la moitié appartient à la race ovine, est assez mal soigné. On ne veille guère qu'à écarter les voleurs. Après les pluies, qui ont fait pousser l'herbe, on ne sait pas préserver les bêtes d'indigestions meurtrières, et, à l'époque de la sécheresse, de la disette et de la faim. Les moutons sont les plus nombreux ; mais ils pourraient l'être davantage. Viennent ensuite les chèvres, les chameaux, dont l'éloge n'est plus à faire ; les chevaux-barbes, petits mais vigoureux et agiles ; les mulets au pied sûr, les bœufs bien dégénérés depuis la conquête romaine. Il faut convenir toutefois que l'Algérie a fait des progrès ces dernières années : le bétail commence à s'y développer.

L'industrie. — L'industrie occupe une place secondaire ; cela tient surtout à une division du travail défectueuse : Arabes et Kabyles fabriquent eux-mêmes presque tout ce qui leur est nécessaire. On signale néanmoins quelques articles de commerce, des tapis, des maroquineries, des bijoux. Les Européens ont acclimaté l'industrie du logement et de l'ameublement ; ils ont installé des minoteries, perfectionné les huileries et donné aux pêcheries une plus grande extension. On compte aussi quelques exploitations de carrières de granit, de plâtre, de marbre, des mines de cuivre et de plomb, des minerais de fer, particulièrement dans la province de Constantine. L'Algérie est riche en minéraux et en métaux, mais l'exploitation présente des difficultés insurmontables par l'insuffisance de la viabilité. Il convient de faire des sacrifices pour y introduire la grande industrie : les rapports et les relations qu'elle engendre contribueront à accélérer l'assimilation morale des indigènes.

Le commerce. — Le commerce se développe d'année en année et suit une progression ascendante très sensible depuis l'achèvement de la conquête. Les marchés agricoles de la Mitidja (Bouffarick, Médéah, etc.) sont très fréquentés ; les caravanes assez actives du Tell au Désert, à Figuig, à Tougourt, à Ghadamès, et de ces différents points aux ports du littoral. Mais le commerce maritime offre plus d'intérêt. A la faveur des traitements que la métropole a appliqués à notre colonie, et qui consistent à admettre bon nombre de ses produits en franchise ou à des droits réduits, le commerce extérieur atteint annuellement le chiffre de 500 millions de francs. En 30 ou 40 heures au plus, Marseille et Port-Vendres communiquent avec Oran, Alger, Philippeville, Bône, Tunis, et ces ports se livrent au cabotage avec leurs cadets, les ports intermédiaires du même littoral. Mais l'Algérie ne se borne pas à commercer avec la métropole ; elle trafique en outre avec l'Angleterre, l'Italie, l'Espagne, les Etats-Unis.

Les voies ferrées. — Les routes de terre. —
A l'intérieur, on a construit tout un réseau de voies ferrées. Bien que la ligne parallèle à la mer ait un caractère stratégique, le commerce doit en profiter. Le réseau comprend aujourd'hui trois tronçons principaux destinés à se raccorder ensemble. La ligne d'Oran à Alger a un embranchement qui va au delà de Sidi-Bel-Abbès, et un autre qui gravit les pentes septentrionales des hauts plateaux, dépasse le Chott Chergui et atteint Géryville. Le Grand-Central joint Philippeville à Sétif par Constantine et sera prolongé vers Alger à travers la Kabylie. Cette ligne est aujourd'hui soudée au Bone-Guelma, et par conséquent à la ligne tunisienne, parallèle à la Medjerda. On aurait tort d'affirmer que ces voies rapportent de gros dividendes à leurs actionnaires; elles se suffisent et même au delà; ce sont, en tout cas, des valeurs d'avenir. Les voies de terres sont dans un état relativement moins prospère, malgré les efforts de l'administration du génie; cela tient surtout à ce que les frais en sont trop coûteux, vu l'insuffisance de la population algérienne.

Le projet du Transsaharien. — Un autre projet hante les cerveaux et enflamme les imaginations : le projet de voie ferrée d'Algérie au Niger, à travers l'immense plaine du Sahara. Tous les arguments mis en avant par les partisans du Transsaharien peuvent se ramener à un argument commercial et à un argument politique : la réalisation de cette œuvre grandiose procurerait à la France un vaste marché dans l'empire du Soudan et porterait au cœur de l'Afrique notre influence. A considérer l'intérêt commercial, on peut se convaincre suffisamment que le Soudan peut être atteint par l'ouest et que la création d'une voie ferrée du Sénégal au Niger résoudrait le problème, avec des dépenses et des efforts moindres. Mais on ne peut contester que le Transsaharien présenterait des avantages politiques. Il est certain que nous serons amenés par la force même des choses à nous étendre de proche en proche vers l'extrême-sud ; or le chemin de fer est le meilleur auxiliaire de la conquête ; mais qu'on ne s'y trompe pas, l'établissement d'un chemin de fer saharien ne sera pas considéré par les Touaregs comme une œuvre de paix. Les difficultés qui ont assailli les missions Choisy, Poyanne, et surtout la mission Flatters, nous offrent des faits tristement concluants : nous ne pénétrerons dans le Sahara que les armes à la main, et chaque ouvrier devra être doublé d'un soldat. Dans tous les cas, le projet du Transsaharien, si jamais on se décide à le réaliser, doit être précédé de l'établissement de lignes de pénétration vers le sud, surtout dans la région du sud-ouest, aux abords de Figuig, où il est nécessaire, plus que partout ailleurs, de raffermir notre influence.

Nécessité et acclimatement du crédit en Algérie. — Tout cela exige de l'argent, beaucoup d'argent. De là l'utilité indispensable du crédit dans ce pays neuf. Il y est installé et fonctionne convenablement. La banque d'Alger a plusieurs succursales ; le Crédit foncier y opère ; l'argent, devenu moins rare, est par conséquent moins cher, et l'on emprunte à un taux légal qui se trouve abaissé de 10 à 6 0/0. Le Crédit foncier est appelé à rendre les plus grands services à la colonisation agricole. A côté de ces banques s'est installée toute une série de banques particulières, et l'on remarque avec plaisir qu'un mouvement bien prononcé entraîne vers l'Algérie les capitaux français. Assez longtemps notre finance s'est livrée à des spéculations lointaines et hasardeuses. Le Mexique, la Turquie, l'Egypte, ont englouti des centaines de millions. Pourquoi chercher à l'étranger des placements aléatoires, quand une terre française s'ouvre aux entreprises et sollicite la mise en œuvre ? « L'épargne française, a écrit M. Wahl, ne saurait trouver un emploi qui soit plus avantageux, plus sûr, et surtout plus patriotique. »

Avenir probable de notre colonie algérienne. — En vérité, on ne peut manquer d'être frappé des belles perspectives qu'évoque aujourd'hui le nom de l'Algérie. Nul ne les met mieux en saillie que M. Paul Leroy-Beaulieu (1). On peut ne pas partager toute la foi robuste du savant économiste : on ne peut rester indifférent à ses adjurations, à ses espérances patriotiques. C'est la meilleure conclusion à donner à ces leçons sur notre colonie algérienne. « Quand on réfléchit qu'il y a 50 ans que le premier soldat français est descendu en Afrique, qu'il a fallu environ 17 ans pour soumettre en gros le pays, que depuis lors il y a eu des insurrections fréquentes, et que néanmoins près de 400,000 Européens sont établis sur cette terre, il y a lieu de beaucoup espérer. Seulement il faut que la période de tâtonnements soit désormais close... Nous sommes de ceux qui croient que l'avenir de la France est en grande partie sur la terre d'Afrique, et que, par l'Algérie, jointe au Sénégal, nous arriverons un jour à dominer et à civiliser tout le nord-ouest de ce continent, c'est-à-dire toute la partie qui s'étend de Tripoli à l'Atlantique, de la Méditerranée à la Gambie et à l'Equateur, en y compre-

(1) *La Colonisation chez les peuples modernes*, par M. Leroy-Beaulieu.

nant tout le cours du Niger et de ses affluents et les contrées qui bordent le lac Tchad.

« Nous pourrons avoir là sous notre influence un territoire presque aussi grand que l'Europe, et dont il est aujourd'hui démontré qu'une très vaste partie est non seulement susceptible de culture, mais déjà presque en plein rapport ; ces derniers mots s'appliquent au Soudan. Nous devons à tout prix nous assurer la domination du Soudan : pour y arriver, il n'y a pas une année à perdre... Bien loin qu'il faille abandonner le projet du Transsaharien, il faut le reprendre avec plus de fermeté, plus de réflexion. L'année qui a vu le massacre de la mission Flatters a été témoin aussi de l'occupation de la Tunisie et de l'établissement de notre protectorat dans cette Régence. Nous tenons à honneur d'avoir été un de ceux qui ont demandé non seulement la prise de possession temporaire de la Tunisie, mais l'annexion totale et définitive de cette contrée... avec ses 14 millions d'hectares, la plupart susceptibles de bonne culture, ses 1,500,000 habitants, dont le nombre pourrait quintupler, si le pays était bien exploité, avec sa grande ville de 120,000 âmes, avec toute son étendue de côtes sur la Méditerranée, la Tunisie sera pour la France une superbe dépendance... Les ineptes criailleries et les injustes dédains qu'a soulevés l'expédition tunisienne disparaîtront... Les bases de notre empire africain en seront singulièrement élargies et consolidées. Le reste sera l'œuvre de la persévérance et du temps : quand on célébrera en 1930 le centenaire de notre descente à Alger, nous compterons dans nos provinces africaines 3 ou 4 millions d'hommes d'origine européenne, nous dominerons tout le Soudan ; le quart et le cinquième de cet immense continent qui s'appelle l'Afrique sera sous notre dépendance et recevra l'empreinte de notre civilisation. Ces perspectives valent bien quelques efforts, quelques sacrifices de cet argent dont nous possédons des quantités si exubérantes (1). »

1) De magnifiques résultats ont été obtenus en Tunisie. Réformes administratives, financières, judiciaires, économiques, réorganisation des travaux publics, développement de l'enseignement, tout a été essayé et réalisé avec un succès qui fait le plus grand honneur à notre résident général. Comme le démontrait naguère M. Pierre Foncin, dans deux articles très remarqués de la *Revue Bleue* (nos 1 et 2, année 1886), la Régence est déjà transformée. « Ce qui frappe tout d'abord quand on embrasse l'ensemble de l'œuvre accomplie par M. Cambon, écrivait M. Foncin, c'est sa complexité, son étendue. Organisation du contrôle sur toute l'administration indigène, subordination définitive de l'autorité militaire à l'autorité civile, suppression de la commission financière et réforme des finances, suppression des juridictions consulaires et création d'une justice, d'une police françaises, maintien de la sécurité, constitution de tout un vaste système de travaux publics sous la direction de M. Léon Grand, abolition réparatrice d'un grand nombre de droits d'exportation qui accablent l'agriculture, l'industrie et le commerce ; création d'un service forestier, d'une chambre de commerce, d'une direction de beaux-arts, impulsion admirable donnée à l'enseignement et à la diffusion de la langue française : que de choses accomplies en moins de quatre années ! » Et ce qui n'est pas moins étonnant, c'est que toutes ces réformes ont été accomplies dans un esprit strictement conforme à la formule donnée par Gambetta (1er décembre 1881) de l'exécution du traité du Bardo (12 mai) : « Ni annexion, ni abandon ». L'autorité du bey n'a jamais été méconnue.

Ve LEÇON

LE SÉNÉGAL. — LE HAUT-NIGER.

Notre colonie sénégalienne du XVI° au XIXe siècle. — Au sud du Sahara occidental, entre le Soudan et l'Atlantique s'étend la Sénégambie, vaste région marécageuse et fertile, composée d'une série de vallées parallèles qui aboutissent à l'Océan. Cette contrée tire son nom des deux principaux cours d'eau qui l'arrosent, le Sénégal, au nord, la Gambie, au centre. Les Français se sont établis dans la vallée du Sénégal, grand chemin naturel, trait d'union entre l'Atlantique et le Niger, qui est l'artère du Soudan. Cet établissement, d'un caractère particulièrement commercial, est peut-être notre plus ancienne colonie. On ne saurait préciser à quelle époque les Français y firent leur première apparition ; mais on sait que vers 1582 des marchands rouennais, chassés des côtes de la Guinée par la jalousie portugaise, établirent des comptoirs de trafic dans les îles sises à l'embouchure du Sénégal, et nommèrent l'une d'elles Saint-Louis. Colbert plaça le comptoir de Saint-Louis sous l'administration de la Compagnie des Indes occidentales ; il avait déjà un directeur nommé par la métropole, et c'est Richelieu qui avait nommé le premier, Lambert. Ces directeurs obtinrent peu de résultats, et la faillite s'abattit souvent sur le comptoir sénégalais. André Brue fit pourtant exception. C'était un marchand doublé d'un soldat, et qui joignait à

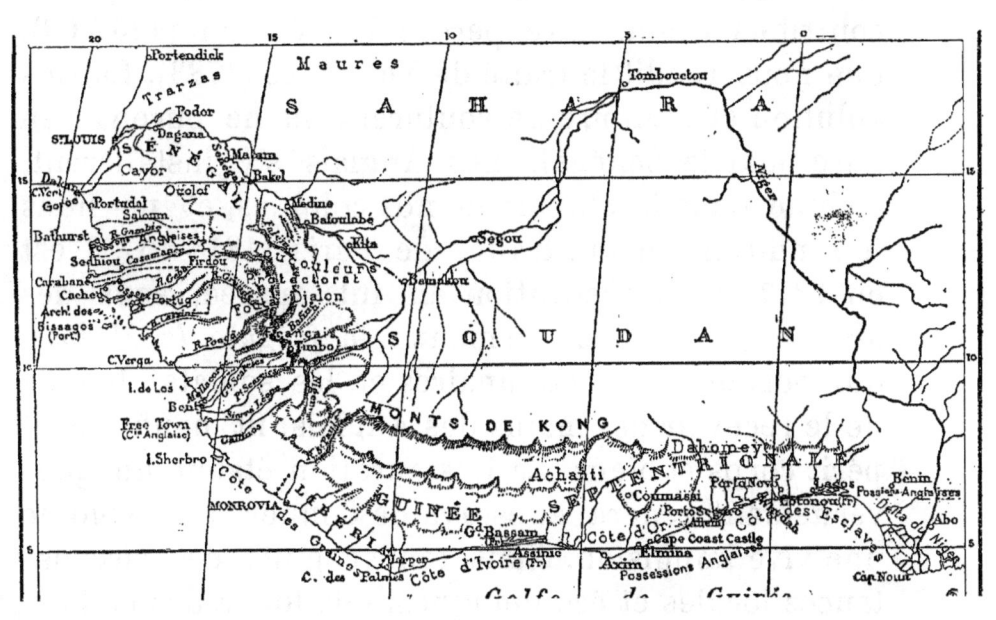

une grande prudence un courage indomptable et des vues étendues. Administrateur de Saint-Louis de 1694 à 1724, il régla sa conduite, en dépit d'ordres officiels souvent contradictoires, d'après un plan des mieux arrêtés : il dirigea des explorations jusque dans le Haut-Sénégal et peut-être le Niger : avec de l'appui il eût atteint les limites actuelles.

Le Sénégal pendant la première moitié du XIX° siècle. — La désastreuse guerre de Sept ans contribua à nous faire perdre le Sénégal (1757-63), que nous rendit le traité de Versailles (1783). La Révolution et l'Empire ne voulurent ou ne purent rien faire pour le Sénégal. Les Anglais s'y installèrent, comme dans la plupart de nos colonies, et ne nous le rendirent qu'aux traités de Paris (1814-15). C'est en 1817 que la restitution en fut opérée, sous des auspices tristement fameux ; la frégate *la Méduse*, qui portait les fonctionnaires et les soldats chargés de le recevoir des mains des Anglais, fit naufrage et périt corps et biens. La Restauration établit un gouvernement général et essaya de donner à la colonie une vive impulsion. Sans tenir compte des circonstances locales et économiques, elle fonda des établissements agricoles à 30 ou 40 lieues de Saint-Louis ; c'était placer les marchands du port dans l'alternative obligée de négliger leur trafic ou les nouvelles cultures de cotonniers et d'indigofères. Le gouvernement ne marchanda pas les capitaux, et l'on construisit de confortables et luxueuses habitations ; il fallut bientôt les abandonner. En dépit de sa fécondité, le Sénégal semblait être, comme la Guyane, une terre maudite. Aucun colon ne voulait s'y établir sans esprit de retour ; les fonctionnaires, jusqu'au gouverneur, s'y croyaient en disgrâce et aspiraient au moment du départ. Il est vrai que notre situation y était des plus difficiles : nous n'étions nulle part les maîtres incontestés, ni à l'embouchure, ni sur le cours du Sénégal, ni à l'îlot de Gorée. Maures et nègres nous haïssaient, et, ce qui est plus grave, nous méprisaient. Nul trafic ne pouvait se faire sans payer une redevance, appelée la coutume ; il fallait offrir des guinées ou toiles bleues, un plat de riz ; sinon pas de traite, c'est-à-dire pas de commerce. Telle était la situation faite à nos colons au Sénégal jusqu'en 1854.

Dangers que fait courir au Sénégal l'ambition d'Al-Hadji. — Tout à coup un nouveau danger menaça la colonie et ne laissa d'autre alternative que de plier bagage ou de repousser la force par la force. Le prosélytisme musulman s'était avancé jusque dans la Sénégambie : les Sénégalais, convertis à l'Islam, nous vouèrent une haine fanatique, qui se traduisait par des embûches incessantes. En 1854, le danger devint sérieux. Un marabout sénégalais, Omar, de retour d'un pèlerinage à La Mecque, d'où il avait rapporté le titre vénéré d'Al-Hadji ou le Pèlerin, l'esprit hanté par la gloire d'Abd-el-Kader, résolut de reprendre le rôle de l'émir dans la vallée du Sénégal, espérant, à la faveur de la guerre sainte, fonder un empire. La région du Bambouck, entre le Haut-Sénégal et son affluent, le Falémé, fut ravagée : pas une chaumière, pas une case ne resta debout, la population fut massacrée ou emmenée captive. Al-Hadji menaça alors Ségou, mais dut se rabattre dans le Khaarta (entre le Sénégal et le Niger), dont il fit un désert affreux. Puis il menaça directement nos postes et vint mettre le siège devant le petit fort de Médine, récemment construit sur le Sénégal en amont de son confluent avec le Falémé. Sous les murs de ce fortin allaient sombrer ses prétentions.

Faidherbe. — Faidherbe était alors gouverneur du Sénégal. Ce général est populaire en France pour avoir glorieusement concouru à la défense nationale en 1870 et remporté la victoire de Bapaume ; on peut croire cependant que l'histoire jugera plus favorablement son œuvre au Sénégal, où il a jeté les bases solides d'un véritable empire. Homme instruit, plein de bravoure et de prudence, patriote ardent, il avait résolu d'arracher notre colonie à la torpeur où elle languissait, et n'avait pas hésité à passer de la défensive à l'offensive. Impatient de fonder la prépondérance française sur les deux rives du fleuve, il consacra 12 ans (1854-66) à cette tâche ardue et eut la gloire de la mener à bonne fin. Sur la rive droite, il cantonna les Maures nomades, et, sur la rive gauche, par l'annexion du Ouolof et de divers districts et la construction de nouveaux fortins, il imposa aux Etats nègres voisins. La confiance qu'il inspirait lui valut les renforts et les subsides qu'il réclamait. Il lui manquait encore le prestige d'une éclatante victoire ; Al-Hadji vint le lui fournir en mettant le siège devant Médine.

La victoire de Médine. — C'était en 1857. Le commandant du fort, Paul Holl, n'avait sous ses ordres que 64 soldats, dont 11 européens seulement ; il avait avec lui un chef nègre dévoué, Sambala. L'armée d'Al-Hadji montait à 20,000 hommes. Un premier assaut, puis un second, furent repoussés. C'était une nouvelle affaire de Mazagran ; mais elle dura plus longtemps, car le Pèlerin n'hésita pas à convertir le siège en blocus : c'était la meilleure tactique, et Holl, avec le temps, eût infailliblement succombé devant la famine. Il en avait pris son parti et communiqué au sergent Desplat sa résolution de tout détruire par le feu quand il verrait l'ennemi pénétrer dans la place. Rations et poudre manquaient, lorsque de sourdes détonations retentirent au loin. Les libérateurs arrivaient, Faidherbe en tête. Dès qu'il avait connu, par un émissaire de Holl, le blocus de Médine, il avait accouru avec quelques centaines d'hommes et remonté le fleuve. Il lui avait fallu déjà déloger une partie de l'armée ennemie d'une haute roche commandant le Sénégal en aval de la Médine, quand il parut en vue du fort assiégé. Hopp et Sambala firent une sortie, et l'armée d'Al-Hadji, prise entre les baïonnettes des assiégés et les balles des libérateurs, se débanda et s'enfuit dans toutes les directions. Le prestige du Mahdi sénégalais était détruit, celui de la France ne cessa de grandir.

Derniers actes de l'administration de Faidherbe. Ses missions. — Le général Faidherbe ne s'arrêta pas en si bon chemin : il consolida notre autorité dans le Bambouk par la construction d'un nouveau fort, à Kénieba, sur le Falémé ; il signa des traités avantageux avec les chefs des tribus, créa de nouveaux comptoirs, fit régner la paix dans toute la région. A la faveur de cette paix glorieuse, diverses missions furent envoyés, dès 1860, dans la direction du Niger, que Faidherbe eût voulu rattacher au Haut-Sénégal par des postes fortifiés, afin d'attirer sur Saint-Louis le commerce de l'Afrique intérieure. La mission Mage est l'une des plus importantes ; elle ne réussit pas, Al-Hadji ayant fondé un empire dans la vallée supérieure du Niger ; mais le pays fut reconnu et le succès des missions ultérieures préparé par l'augmentation de connaissances géographiques précises. En même temps, nos possessions côtières s'augmentaient du Cayor, conquis en 1861 par Faidherbe, dignement secondé par le capitaine de vaisseau Jauréguiberry. Le gouverneur général fut rappelé en 1866 ; mais il laissait la colonie affermie, et rentrait en France avec la gloire d'avoir plus fait en douze ans que tous ses prédécesseurs réunis en deux siècles. Il y eut encore des jours difficiles, mais l'impulsion avait été donnée avec tant de vigueur que les progrès continuèrent : la Casamance avait été soumise en 1863 ; les vallées du Rio-Pungo et du Rio-Nunez acceptèrent, quelques années plus tard, le protectorat français.

Projets de voies ferrées au Sénégal. — En 1879, après une longue période stationnaire qui vit l'écroulement de l'Empire et le rétablissement de la République, la situation changea et l'idée fut lancée de rallier le Sénégal au Niger par une voie ferrée. L'idée parut d'abord chimérique, et cependant les Chambres françaises ont voté des crédits : le sifflet de la locomotive retentit aujourd'hui, non seulement sur la côte, de Saint-Louis à Dakar et Gorée, mais encore dans la haute vallée du Sénégal. L'autorisation de commencer les travaux fut accordée sous le gouvernement du général Brière de l'Isle, le même qui tint (1883-84) si haut et si ferme le drapeau de la France au Tonkin. Malheureusement la guerre civile était alors en permanence dans la vallée du Niger, et l'empire d'Omar Al-Hadji, mort en 1865, en pleine dislocation ; son fils, Ahmadou, avait pu se maintenir à Ségou ; mais le Massina, où s'élève Tombouctou, était à son neveu, Tidiani. C'est dans ce chaos que durent se hasarder nos explorateurs.

La mission Paul Soleillet au Niger. — Un simple particulier s'était chargé de frayer la voie, dès 1878. Désireux de gagner Alger par le Niger et le Sahara, Soleillet avait quitté Saint-Louis sans autre escorte qu'un tirailleur en congé, et s'était aventuré sur le haut Sénégal, accompagné de trois bœufs, qui portaient ses bagages. Il poussa la simplicité jusqu'à adopter le costume du pays, dans l'espoir que cette marque de confiance dans les indigènes les toucherait. Ses prévisions se réalisèrent, et il fut partout bien accueilli, même à Ségou, où les soldats d'Ahmadou saluèrent de leurs détonations le drapeau français flottant à l'arrière de la barque de l'intrépide explorateur. L'accueil ne fut pas moins flatteur durant son séjour dans la capitale du Haut-Niger ; toutefois Ahmadou ne lui permit pas de se diriger sur Tombouctou. Il dut regagner Saint-Louis, enrichi de notes et d'observations précieuses. Soleillet ne devait pas borner là sa carrière, et nous le rencontrerons plus tard à une autre extrémité de l'Afrique, brûlant du même zèle d'étendre partout l'influence de la civilisation française. Appréciant sa belle et patriotique conduite à la cour du roi abyssin de Choa, le président de la République devait lui décerner la croix de la Légion d'honneur (1884).

Les deux missions du capitaine Galliéni. Le protectorat du Haut-Niger. — L'année 1879 fut signalée par la mission du capitaine Galliéni. A Bafoulabé, au confluent du Bakoy et du Bafing, dont la réunion forme le Sénégal, cet officier fit adopter des indigènes l'idée d'une voie ferrée aboutissant à Médine, point où le Sénégal cesse d'être navigable, et pouvant être prolongée au Niger. En même temps, il fit commencer la construction d'un fortin sur ce point stratégique.

Le fortin se trouva construit en 1880 et rattaché par le télégraphe à Médine. Galliéni avait si bien réussi qu'on n'hésita pas à lui confier une seconde mission, à l'effet d'explorer le pays entre Bafoulabé et le Niger (1880). Il arriva sans encombre avec sa suite de 150 personnes à Kita, sur le Bakoy, point éminemment stratégique et salubre, à la bifurcation de toutes les routes de la contrée. Le roitelet de Kita accepta volontiers notre protectorat, et nous eûmes conquis une nouvelle étape vers le Soudan. On avance de la sorte lentement, mais sûrement. L'expédition entra alors dans le Bambara. Comme on ne pouvait céler qu'on se rendait auprès d'Ahmadou, l'ennemi des nègres fétichistes de la région, l'attitude des indigènes devint hostile et il fallut combattre des masses profondes. On se contenta de la défensive, et l'on gagna ainsi Bamakou, sur le Niger. On passa l'hiver dans les environs, et, au printemps, le sultan Ahmadou, influencé par la nouvelle de l'établissement de notre protectorat à Kita, signa, après maintes tergiversations, un traité par lequel, au prix d'une légère rente, il acceptait le protectorat français exclusif dans la vallée du Niger, depuis les sources du grand fleuve jusqu'aux portes de Tombouctou; il reconnaissait notre droit d'établir des comptoirs et d'ouvrir des voies commerciales entre le Sénégal et le Niger. C'est un fait d'une haute importance, et le capitaine Galliéni a bien mérité de la France.

Le colonel Borgnis-Desbordes à Bamakou. Les envoyés du sultan de Tombouctou. — L'année suivante (1881), nos gens ayant été insultés dans le Bambara, le colonel Borgnis-Desbordes fit construire un fort à Kita et à Bamakou. En prenant possession de ce dernier poste, il prononça une allocution patriotique que la presse fut unanime à louer. En voici le passage le plus saillant : « Je ne crains pas d'affirmer que le chemin de fer du Sénégal est nécessaire, si on ne veut pas que le Soudan, dès aujourd'hui sous notre protectorat, soit un jour dévasté, brûlé, ruiné à tout jamais par un conquérant musulman... La France ne peut défendre économiquement et avec peu de combattants une pareille étendue de territoire qu'à la condition d'avoir des postes communiquant rapidement entre eux et se prêtant appui mutuellement... J'ai foi dans l'œuvre entreprise. Nous tirerons onze coups de canon pour saluer les couleurs françaises flottant sur les bords du Niger. Le bruit que font nos petites bouches à feu ne dépassera pas les montagnes qui sont à nos pieds; et cependant, soyez-en convaincus, on en entendra l'écho bien au delà du Sénégal. Tous les Français qui mettent au-dessus de tout la grandeur et l'honneur de leur pays, applaudiront sans réserve à ceux de leurs compatriotes qui, à force d'énergie, d'abnégation, de courage, de discipline, se sont montrés, malgré toutes les difficultés qu'ils ont rencontrées, à la hauteur de la grande œuvre de civilisation dont l'exécution, décidée par le Parlement, leur a été confiée. » Ce sont des paroles auxquelles on ne peut que s'associer, et que les Chambres françaises ne sauront trop méditer. En 1884, le souverain de Tombouctou, impatient, lui aussi, de nous voir, envoya à Saint-Louis le sergent Alladi, pour prier le gouverneur de nouer au plus vite des relations commerciales avec sa capitale. On allait au-devant de nous. La même année, le président Grévy devait recevoir à l'Elysée l'ambassadeur de Tombouctou, Abd-el-Kader. Celui-ci, en reprenant le paquebot à Bordeaux, en janvier 1885, était tout radieux de l'accueil qu'il avait reçu à Paris, et témoignait de son impatience à en faire le récit à ses compatriotes.

Les cours d'eau de la Sénégambie. Le fleuve Sénégal. — La superficie de notre colonie sénégalienne ne saurait être évaluée même d'une manière approximative. Le principal intérêt géographique réside dans l'examen du cours du Sénégal et quelque peu dans celui de la côte maritime. Au nord du fleuve sont les déserts brûlants du Sahara occidental; au sud, des forêts équatoriales; à l'est, des massifs montagneux peu élevés et peu connus, puisqu'on y cherche encore les sources du Niger, aux abords du nœud de Timbo. De ces massifs descendent les cours d'eau parallèles qui vont se jeter à l'Atlantique. Le plus important est le Sénégal, dont le cours dépasse 1600 kilomètres, l'artère du pays, la ligne de séparation entre le désert et les terres fertiles, entre les Maures et les Nègres, l'Islam et le fétichisme. Ce beau fleuve est formé par deux fortes rivières, le Bakoy et le Bafing, qui se réunissent au pied du fortin de Bafoulabé. Il coule d'abord dans la direction du nord-ouest, puis à l'ouest, sans rien perdre de son inclinaison circulaire. Des cataractes entravent la navigation dans son cours supérieur, jusqu'à son confluent avec le Falémé, dont la source paraît voisine de celle du Niger. En aval du confluent, à égale distance de ce confluent et de l'embouchure du Sénégal, le grand fleuve, aisément navigable, forme la longue île de Morfil ou des Éléphants, puis se partage en plusieurs bras ou marigots, en relation avec le grand lac Cayor, le Mœris du Sénégal, et se jette dans l'Océan, en face de l'île Saint-Louis, entravé par une barre sensible, fort gênante pour la navigation à voiles. Le cours inférieur, hors de l'époque des crues, sans être à sec, est pauvre en eau, ce qui montre bien que le Sénégal, sans avoir le caractère torrentueux des ouadis algériens, n'a pas la belle régularité de nos fleuves d'Europe. Les autres fleuves qui arrosent la colonie n'ont pas, à beaucoup près, l'importance du Sénégal. Les principaux après la Gambie. aux Anglais, sont : les rios Casamance, Géba, Grande, Nunez, Pongo, Mellacorée, cours d'eau au lit très inégal, où les naufrages sont fréquents.

La côte. — La côte, située entre le 18° et le 8° de latitude nord, peut se diviser en deux grandes sections : du cap Vert au cap Blanc, elle forme un arc de cercle rentrant ; du cap Vert à l'embouchure de la Mellacorée, elle est inclinée vers le sud-est. Dans la première section, la côte est droite, monotone, bordée d'une chaîne de dunes ; dans la seconde, la côte est bordée par des palétuviers, et plus au large, par de gigantesques boababs, et entrecoupée d'une série de baies magnifiques, qui attendent des ports.

Le climat. — Quant au climat, il est vraiment défavorable, bien qu'on doive convenir que sa mauvaise réputation est exagérée. Il y a deux saisons : la saison sèche, d'octobre en juin, à la fin de laquelle souffle le violent et brûlant harmottan, le siroco de la Sénégambie ; la saison pluvieuse, la plus insalubre des deux, de juillet à octobre, durant laquelle éclatent les tornades tempétueux. La chaleur, humide, est très lourde, très fatigante pour l'Européen, exposé aux fièvres malignes et aux maladies de foie. Toutefois le littoral est plus salubre que l'intérieur, et avec de l'hygiène on peut s'acclimater dans ce pays, qui, pour n'être pas un Eden, n'est pas pour cela une terre inhabitable.

Les habitants. La race noire. — Trois races principales habitent le Sénégal : les Noirs, les Maures, les Européens. La race noire, autochtone, est relativement belle ; mais la tête est trop petite pour le volume du corps. Cette race vit en tribus et comprend des variétés assez distinctes, depuis les Peuls ou Fellatahs et le type mixte des Toucouleurs, rattachés selon les uns à la race éthiopienne, d'après les autres à la race malaise, descendants de hordes envahisseuses, jusqu'aux Mandingues et aux Yolofs, les plus autochtones de toutes les tribus autochtones de la région. Bien que depuis plusieurs siècles en contact avec les Européens, ces nègres ont conservé leurs mœurs, leurs coutumes, leurs dialectes. M. Demartinécourt affirme qu'un Ouolof, engagé dans la marine marchande, baptisé, parlant français, n'aura rien de plus pressé, au retour, de reprendre le toubé (pantalon court) et le boubou (chemise), et d'oublier le français, au point de répondre en ouolof à qui l'interroge en français, qu'il ne comprend pas. Ces nègres vivent dans de misérables cases, malpropres, disposées sans symétrie. Sans aucun souci du lendemain, comme des enfants, ils ignorent jusqu'à leur âge ; leur idéal est de manger, de dormir, et pour les hommes mariés de se faire servir par leurs femmes, et d'en changer souvent, quand leur fortune le leur permet. Ces nègres habitent la rive gauche du Sénégal, et leurs chefs sont protégés par notre gouvernement.

Les Maures. — Les Maures, eux, habitent sur la rive droite du grand fleuve. Ils ont le type arabe, énergique et beau, et les qualités et les défauts des Arabes de l'Algérie. Ils sont divisés en trois grandes tribus, gouvernées par des cheiks, et dont la principale est celle des Trazzas. Ces musulmans nous haïssent : nous ne pratiquons pas l'Islam et nous les empêchons d'exploiter les nègres ; faut-il chercher ailleurs la raison de cette aversion ? En faveur de la seconde raison, les nègres commencent à mettre en nous leur confiance. C'est pourquoi nous pouvons caresser l'espoir de faire accepter à la longue notre civilisation de ces grands enfants reconnaissants.

Les Européens. La division administrative. Les villes. — Les Européens ne sont pas nombreux, bien que le courant d'émigration, alimenté surtout par Bordeaux, paraisse un peu plus actif. Ils habitent de préférence, en qualité d'agriculteurs ou de commerçants, les ports et les postes de création française ; mais, au fur et à mesure qu'on s'éloigne des côtes, le nombre des colons devient plus rare. On en compte un certain nombre à Saint-Louis, capitale de la colonie, ville d'un aspect européen, peuplée de 20,000 habitants ; quelques-uns encore à Richard-Tall, à Dagaux, à Podor, beaucoup moins à Matam, à Bakel, chef-lieu du second arrondissement ; à Médine, à Kénieba, avec une progression moindre en raison directe de l'éloignement de la côte et de la marche en amont du grand fleuve. Il y en a un plus grand nombre dans la jolie ville de Gorée, près du cap Vert, et dans les comptoirs voisins et rivaux de Gorée, à Rufisque et à Dakar, qu'une voie ferrée rattache déjà à Saint-Louis. Le nombre des émigrants européens augmente insensiblement à Portudal, à Joal, à Kaolack sur le Saloum, entre le cap Vert et la Gambie anglaise ; à Carabane et à Sédhiou, sur la Cazamance ; à Ponga, à Mellacorée, à l'embouchure des rios du même nom, et enfin à Portendik, comptoir à mi-chemin du cap Vert et du cap Blanc, point le plus septentrional de notre protectorat. Il serait difficile d'évaluer le chiffre de cette population ; quant aux trois arrondissements de la colonie, ce ne sont là que les embryons de trois départements, auquel se joindra celui du Haut-Sénégal.

Les difficultés de la colonisation. Les remèdes. — L'œuvre de la colonisation sera rude, il ne faut pas se le dissimuler. Outre l'ignorance et l'indolence sénégalaises, nous aurons peut-être encore à combattre le fanatisme religieux, le fétichisme et l'islamisme, le second plus redoutable que le premier, car il se complique de la haine traditionnelle du chrétien. Le prosélytisme de nos missionnaires a obtenu peu de résultats en Algérie ; il en serait de même, sans doute, sur la rive droite du Sénégal : il vaut mieux recourir, en ce cas, au fusionnement par le commerce. Le prosélytisme pourrait être plus efficace avec les nègres, et l'on sait quels superbes fruits les missionnaires anglais ont recueilis dans l'Afrique australe. A se placer au point de vue de la civilisation, le passage du fétichisme à la morale évangélique constitue un progrès considérable ; mais il s'écoulera encore de longues années avant qu'il ait été obtenu, l'instruction s'y joindrait-elle, des résultats appréciables. Un autre ennemi, une autre cause de la lenteur de nos progrès, c'est la coutume administrative : si le général Faidherbe a ressuscité la colonie, c'est qu'il en a été le gouverneur pendant 12 années consécutives. Ne pourrait-on nommer des gouverneurs pour une longue durée, et pour éviter toute apparence de disgrâce, leur donner de l'avancement sur place, en récompence de leurs services ?

Productions. La gomme. — Quelles sont les ressources économiques que nous offre la colonie du

Sénégal ? Cette ancienne terre de la traite des noirs, de la graine noire, comme on disait alors, fournit à la métropole des produits qui ne sont pas à dédaigner. Longtemps encore après l'abolition de la traite, le Sénégal ne fournissait guère à l'exportation que la gomme. C'est la substance éminemment médicinale et industrielle que transsude le tronc des acacias. Pendant longtemps ce mot de « gomme » éveilla l'idée de luttes terribles affrontées pour la possession de cette précieuse matière. Il y a bien à en rabattre. Cette production est restée à peu près stationnaire ; il y a deux causes principales de cet arrêt : d'abord la gomme n'est distillée que sous les effluves brûlants de l'harmottan, qui fend l'écorce des acacias sénégalais, ce qui rend passablemement aléatoire une récolte basée sur la durée plus ou moins prolongée du vent saharien ; en second lieu ce sont les Maures, ou plutôt leurs esclaves qui sont chargés de la recueillir, opération pénible, rendue plus difficile par l'accumulation des lianes qui enlacent les acacias et l'abondance des épines qui en hérissent les branches. Aussi l'avenir du Sénégal ne repose-t-il pas sur la production de la gomme.

L'arachide. — Il en est tout autrement de l'arachide, herbe poilue, aux petites fleurs jaunes, et dont le fruit, en se recourbant vers la terre, s'y enfonce pour mûrir. Les graines ont la grosseur d'une noisette, et produisent une huile grasse que certains préfèrent à l'huile d'olive. Cette plante, qui croît spontanément, est d'un usage multiple : l'amande peut servir de nourriture aux bestiaux, et la tige, de fourrage ou d'engrais. La culture en est facile et l'arachide vient jusque dans les terrains les plus secs, excellente condition pour habituer au travail agricole des populations que rebuterait une longue durée de soins. L'arachide commence à être fort recherchée en Provence, comme huile comestible, et comme huile industrielle employée dans la savonnerie et l'éclairage. Malgré la progression du commerce des arachides, la traite en devient insuffisante, et l'on se montre anxieux à Saint-Louis et à Dakar. C'est ce qui faisait dire à M. Merle, président d'une société d'agriculture fondée en 1873 à Saint-Louis, que « la régénération coloniale, insuffisante par la traite en commerce seulement, ne pouvait être obtenue que par l'agriculture, » comme l'avait prévu, mais mal appliqué le gouvernement de la Restauration. Or les marchands des comptoirs sénégalais sont absorbés par le trafic, et la société agricole a végété. On peut espérer toutefois que le chemin de fer parallèle au littoral changera la face des choses.

Productions secondaires. Les richesses minérales. — Le Sénégal semble être la terre prédestinée des plantes oléagineuses. Sans parler de nos oléagineux qui y viennent sans peine, il produit le béraf ou graine de pastèques, la noix de palme, le ricin. Le coton et l'indigo y poussent non moins aisément dans toutes les vallées et sur la côte même.

Les femmes ont le tort d'apporter peu de soin au classement des brindilles de coton, ce qui diminue le prix ; mais les plantations modèles de Dakar laissent espérer de bons résultats. L'indigo peut donner trois récoltes par an, et faire concurrence à celui du Bengale, pour peu qu'on soigne la fabrication de la pâte. Le riz, le maïs, le tabac abondent aussi, et une plante nouvelle, le sorgho à sucre, vient d'y faire une heureuse apparition. Les forêts abondent également au Sénégal, riches en essences variées, utiles à l'ébénisterie, à la menuiserie, aux constructions navales, à la teinture. Quant aux richesses minérales, elles sont mal connues et partout à peine exploitées : les coquillages bons à la fabrication de la chaux abondent dans les vallées inférieures ; les Maures essayent de nous faire croire à l'existence de quelques gisements houillers ; mais il est certain que le haut bassin du Sénégal est riche en minerais de fer et peut-être en gisements aurifères. Détail piquant, ce sont les femmes qui travaillent à l'extraction et au lavage de l'or, dans le district de Kémeba, arrosé par le Falémé. Ces trésors attendent, pour être utilement exploités, l'extension de la colonisation.

La faune. — La faune sénégalaise mérite, elle aussi, une mention : les moutons donnent une excellente viande de boucherie, mais leur laine est trop courte ; les bœufs, à bosse ou sans bosse, sont forts et beaux ; ils sont très recherchés et méritent de l'être à tous les points de vue. Les chevaux sont de bonne race et résistent bien aux ardeurs du climat ; ils sont peu nombreux encore. La bonne qualité des prairies au sud du Sénégal permettrait de multiplier à volonté le bétail, et d'établir d'avantageux marchés à viande. La faune sauvage est assez riche et peu redoutable ; elle comprend le lion sans crinière, la panthère tachetée, l'hyène, le chacal, les grands pachydermes, l'éléphant et l'hippopotame, recherchés pour leur ivoire ; la girafe et l'antilope, diverses variétés de singes ; l'autruche, dont la plume, chère à nos élégantes, est l'objet d'un actif commerce d'exportation, qui commence à raréfier cet échassier, au point qu'on sera peut-être obligé d'en prohiber la destruction, comme les Anglais l'ont fait au Cap ; des variétés infinies de gibier volatile, des reptiles et particulièrement le caïman, dont les nègres mangent, mais qui mangent aussi du nègre ; enfin le poisson, et principalement la morue, dont la pêche pourrait être plus active.

L'avenir de la colonie au triple point de vue politique, agricole, commercial. — Cet aperçu suffit à montrer quelles ressources nous offre la région sénégalaise, et quel avenir est réservé à cette colonie, si l'on sait éviter les fautes du passé. Il est certain qu'il y a beaucoup à faire au Sénégal, mais qu'on n'oublie pas qu'à ce jour notre colonie de l'Afrique occidentale est en bonne voie au triple point de vue politique, agricole et commercial. C'est le jugement d'un écrivain fort entendu dans les questions coloniales, et dont on lira les conclusions avec plaisir. « Au point de vue politique, dit M. Gaffarel (1), nous commençons à acquérir les sympathies des indigènes, et surtout des nègres. Déjà plusieurs provinces se sont volontairement annexées, l'Oualo, le Dimar, le Rio-Nunez et la Mellacorée. Le Cayor, qui nous fut si longtemps hostile, semble avoir renoncé à ses haines. Derrière l'Oualo et le Cayor, le Fouta-Djalof et le Fouta-Djalon promettent beaucoup. En remontant le Sénégal vers le Bambouck, des perspectives indéfinies s'ouvrent à l'activité européenne. Le bassin entier du fleuve est soumis à notre action immédiate. Dans celui du Niger pénètre notre influence. Peu à peu nous nous acheminons vers l'Afrique centrale. Les Maures eux-mêmes, si réfractaires à notre civilisation, se rapprochent peu à peu... Au point de vue agricole, mêmes espérances de progrès.

---

(1) *Colonies françaises*, par M. P. Gaffarel.

L'introduction de la culture des plantes oléagineuses a été pour le Sénégal un coup de fortune. La culture maraîchère a également progressé, surtout autour de nos établissements... A notre exemple et d'après nos conseils, les roitelets indigènes, au lieu de s'exterminer réciproquement, s'occupent de faire cultiver leurs immenses propriétés...

« Que dire du commerce ? C'est surtout par le commerce que notre colonie est pleine d'avenir. Grâce à nos forts et à nos canonnières à vapeur qui remontent et surveillent les cours d'eau, les négociants n'ont désormais plus rien à craindre. Aussi les chiffres d'importation et d'exportation grandissent-ils chaque année d'après une progression continue. Dans la période décennale 1826-36, le commerce du Sénégal n'était que de 7 millions de francs, il dépasse aujourd'hui 40 millions. Ce n'est pas tout, nos négociants songent à s'enfoncer dans l'Afrique centrale. Ils voudraient faire du Soudan comme un Hindoustan africain. Il ne faudrait certes pas exagérer l'analogie. Lorsque pourtant nous arriverons à Ségou, à Tombouctou, et que de là nous nous répandrons dans ces contrées vierges, qui nous ménagent sans doute plus d'une surprise, ne sera-ce pas comme le couronnement de notre mission colonisatrice au Sénégal ? Ainsi se trouveront réunies dans cette colonie trop longtemps méconnue toutes les causes de prospérité : sol fertile, facilité des échanges, territoire considérable et susceptible d'une grande extension, populations nombreuses et qui s'attacheront à nous par la reconnaissance aussi bien que par l'intérêt. Peut-être n'est-il pas dans le domaine colonial de la France, à l'exception de l'Algérie et de la Cochinchine, une province dont l'avenir autorise de plus brillantes prophéties. »

VIᵉ LEÇON

ÉTABLISSEMENTS FRANÇAIS DE LA COTE DE GUINÉE. — COMPTOIRS DE LA GUINÉE SEPTENTRIONALE. — LE GABON. — L'OGOOUÉ ET LE CONGO.

La Guinée et ses divisions géographiques. — La Guinée, région essentiellement maritime et tropicale, possède les avantages et les inconvénients de sa position géographique. C'est une terre humide et insalubre, mais d'une fécondité merveilleuse, arrosée par une série de cours d'eau charriant de la poudre d'or, adossée à une longue chaîne montagneuse, qui laisse passer, dans ses dépressions, deux immenses fleuves, le Niger et le Congo. Dans sa plus grande longueur, la Guinée s'étend circulairement de la Sénégambie aux possessions portugaises. On limite d'ordinaire la partie supérieure au Niger, dont le delta, grandissant entre les golfes Benin et Biafra, menace de combler ce dernier. Cette partie de la Guinée se subdivise elle-même, d'après la prépondérance de ses produits ou de son commerce, en côtes des Graines, d'Ivoire, d'Or et des Esclaves.

Premiers établissements des Dieppois sur la côte septentrionale. — C'est le long de cette plage que se montrèrent, sous les premiers Valois, les petits vaisseaux des Dieppois et des Rouennais. Bien accueillis des noirs indigènes, à cause de leur humeur facile, de leurs présents en pacotilles, ils furent admis à échanger leurs brimborions miroitants contre le poivre ou malaquette, la poudre d'or, l'ivoire, dans des établissements connus sous le nom de loges.

L'une de ces loges, la Mina, dépassa bientôt les autres en importance. Les horreurs de la guerre de Cent ans, compliquée de la guerre civile des Armagnacs et des Bourguignons, mirent un terme à ces excursions : réduits à défendre leurs foyers contre les Anglais, les Normands de Dieppe et de Rouen n'eurent garde de visiter les lointaines cases de la Guinée. Quand ils y revinrent, ils avaient été supplantés par les Portugais qui, non contents de leur interdire le commerce du poivre et de l'ivoire, leur ravirent devant l'histoire la gloire de les avoir devancés sur ces plages.

Polémique avec les savants portugais relativement à nos premiers comptoirs de Guinée. — Ce n'est que de notre temps que l'injustice portugaise a été démasquée, non toutefois sans d'ardentes protestations. Des chercheurs français, M. Estancelin en tête, ont appelé l'attention de leurs contemporains sur ces hardis ancêtres des marins normands, et revendiqué pour eux la gloire d'avoir précédé les Portugais sur ces côtes africaines. Grand émoi dans les académies de Lisbonne et de Porto : des flots d'encre coulent pour démontrer à qui revient la priorité de la découverte. Le volume de M. Santarem est celui qui eut le plus de retentissement : il renferme des objections fameuses, typiques. Pour démontrer l'absurdité des prétentions françaises, il objecte que Charles V n'avait pas de marine, puisqu'il empruntait les vaisseaux du roi de Castille pour attaquer les Anglais, comme si l'absence d'une marine d'Etat impliquait la pénurie de navires marchands et privés. Il objecte, en second lieu, que les atterrages en Guinée étaient difficiles, redoutables, comme si ce qui a été possible aux Portugais, aux Hollandais, aux Anglais, ne pouvait l'être aux Normands, réputés les meilleurs marins de leur temps ! Il objecte enfin que personne, avant Bellefonds, contemporain de Colbert, pas même Froissart, n'a fait mention de ces voyages : ce qui constitue, à ses yeux, une preuve irréfragable que ces voyages ne méritent aucune créance. Mais ne sait-on pas que Froissart, l'historien des fêtes et des batailles de la bruyante féodalité, s'est toujours médiocrement soucié des petites gens qui n'avaient « point de cadeaux à faire, point de pourpre à donner » ? Et d'ailleurs, si le silence des chroniques était une preuve irrécusable, le fondement d'un ouvrage retentissant de notre époque, les *Antiquités américaines* du Danois Rafn, où il est démontré que les Normands ont fondé des colonies dans l'Amérique du Nord, au Xe siècle de notre ère, ne se trouverait-il pas détruit de lui-même ? Y aurait-il une meilleure preuve en faveur des assertions de M. Santarem dans ce fait qu'aucune carte des moines de Saint-Denis ne relate la présence des Dieppois sur les côtes de Guinée ? Nulle carte ne mentionne, non plus, les colonies américaines scandinaves. Des omissions de cette sorte se rencontrent fréquemment jusque dans la cartographie contemporaine. Et du reste, qui pourrait affirmer que les Normands, si rusés, si défiants, n'aient pas cherché, par un silence obstiné et jaloux, à éviter la concurrence ? Les objections de M. Santarem manquent de solidité.

Autres preuves à opposer aux objections de M. Santarem. — On a trouvé, d'ailleurs, des inscriptions à la Mina, datant du XIVe siècle, En outre, les indigènes ont persisté à appeler le poivre « malaquette », d'un vieux nom français, malgré les efforts des Portugais à les initier à une appellation portugaise. De plus, quand nos vaisseaux reparurent devant ces plages, aux XVIe et XVIIe siècles, les fleurs de lys, dont le souvenir s'était conservé par la tradition, furent reconnues, et les nègres, qui n'avaient pu se faire aux brutalités des Portugais et des Hollandais, nous accueillirent avec transports. Une autre preuve de notre passage dans ces régions, c'est l'établissement à Dieppe, avant le XVe siècle, de la fabrication des ouvrages d'ivoire, industrie qui a été en s'y perfectionnant jusqu'à nos jours. Puisse se réparer quelque jour la perte des documents de l'Amirauté de Dieppe, brûlés en 1694 par les Anglais, pendant la guerre de la Ligue d'Augsbourg ! Puisse surgir quelque manuscrit d'un greffe obscur de campagne ! La querelle serait close alors à jamais (1).

Nos comptoirs de Dabou, Grand-Bassam et Assinie. — C'est seulement aux XVIe et XVIIe siècles que recommencèrent les expéditions françaises à la côte de Guinée. Mais le commerce eut un autre caractère : on participa à l'horrible traite des noirs, ce qui nous aliéna l'antique sympathie des nègres. Vainement la traite fut abolie au XIXe siècle, et l'interdiction de l'odieux trafic surveillé ; la traite disparut, mais le commerce a peu progressé. En 1842, le gouvernement de Juillet acheta aux indigènes, sur la côte des Dents ou d'Ivoire, divers territoires où il fonda des comptoirs et des postes : Dabou, derrière une lagune, Grand-Bassam et Assinie, à l'embouchure des rivières de même nom. Le commerce de l'huile de palme et de la poudre d'or y était en progrès ; malheureusement des nécessités budgétaires ont

---

(1) *Les Colonies françaises*, par P. Gaffarel.

forcé le gouvernement de la troisième République à abandonner ces postes, où le trafic français était moindre que le trafic anglais, sous réserve de nos droits : Grand-Bassam à la maison Verdier de La Rochelle, Assinie à la maison Swanzy de Londres ; Dabou a été purement et simplement délaissé. C'est là une situation humiliante dont il importe de sortir au plus tôt.

Porto-Novo. Notre influence au Dahomey. Les sources du Niger. — A la côte des Esclaves, nous avons été plus heureux : l'initiative personnelle a obtenu de beaux résultats. Des maisons de Marseille, Régis aîné, Cyprien Fabre, ont fondé de véritables principautés, qui, bien qu'elles n'aient pas d'existence officielle, sont de vraies colonies fortifiées, où prospèrent l'importation des liqueurs fortes, du tabac, de la poudre et des armes, l'exportation de l'huile, des amandes de palme, de l'ivoire, etc. La plus importante de ces principautés est celle de Porto-Novo ou Lagos, dont Whidah est le principal port. Nous avons aussi des comptoirs dans le Dahomey, superbe royaume où abondent le boabab, l'oranger, le coton, l'arachide, d'immenses forêts, des métaux, avec de grands chemins naturels pour porter les produits à la mer. Les Anglais convoitent ces possessions, et notre influence les a fait échouer en 1875, et dans le Dahomey, et, plus à l'ouest, chez les Achantis : c'est un Français, l'intrépide Bonnat, mort en 1882, qui amena leur échec définitif à Coomassie. Puisse la ténacité britannique ne jamais triompher de notre indifférence ! Il importe de consolider par le sud comme par l'ouest notre autorité dans la haute vallée du Niger. C'est dans ce but que des agents de la maison Werminck de Marseille se sont efforcés de résoudre, en 1879, le problème des sources du grand fleuve de l'Afrique occidentale. MM. Sweifell et Moustier étaient partis de Rotambo (Sierra Leone) ; ils ont pu contempler les pics de granit, dont le plus avancé est le Timbo, qui dominent la source du Niger ; mais le grand prêtre de ce lieu les força à abréger leur séjour dans cette région sacrée et mystérieuse. Ils y reviendront, à n'en pas douter : ces sortes d'excursions intéressent l'avenir de notre colonie sénégalienne et de ses annexes ; il est du devoir du gouvernement français de les encourager par tous les moyens.

Historique de notre établissement du Gabon. — Sur les côtes de la Guinée inférieure, nous n'avons qu'un établissement, celui du Gabon, au nord du cap Lopez, sous l'Equateur. En 1841, le lieutenant de frégate Bouet-Villaumez commandait une croisière dans les eaux du golfe, afin de surveiller et, au besoin, de réprimer la traite des noirs. Comme les navires étaient d'une capacité médiocre, la provision d'eau avait besoin d'être renouvelée souvent. On chercha une rade commode et sûre, et, après quelques pourparlers, les roitelets du cap Lopez (1843) nous abandonnèrent l'estuaire du Gabon. Quelques années plus tard, en 1849, des esclaves libérés fondèrent un village aux alentours de nos magasins, et Libreville devint le chef-lieu de la colonie. Des traités ultérieurs augmentèrent l'étendue de cet établissement sous le second Empire. Vers 1875, des bruits d'échange du Gabon contre la Gambie prirent une certaine consistance. Ces bruits étaient fondés, et l'échange allait peut-être s'opérer, si la presse anglaise, le *Times* en tête, n'eût jeté les hauts cris. Quelque avantage que nous puissions avoir à unifier notre colonie du Sénégal, il est probable que nous ne regretterons rien, à cause de la facilité d'établir au Gabon des lignes de pénétration au cœur de l'Afrique.

L'estuaire du Gabon. Le climat. La faune. — L'estuaire du Gabon est magnifique : encadré par des collines aux pentes douces et verdoyantes, il reçoit de nombreux cours d'eau qui entretiennent la fertilité dans tout le pays ; mais le climat est débilitant, insupportable pendant la saison sèche, tout à fait insalubre et fiévreux durant la saison pluvieuse. C'est un obstacle sérieux à la colonisation ; heureusement que l'intérieur est plus habitable. Les richesses naturelles y abondent. Les animaux domestiques sont rares, mais de belle venue : les bœufs atteignent des proportions énormes, les moutons produisent une laine très fine, et les chevaux, une fois qu'ils ont pu résister aux ardeurs du climat, sont superbes. Enfin la volaille est commune. Dans les forêts, à l'intérieur, vivent le buffle, la panthère, l'éléphant, le boa, et un redoutable gorille, communément appelé l'homme des bois, dont les petits font entendre des vagissements semblables aux cris d'un enfant irrité. Dans les eaux fangeuses des lacs se vautrent des caïmans et des hippopotames. Les fourmis de la région méritent une mention spéciale ; elles comprennent de nombreuses variétés et se construisent des demeures à un ou deux mètres d'élévation, avec un diamètre à l'avenant ; plus au cœur de l'Afrique, on en voit qui ont l'élévation ordinaire d'une maison de campagne. Quand ces insectes font irruption dans une case, on comprend qu'il faille leur céder la place. Heureusement pour les naturels, les fourmis sont en guerre fréquente avec les termites : ils s'entretuent avec furie. La coalition des fourmis et des termites serait l'anéantissement des villages gabonais.

La flore. — Le sol est d'une fécondité merveilleuse, comme au Brésil, comme dans l'Inde, et dans les régions de soleil et de pluies. Les indigènes cependant n'ont pas su tirer profit d'une nature aussi riche. Ils ne donnent quelques soins qu'au bananier et au manioc, fond de leur alimentation. Les plantes oléagineuses, le gingembre, le poivre, la muscade, la vanille, une espèce particulière de café, y viennent spontanément et sans travail, dans des forêts vierges immenses. C'est au milieu de ces forêts luxuriantes qu'ils se taillent leurs pirogues, et qu'ils pourraient, s'ils étaient plus industrieux, recueillir la gomme, la résine, le caoutchouc, le santal, l'ébène, tous les bois enfin qu'on recherche pour la teinture et l'ébénisterie. Quant aux richesses minérales, elles sont encore lettre close. Notre établissement ne date d'ailleurs que d'hier et les explorateurs ont été jusqu'ici assez rares. Il s'est pourtant établi au Gabon des maisons de commerce françaises, anglaises, allemandes ; mais le commerce n'avait pas atteint en 1876 le chiffre de 3 millions ; il faut un commencement à tout.

La population. Les Gabonais. Le type gabonais. — Il serait difficile d'évaluer la population du pays. La race blanche n'est représentée que par quelques fonctionnaires, des marins et des commerçants en petit nombre, établis à Libreville et à Glass. La population indigène a été répartie par divers géographes en quatre groupes, originaires de l'intérieur, ayant tous une tendance marquée à planter leur tente sur la côte dans l'espoir de commercer avec les étrangers. Ce sont : les Gabonais, les Boulous, les Bakalais, les Pahouins. Les premiers sont les plus connus de nous et leur contact est quotidien.

C'est une belle race, et il n'est pas rare de rencontrer des femmes d'une réelle beauté et d'une élégance peu commune. Certains voyageurs vont jusqu'à prétendre qu'elles font les modes et aiment à orner leur tête et leur poitrine de colifichets, de verroteries, de bijoux qui s'harmonisent merveilleusement ensemble et témoignent d'un goût naturel incontestable. Les modes européennes ont fait invasion chez ce peuple : on y voit des jupons, mais peu de chemises encore. Quant aux hommes, ils présentent aux jours de gala un tableau des plus pittoresques où se mêlent les chapeaux à haute forme cylindrique, les cravates bariolées, à nœuds gigantesques, les redingotes à sous-pied, comme en portent nos puritains, des bandes d'étoffe de couleur criarde tenant lieu de pantalons.

Religion, institutions et mœurs des Gabonais. — La religion est le fétichisme, un fétichisme basé principalement sur la crainte des génies malfaisants ; de là l'influence des sorciers et des devins. Les institutions politiques sont primitives : autant de villages, autant de rois, rois marchands et sans aucun sentiment d'honneur, qui se livrent au trafic sans relâche et ne craignent pas de spéculer sur les charmes de leurs femmes. Quelques-uns de ces roitelets exercent une influence au delà des limites de leurs villages, comme le vieux Denis, qui mourut centenaire et avait facilité notre établissement dans la baie du Gabon. Ces rois sont élus, non sans quelque tumulte, que nous nous empressons d'arrêter, et exercent une autorité fort restreinte. En revanche, le chef de chaque famille a sur les siens droit de vie ou de mort et peut se permettre de trafiquer du divorce. Si l'on voulait trouver des exemples de la pureté des mœurs primitives, tant vantée par Rousseau, ce n'est pas à la porte des cases gabonaises qu'il faudrait aller frapper. Les femmes surtout y sont d'une paresse, d'une ivrognerie, d'une immoralité dont rien ne saurait donner l'idée. Les hommes sont moins paresseux ; on rencontre parmi eux des courtiers très actifs, très intéressés, très âpres au gain. Chose digne de remarque, cette race diminue sensiblement : ce n'est pas à la persécution qu'il faut en attribuer la cause, mais plutôt à l'abus de l'alcool et à la débauche.

Pahouins, Boulous et Bakalais. — Une race plus énergique s'annonce comme devant combler les vides ; mais deux autres races ménagent la transition, les Boulous et les Bakalais, laids et nomades, vivant, les premiers au fond des forêts, les seconds sur les bords des rivières, tous d'ordinaire laborieux et même industrieux. Les Pahouins, eux, sont des cannibales ; ils mangent leurs ennemis et quelquefois leurs morts. C'est une race belle, à physionomie sinon agréable, du moins vive et intelligente ; les femmes sont coquettes, mais elles recherchent avec moins d'empressement que les Gabonaises l'accumulation des ornements et des parures. Les hommes sont d'assez habiles forgerons et armuriers : ils fabriquent des sagaies, des couteaux de combat à pointe aiguë, des arbalètes redoutables par leur jet rapide et le poison des flèches. Il se livrent à des danses guerrières d'un effet saisissant ; ils raffolent de chasse. Ils recourent moins fréquemment à la polygamie, et leur fétichisme a un caractère moins abject. Telle est cette race, énergique, pleine de vitalité, et sachant pratiquer les devoirs hospitaliers. Elle semble destinée à absorber la race usée et vicieuse des Gabonais ;

mais le jour où les Pahouins seront devenus nos sujets immédiats, nous aurons en eux des sujets difficiles à gouverner ; toutefois il n'est pas d'obstacles infranchissables pour une civilisation supérieure. Peut-être aussi serait-il possible d'empêcher l'absorption violente de l'élément gabonais et de contribuer même à l'amélioration de cet élément corrompu. Nous aurions ainsi doublement mérité la reconnaissance de nos premiers sujets.

Avenir du Gabon. Les premiers explorateurs. — La colonie du Gabon a, dans le présent, peu d'importance, mais elle est susceptible d'un avenir magnifique. Déjà la vaillante initiative de nos explorateurs y rattache la terre fertile qu'arrose l'Ogooué, fleuve originaire de la *Sierra complida*, dont le parcours peut être évalué à 1200 kilomètres et qui forme à son embouchure un delta enlaçant le cap Lopez. C'est le voyageur Duchaillu, le fameux chasseur de gorilles, qui appela le premier l'attention sur ce fleuve, vers l'année 1860. Le lieutenant Salvel est le premier qui en explora sérieusement la partie basse ; et, après celui-ci, un négociant anglais, Walker, fonda au confluent de l'Ogooué et du N'Goumié, à Adanlinanlago, une factorerie qui prit un grand développement par le trafic de l'ivoire, de l'ébène et du caoutchouc.

Le marquis de Compiègne. — Les explorateurs suivirent de près. Peut-être l'Ogooué se rattache-t-il à l'immense région lacustre de l'Afrique australe, où naissent les grands fleuves du Nil, du Congo, du Zambèze ! Telle est la question que l'on voudrait d'abord résoudre. Il convenait, en ce cas, à des Français de ne pas se laisser distancer dans la recherche de cette solution géographique. Dès 1872, le marquis de Compiègne et M. Marche se décidèrent à remonter l'Ogooué aussi loin que possible. Les fonds leur étaient fournis par un naturaliste parisien, à

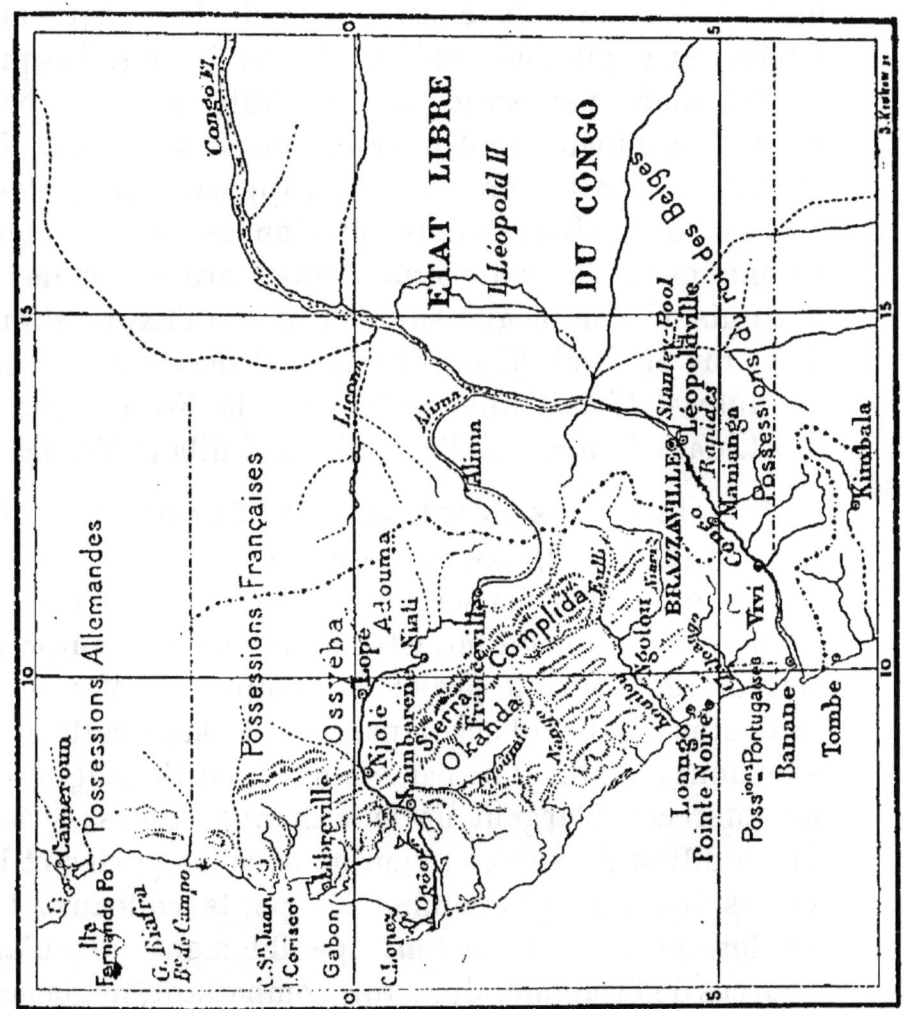

charge de lui réserver le produit de leurs chasses et toutes les collections d'histoire naturelle qu'ils pourraient acquérir. Grâce à deux roitelets indigènes Renoqué et N'Combé, « le roi Soleil, » affublé d'ordinaire d'un haut chapeau terminé par une plaque de fer-blanc provenant d'une boîte de conserves alimentaires, et figurant l'image du soleil, les deux explorateurs, munis d'un traité de concession territoriale, n'hésitèrent pas à s'aventurer en chaloupe sur le cours supérieur du fleuve. Au prix d'efforts infinis, malgré les révoltes continuelles de leur équipage nègre, en dépit des rapides, ils arrivèrent jusqu'à Lopé ; mais, par suite de l'hostilité des Osyebas, affreux cannibales tout-puissants dans la région, ils durent se rabattre en aval. Ils rapportaient de leur voyage des observations précieuses, et auraient recommencé la campagne sans tarder ; mais le marquis de Compiègne survécut peu à l'exploration : il fut tué en duel, disent les uns ; il se suicida, disent les autres. C'était une perte pour la France que la mort, dans la force de l'âge, de ce vaillant Français.

Première exploration de Savorgnan de Brazza sur l'Ogooué. — Sur ces entrefaites, un Italien naturalisé, enseigne de vaisseau, Savorgnan de Brazza, obtint du ministre de la marine l'autorisation de reprendre le projet de Compiègne. Marche et le docteur Ballay l'accompagnèrent dans cette mission dont le but n'était pas moins philanthropique que commercial. L'argent ne leur manquait pas ; c'était la condition du succès : rien n'ouvre les portes et les cœurs des sauvages comme les petits cadeaux. Les explorateurs s'avancèrent péniblement jusqu'aux sources de l'Ogooué, donnant, combattant, négociant, rusant, subissant des retards énervants et des défections perpétuelles. Rien de plus intéressant et de plus émouvant que l'histoire de cette exploration, rien de plus propre à inspirer l'admiration pour ces vaillants explorateurs. Un jour, ils s'apprêtent à faire sauter un baril de poudre pour ne pas tomber vivants entre les mains des sauvages : cette fière attitude intimide les sauvages, qui prennent la fuite. Un autre jour les porteurs manquent pour le transport des bagages ; les voilà réduits, eux qui rêvent l'abolition de l'esclavage, à acheter des esclaves ; ils se promettent, au moins, de les libérer le plus tôt possible. Tout les tourments leur étaient réservés : ils perdirent une caisse de chaussures et durent aller nu-pieds, les vêtements déjà en loques. Avec des âmes moins fortement trempées, ils seraient revenus en arrière : ils n'y songèrent même pas et atteignirent enfin les sources de l'Ogooué, à 700 mètres au-dessus du niveau de la mer, près du village d'Obanda.

Sur l'Alima. Le récit des Batékès. — Ils acquirent alors la certitude que l'Ogooué ne conduit pas aux mers intérieures de l'Afrique explorées par Livingstone. Apercevant un cours d'eau sur le versant oriental, ils y coururent. En le descendant, ils en trouvèrent un autre plus important. C'était l'Alima, profond de 5 mètres, large de 100. Les naturels du pays, les Batékès, leur racontèrent que ce cours d'eau n'avait ni rapides ni chutes, et conduisait à un fleuve plus considérable encore, où des blancs (c'était leur version) vendaient des fusils et de la poudre. Le récit était fondé : il s'agissait du Congo, que l'intrépide américain Stanley, au retour de son voyage à la recherche de Livingstone, avait descendu jusqu'à l'Atlantique ; il s'agissait des trafiquants anglais et portugais installés sur les bords du grand fleuve. Mais Brazza ne se croyait pas si près du Congo, qui trace à l'équateur une courbe très saillante dans la direction du nord, avant de reprendre sa route vers le sud-ouest. En outre, il était découragé, n'ayant reçu depuis trois ans (1875-78) aucune nouvelle des pays civilisés ; il jugea prudent de ne s'avancer qu'avec une extrême circonspection.

Les Apfourous. La Licona. Le retour. — Les riverains de l'Alima sont les Apfourous, tribus belliqueuses, venues du centre de l'Afrique, et qui font peser sur les indigènes autochtones un odieux régime de terreur. Les premiers Apfourous qu'ils rencontrèrent ne les inquiétèrent pas ; mais bientôt les cris de guerre retentirent, entrecoupés des roulements assourdissants du tam-tam ; une nuit, aux approches d'un grand village, des feux s'allumèrent de toutes parts, sur les pirogues, le long de la rivière et jusqu'au sommet des collines. Le combat commença ; les fusils européens valaient mieux sans doute que les fusils des indigènes et faisaient de nombreuses victimes ; mais la masse des sauvages était compacte, et les munitions commençaient à manquer. Savorgnan de Brazza, jugeant qu'il y aurait témérité à prolonger la résistance, donna l'ordre de la retraite. Elle fut pénible à travers des bourbiers immenses ; mais on parvint à se mettre hors de la portée des Apfourous. On arriva sur la Licona, plus au nord-est ; mais la saison des pluies ayant déjà commencé, et les bagages se trouvant réduits à leur plus mince contenance, Brazza, malgré les encouragements des Batékès, qui lui savaient gré d'avoir combattu leurs mortels ennemis, les Apfourous, regagna l'Ogooué et le Gabon.

Résultats de la première exploration de Brazza. — Le vaillant explorateur avait fait reconnaître notre autorité de toutes les tribus de l'Ogooué, sur lequel flottait, de point en point, le drapeau tricolore. Il avait aussi, mais sans le savoir, découvert la route de l'Ogooué au Congo, par l'Alima ou la

Licona, que des steamers peuvent parcourir sans difficulté. L'on évite ainsi le lit intérieur du Congo, barré de récifs et de cataractes, et, au moyen des voies ferrées, faciles à construire sur un terrain peu accidenté et sablonneux, on entre dans l'Ogooué, dont le cours n'offre que quelques rapides sans importance. Tel est le fruit de l'exploration de Savorgnan de Brazza et du docteur Ballay : une voie nouvelle ouverte au commerce et à la civilisation, et dont la France possède la clef ; des relations sûres avec des peuples inconnus de la mystérieuse Afrique centrale.

Deuxième exploration. Fondation de Franceville. Le roi Makoko. — Brazza, au retour d'un voyage en France, où les sympathies et les encouragements lui furent prodigués, remis des fatigues de sa première exploration, sollicita une seconde mission et l'obtint sans peine. Comme il l'avait promis au comité de l'Association internationale africaine, il créa, cette fois, sur le haut Ogooué, à son confluent avec la Passa, une station hospitalière et scientifique qu'il décora du nom de Franceville, et dont les naturels secondèrent l'établissement (1879). L'année suivante, il se dirigea de Franceville à l'Alima, les poches toujours bourrées de drapeaux tricolores. Il conquit rapidement les bonnes grâces du roi du pays, Makoko, qui, après lui avoir fait visiter ses beaux champs de manioc, de maïs, d'arachides, lui donna une escorte commandée par des membres de sa famille. Avec cette escorte et ses gens, Brazza se dirige résolument vers le grand fleuve, et, cette fois, traverse sans encombre le pays des Apfourous. Une de leurs tribus consent même à signer un traité de paix avec la France, et arbore le drapeau tricolore sur ses cases et ses pirogues.

Fondation de Brazzaville. Rencontre avec Stanley. Retour à l'Alima. — Ce succès obtenu, l'heureux explorateur atteignit le Congo, où, avec l'autorisation de Makoko, il fonda la station de N'tamo que la Société de géographie, sur la proposition de son président, M. de Quatrefages, devait appeler Brazzaville. De cette station à Franceville (200 lieues), une route de terre est facile à tracer, en attendant une voie ferrée, sans détriment pour d'autres projets de voies ferrées du Congo à l'Ogooué, le long de l'Alima ou de la Licona. Après avoir préposé à la garde de N'tamo le brave sergent Malamine et trois soldats français, Brazza s'embarqua sur le Congo. Il ne tarda pas à rencontrer, pour la première fois, Stanley. La rencontre fut assez courtoise ; l'explorateur américain ne put toutefois s'empêcher de laisser percer des sentiments de jalousie à l'égard d'un explorateur qui venait de fonder un village à côté même de Stanleypool, son quartier général. Son dépit s'accrut encore, quand il se vit réduit à respecter le poste où Malamine veillait à la garde du drapeau tricolore : force lui fut bien de s'arrêter, quand il vit le traité signé entre le roi Makoko et la République française ; et d'ailleurs, le président et bailleur de fonds de la Société internationale de Bruxelles, le roi Léopold II, aurait pu lui reprocher sa violence, son oubli des lois de la modération et de la justice. Quant à Brazza, arrivé à l'Océan, il s'était embarqué pour Libreville. Là, ne trouvant pas le docteur Ballay, il repart aussitôt pour le haut Ogooué, trouve ses hommes inquiets, les réconforte et va fonder une troisième station sur la haute Alima. Il revient ensuite par une voie nouvelle, traverse la côte entre le Congo et l'Ogooué, et découvre un fleuve navigable, le Niari, qui permettrait, sans grands frais de canalisation, d'établir une grande ligne de navigation fluviale continue du Congo à l'Atlantique.

Brazza à Paris. — Comprenant alors combien sa présence était nécessaire à Paris, pour y déjouer les intrigues du Portugal et de Stanley, Brazza s'embarque pour la France. On l'accueille partout avec enthousiasme : parlement, ministres, conseil municipal de Paris, se mettent en frais pour le fêter. Il se rencontre avec Stanley, et, montrant que l'esprit chez lui est au niveau du cœur, il lui présente ses félicitations en public. La réunion était nombreuse ; l'Américain, qui n'a pu se consoler du traité de Makoko et de la fondation de Brazzaville, se vengea alors en tournant en ridicule Brazza et le piteux accoutrement dans lequel il l'avait rencontré, et aussi le sergent Malamine, ce gouverneur qui manque de souliers et quelquefois de pain. Les spectateurs de cette scène n'oublieront jamais l'effet que produisit dans la salle l'apparition du magnanime Français, interrompant un rival qui l'accable et le raille, pour le féliciter de son courage et de ses succès.

Départ pour une troisième exploration. — L'infatigable Brazza, heureux d'avoir fait ratifier par les Chambres son traité avec le roi de Batékès, est reparti en 1883, avec 1,275,000 francs de subvention officielle, investi de pouvoirs extraordinaires. Moins riche que Stanley, il ne fera pas moins ; nouveau Cortez, nouveau Pizarre, avec la différence de ses sentiments d'humanité, il conquiert de vastes empires avec une poignée d'hommes. Cette troisième expédition a débuté par l'occupation du port de Loango, à l'issue d'une vallée aboutissant à Brazzaville : c'est une nouvelle voie commerciale, qui marquera la limite de nos possessions au sud. Depuis, des bruits de mort ont circulé, qui, heureusement, n'ont pas été confirmés. Quel sera le résultat de cette expédition ? l'avenir nous l'apprendra (1). Quoi qu'il arrive, nous ne saurions témoigner trop de reconnaissance à ce hardi pionnier, si soucieux des intérêts commerciaux de la France et de la civilisation européenne.

La question du Congo au congrès de Berlin.
— Cependant l'attention de l'Europe s'est portée avec insistance sur ces régions équatoriales ; le chancelier Bismarck, désireux de doter son pays d'un empire colonial, a invité les puissances à un congrès à Berlin. La France y est dignement représentée et peut parler haut et ferme devant les sourdes intrigues de l'Angleterre et du Portugal. Stanley y a été appelé pour défendre les intérêts de l'Association internationale dont le roi des Belges est le protecteur sur sa cassette privée. Savorgnan en est absent ; mais il est impossible que son nom n'y soit pas prononcé, que son esprit n'y plane pas, inspirant les réclamations de notre ambassadeur, M. de Courcel, assisté, pour la circonstance, du docteur Ballay, le compagnon de Brazza. Les dernières nouvelles nous apprennent la fin du Congrès (mars 1885). Les hautes parties contractantes, au nombre de quatorze, auraient proclamé la liberté du commerce dans tout le bassin du Congo et même dans celui du Niger, avec la protection internationale des voyageurs et des indigènes. En ce qui

---

(1) M. de Brazza est revenu sain et sauf. Le 21 janvier 1886, la Société de géographie de Paris lui a fait une ovation, et son président, M. F. de Lesseps, a émis le vœu que Brazza fût nommé gouverneur de nos nouvelles possessions africaines.

nous concerne, les limites de nos possessions auraient été ainsi fixées : le Chiloango, rivière tributaire de l'Atlantique, dont la source est voisine du Congo ; la ligne du Congo, depuis Manianga, sur le Congo, en aval de Brazzavile, jusqu'à l'embouchure de la Licona. C'est un vaste et riche empire, dont la possession nous a coûté peu de sacrifices : c'est un don de Savorgnan de Brazza (1).

(1) Les Chambres françaises (1885) ont ratifié le traité. Les possessions de l'Association internationale, vaste colonie du roi des Belges, s'étendent au sud-ouest ; celles du Portugal, au sud. La navigation du Congo est libre.

VIIe LEÇON

POSSESSIONS AFRICAINES DE LA MER DES INDES. — LA RÉUNION. — NOS DROITS SUR MADAGASCAR. — POSSESSIONS INSULAIRES ENVIRONNANTES. — LA STATION D'OBOCH ET LA BAIE DE TADJOURAH.

L'île Bourbon ou de la Réunion au XVIIe siècle. — A 4,000 lieues de Brest, à 140 de la grande île de Madagascar, sous les 20° et 21° de latitude sud, s'étend l'île de la Réunion, anciennement appelée Bourbon. Elle fait partie de l'archipel des Mascareignes, découvert par le Portugais Mascarenhas, au commencement du XVIe siècle. La prise de possession officielle de cette île par la France remonte à 1642 : ce fut l'œuvre de Pronis, agent de la Compagnie des Indes orientales, et l'un des derniers actes du glorieux ministère de Richelieu. L'acte d'occupation en fut renouvelé en 1649, par Flacourt, successeur de Pronis. On y avait déjà établi quelques condamnés, auxquels étaient venus s'adjoindre des pirates. Sous Colbert on y installa des ouvriers et des orphelines, qui formèrent les premières familles, et dont on peut retrouver les noms aux archives (1664). Le massacre de Fort-Dauphin (Madagascar) et la révocation de l'édit de Nantes contribuèrent à y amener de nouveaux renforts, et les historiens s'accordent à reconnaître que l'addition de l'élément calviniste eut pour heureux résultat d'épurer la population de l'île. La moralité atteignit un niveau si élevé que l'on put bientôt négliger de fermer les portes des maisons ; l'or et les bijoux précieux purent être étalés à la vue de tous, sans crainte des voleurs, comme jadis, au dire des chroniqueurs, cela s'était vu en Neustrie, sous le gouvernement du duc Rollon, le gendre du carlovingien Charles le Simple, l'heureux bénéficiaire du traité de Saint-Clair-sur-Epte (911). A

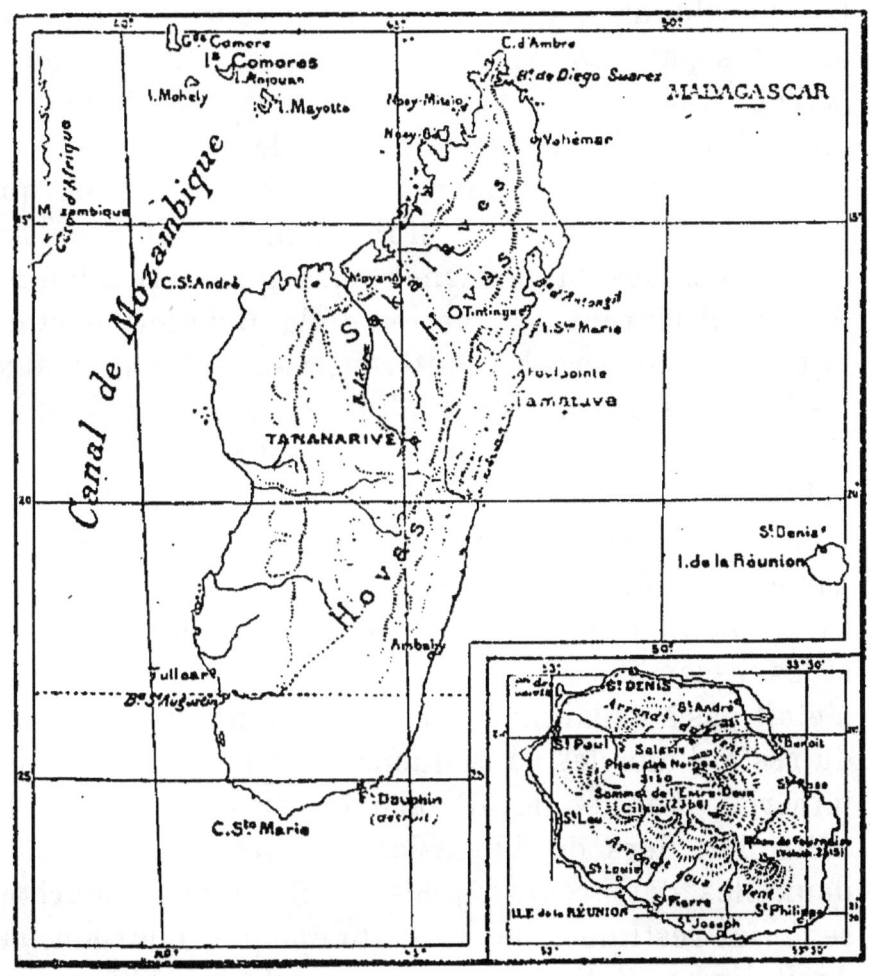

ces colons se mêlèrent des agents de commerce, quelques officiers de marine en retraite, des aventuriers ; tel est le noyau de la population créole : grâce au charme du climat et à la fécondité du sol, elle fut rapidement acclimatée et s'adonna avec ardeur à l'agriculture et au négoce.

La Réunion depuis le XVIII° siècle jusqu'à nos jours. — Déjà le drapeau de la France avait été planté à l'Ile de France ou Maurice (1715), immortalisée par la délicieuse idylle de Paul et Virginie ; les Hollandais venaient de l'abandonner. Le gouvernement des deux îles fut confié, en 1735, au célèbre La Bourdonnais, qui devint la terreur des Anglais dans ces parages. Après lui, la colonie fut vendue à la couronne par la Compagnie, moyennant un peu plus d'un million. Elle continua de prospérer sous l'administration de Poivre, un nom prédestiné, qui établit (1767) un fort courant commercial pour les épices entre les Mascareignes et les îles Néerlandaises. Plus tard vinrent les guerres de la Révolution et de l'Empire : nos créoles luttèrent vaillamment contre les escadres anglaises ; il fallut céder, malgré la bravoure du général Decaen, chargé par l'Empereur de défendre, avec des forces insuffisantes, nos établissements de l'Extrême-Orient. Peut-être Decaen n'est-il pas exempt de tout reproche : pourquoi commanda-t-il à son lieutenant de dissoudre les milices locales et les assemblées électives ? Cet élément de défense n'était pas à dédaigner dans ces conjonctures. C'était, du reste, l'une des conséquences propres du système impérial ; l'on en devait recueillir les fruits dans la métropole, lors de l'invasion de 1814. En 1810, nos deux îles devinrent anglaises, et en 1814 Bourbon seule fut restituée. Depuis cette époque, Bourbon, en dépit des oscillations du tarif des sucres et des perturbations introduites par l'émancipation des nègres, n'a cessé d'étendre et d'améliorer ses cultures, par un outillage plus perfectionné ; l'on peut affirmer sans crainte aujourd'hui que la Réunion est, toute proportion gardée, notre meilleure colonie de plantation.

Aspect général et formation géologique de la Réunion. — La superficie de l'île est de 250,000 hectares, l'étendue environ de deux arrondissements français ; la forme est une ellipse allongée du nord-est au sud-est, de la pointe des Galets à la pointe d'Ango, avec un développement d'une cinquantaine de lieues. Elle est coupée en deux parties par une chaîne de montagnes, comprenant deux cimes superbes, le piton des Neiges (3,000 mètres environ) au centre, et le piton de la Fournaise, volcan en activité, au sud-est. L'élévation moyenne de la chaîne est de 1,600 mètres au-dessus du niveau de la mer. Cette chaîne détermine deux versants, à peu près égaux : la partie du vent, qui reçoit, à l'est, le vent du large et les effluves enivrants de l'Asie, la partie sous le vent, abritée contre les vents alizés, caractérisée par la riche et exubérante verdure africaine. C'est une terre essentiellement volcanique, avec des eaux thermales à Sallazie, à Cilaos, un sol merveilleusement fécond qui rappelle les pentes de l'Etna et du Vésuve, et notre plaine auvergnate de la Limagne, couche profonde de laves refroidies et effritées. Il n'y a pas à craindre les tremblements de terre, sans doute parce que les gaz trouvent à s'y dégager facilement ; mais on y a souffert de quelques éboulements, et naguère, en 1879, une partie du piton des Neiges s'est effondrée dans le cirque de Sallazie, ensevelissant sous ses débris une centaine de victimes.

Les cinq zones de la Réunion. — Le territoire est arrosé d'une multitude de rivières au caractère torrentueux, innavigables, et de quelques étangs, dont les eaux s'utilisent comme force motrice et servent à des irrigations agricoles. Par là s'augmente la fertilité naturelle du sol, qui cumule les avantages si précieux pour la culture de la chaleur et de l'humidité. Un autre avantage à signaler, c'est celui de la variété des climats, conséquence de l'élévation croissante du sol en forme d'amphithéâtre, dont les gradins, séparés par des coupures, forment comme autant de zones agricoles montant vers le centre. On en peut compter jusqu'à cinq : c'est d'abord le rivage, où s'élèvent les villes, où se groupent les usines et particulièrement les sucreries ; au-dessus, la ceinture verdoyante de l'île, le vrai royaume de la canne à sucre, se déployant sur une largeur circulaire de plus de deux lieues ; au-dessus encore, la zone des cultures tropicales, du café, du bananier, des forêts au luxuriant feuillage, aux parfums pénétrants. On atteint au delà la quatrième zone, celle des plateaux, où prospèrent les cultures européennes acclimatées et les pâturages ; enfin la cinquième zone, la zone des montagnes et des pitons, embrasés et neigeux, réservoir des rivières et des ruisseaux, crêtes d'Alpes et de Pyrénées en miniature. « L'île de la Réunion, écrit M. Gaffarel dans son beau livre des colonies françaises, avec ses cinq zones, ne ressemble-t-elle pas à une colossale pyramide émergeant du sein de l'Océan, les pieds baignés par la vague bleue, les flancs entourés de verdoyantes cultures, et la tête parfois couronnée de neiges et de feux ? »

Salubrité de la température. Les cyclones. — Ce pays si pittoresque, dont les descriptions de Bernardin de Saint-Pierre nous offrent le reflet vivant, est en même temps l'un des plus salubres du globe ; air pur, ciel limpide, eaux vives, brises rafraîchissantes, tout s'est réuni pour en former un séjour enchanteur. Bien plus, les animaux dangereux ou incommodes y font défaut. On signale néanmoins, depuis quelques années, d'assez nombreux cas de fièvres intermittentes ; mais les causes en sont artificielles et dues, soit à la présence de nombreux émigrants hindous, soit au déboisement exagéré des montagnes. La terre est donc riche et belle ; l'Océan en revanche est l'ennemi ; les baies manquent, les marées y sont dangereuses, les cyclones fréquents et redoutables ; ces ouragans circulaires, qui surviennent presqu'à l'improviste, brisent, engloutissent les vaisseaux, étendent parfois leurs ravages sur le littoral, où ils déracinent les arbres, fauchent les herbes, renversent les toitures, jaunissent et corrompent les eaux des rivières. Mais les charmes de l'île compensent ce fléau, puisque la société s'y est affermie et a grandi, s'enrichissant et enrichissant la métropole française.

Productions. La canne à sucre. — Les productions de la Réunion sont nombreuses et variées. La principale est la canne à sucre, importée au commencement du XVIIIe siècle, au détriment du café et des épices jusque-là cultivés avec ardeur. C'est au mois de juin que se pratique la coupe ; alors tous les colons sont en liesse pour ces vendanges tropicales. Débarrassée de ses feuilles, la canne, aussitôt la coupe faite, est portée au moulin où on la presse sous de gros cylindres de fonte pour en obtenir le jus ou vesou. Ce vesou, écumé, épuré dans de vastes bassins de cuivre, devient le sirop ; il descend ensuite dans des chaudières étagées en batteries, pour s'y concentrer au degré voulu, et passe enfin dans d'autres chaudières, où l'on a fait le vide, pour y être cristallisé. La dernière opération, le turbinage, a pour but de dessécher les cristaux au moyen de toupies métalliques mues à la vapeur. A l'époque de ce grand travail de roulaison, rien de plus animé, de plus bruyant qu'une sucrerie ; c'est un spectacle qui a frappé tous les voyageurs, et inspiré les plus piquantes descriptions.

L'industrie et le commerce du sucre. — Cette production alimente un commerce d'exportation considérable, et ne donne pas moins de 47 millions de kilogrammes de sucre. C'est une production supérieure à celle des Antilles françaises, et qui ne semble pas près de décroître, bien que les économistes n'aient pas manqué de conseiller la culture parallèle des plantes vivrières. Après avoir pendant longtemps profité des droits différentiels protecteurs, qui le mettaient en mesure de soutenir la concurrence des cannes d'autre provenance et du sucre de betterave français, et en avaient même augmenté démesurément la production, le sucre de canne n'a pas décliné. Chose digne de remarque pour les hommes d'Etat, l'accroissement de production a rarement coïncidé avec l'excès de protection : l'histoire des tarifs de la Restauration, dont le gouvernement fut le premier à porter des coups de canif au vieux pacte colonial, nous offre des tableaux concluants ; plus l'industrie sucrière fait d'efforts, et elle n'en fait que sous l'aiguillon de la nécessité et de la concurrence, et plus les chiffres ont d'éloquence. C'est de cette époque que datent les premiers perfectionnements de l'outillage sucrier : aujourd'hui la Réunion possède un outillage en grande partie de la maison parisienne Cail, et cinq fois plus considérable que celui de nos Antilles. Or, cette amélioration serait plus sensible encore, si les colons comptaient moins sur l'immigration asiatique, dont les conséquences ne sont pas moins fatales au point de vue économique qu'au point de vue social.

Autres productions. — Le café ne vient qu'en seconde ligne, mais il est de qualité supérieure ; les premiers plants furent importés de Moka. Sur le même pied se place le tabac, que les colons, moins exclusifs que par le passé, commencent à cultiver avec plus d'ardeur. Il faut citer aussi le cacao, l'arrowroot (excellent potager), la vanille, le coton, le maïs, les patates, des épices (muscade, clou de girofle, cannelle), une grande variété d'arbres à fruits des régions méridionales et tropicales, tels que le bananier, le cocotier, le papayer, à la couronne frontale garnie de petits melons verts ; le figuier, l'oranger, le tamarinier, une multitude d'arbres au feuillage abondant, de fleurs non moins éclatantes que parfumées, qui contribuent à faire des abords de certaines villes comme autant de séjours enchanteurs.

La population. Blancs proprement dits et petits blancs. — La population actuelle de l'île dépasse peu le chiffre de 180,000 habitants. Elle comprend des éléments assez variés : des blancs, des noirs, et de nombreux immigrants de race jaune, hindous, malais, chinois. La race blanche ou européenne est en majorité. Elle se compose des descendants des anciens colons et des fonctionnaires. C'est la classe dirigeante de l'île. Son sang n'est pas des plus fins, et certains signes dans l'œil et le reflet de la peau trahissent le fusionnement des premiers colons avec les Malgaches. C'est sans doute en souvenir de ces anciens mélanges que les blancs de Maurice et de Pondichéry nomment encore aujourd'hui blanc de Bourbon les objets de lingerie d'un blanc douteux. On appelle petits blancs ou petits créoles les descendants des premiers Européens qui habitent, loin des villes et des bourgades, les hauts plateaux de l'île, adonnés tout entiers à l'agriculture et à la chasse. Ils sont d'humeur belliqueuse et très patriotes : ils montrent une grande ardeur à réclamer la conquête de Madagascar, comme terre française de droit. Plus d'un Français de la métropole pense comme eux, et ce sentiment a de nombreux adhérents jusque parmi la population de Maurice, anglaise, comme celle du Canada, malgré elle et demeurée française de cœur.

Les noirs. — A côté des blancs vivent les noirs africains, beaucoup moins nombreux qu'au début de la traite ; ils étaient alors quatre fois plus nombreux que les blancs. L'on put craindre des représailles quand éclata la Révolution ; mais les blancs, en qui les préjugés de la race étaient beaucoup moins vivaces qu'aux Antilles, surent faire des concessions à temps. La guerre civile se trouva ainsi conjurée : et quand, en 1848, le gouvernement provisoire proclama l'émancipation complète, les noirs, grâce à l'habileté avec laquelle les classes dirigeantes de l'île avaient appliqué les lois d'adoucissement promulguées par le gouvernement de Juillet, passèrent presque sans secousse de l'esclavage à la liberté. Les noirs eurent le bon esprit de s'engager à rester, pendant deux ans, moyennant un salaire librement débattu de part et d'autre, au service des blancs propriétaires, qui, pendant ce temps, prirent leurs dispositions pour l'avenir. L'équilibre se rétablit plus rapidement que partout ailleurs ; il convient d'en attribuer le mérite aux deux races. Depuis, la race noire, qui se distingue par son empressement à fréquenter les écoles, ce qui explique la rapide constitution chez elle de la famille, de la propriété, et son assimilation croissante à la civilisation des blancs, a montré pour les descendants de ses anciens patrons, en échange d'égards réels, moins de rancune que les races inférieures des Antilles : de là le maintien des deux races en bonne harmonie.

Les coolies hindous. — Cependant l'émancipation de 1848 a eu pour résultat d'enlever à l'industrie sucrière la plupart de ses travailleurs nègres ; les planteurs se sont adressés à l'Extrême-Orient. La race jaune a commencé dès lors à affluer : Chinois, Malais, Hindous, ont débarqué à la Réunion, et leur nombre est supérieur à celui des noirs. Les coolies sont de beaucoup les plus nombreux. Il n'y a pas à se louer de cette immigration asiatique : outre que les immigrants, qui appartiennent à la lie de leur race, sont d'une immoralité révoltante, ce qui entraînerait à la longue des conséquences sociales désastreuses pour l'île, ils sont moins laborieux que les noirs, et, comme ils sont trop nombreux, l'absence d'efforts a pour but d'entraver le perfectionnement de l'outillage agricole et industriel. C'est pourquoi MM. Duval et Paul Leroy-Beaulieu recommandent aux colons d'attirer des travailleurs nègres et de négliger l'élément asiatique, dont l'effet n'est pas moins dissolvant au point de vue économique qu'au point vue moral. On paraît l'avoir compris, et la Réunion engage aujourd'hui des nègres à la côte de Zanguebar, non sans une bonne surveillance de notre marine sur ce dernier cantonnement de la traite. L'avenir de la colonie est intimement lié à ce changement du courant d'immigration ouvrière.

L'administration. — Dans tous les cas, la Réunion est une colonie prospère, la plus prospère de nos colonies de plantations. Au point de vue administratif, elle paraît assimilée à la métropole. A vrai dire, l'île forme un département français, dont le préfet installé dans la belle ville de Saint-Denis, peuplée de 40,000 habitants, avec un superbe lycée, porte le nom de gouverneur. Elle comprend deux arrondissements, du Vent et Sous le Vent ; celui-ci a pour chef-lieu Saint-Pierre (30,000 h.). Elle est représentée à la Chambre et au Sénat. Le commerce extérieur atteint le chiffre annuel de 60.000.000 de francs. Ce chiffre ne pourra que s'accroître par la construction du port et du chemin de fer des Galets, destiné à rallier d'abord Saint-Paul et Saint-Denis. Le Crédit foncier y est déjà institué. Ce succès ne donne aucun démenti à nos vertus colonisatrices, et démontre, au contraire, selon le mot de M. Gaffarel, « que nous ne sommes pas incapables de créer des Frances nouvelles au delà des mers ».

Origine de nos droits sur Madagascar. — C'est à l'ouest de Bourbon que s'étend l'île de Madagascar, plus grande que la France, riche en forêts et en pâturages, où l'on trouve des oiseaux qui ressemblent à des mammifères, des mammifères qui ressemblent à des oiseaux, une population autochtone douce et paisible, une race conquérante, les Hovas, remarquable par sa fourberie et sa cruauté. La France a des droits sur cette grande île, et l'on en trouve la preuve dans l'histoire même de nos établissements coloniaux. C'est vers le milieu du XVIIe siècle que les Français prirent officiellement position dans cette île qu'avaient dédaignée les Portugais. Ils y bâtirent des ports et ébauchèrent quelques cultures ; mais cette occupation fut plus nominative que réelle ; elle fut néanmoins reconnue par toutes les puissances.

Nos établissements malgaches du XVIIe siècle aux traités de 1815. — Le délégué de la Compagnie des Indes orientales commis à l'occupation et à l'exploitation de Madagascar en 1642, porte le nom de Pronis. C'est lui qui bâtit Fort-Dauphin, au sud-est. Son administration ne porta aucun fruit, car il commit une multitude de fautes. Son successeur, Flacourt, construisit de nouveaux postes à Antongil, à Sainte-Marie de Madagascar et à Bourbon ; croyant à l'avenir de ces établissements, il les décora du nom pompeux de France Orientale. L'histoire de son administration offre peu d'aventures émouvantes ; l'une d'elles cependant mérite d'être signalée : une poignée de soldats au nombre de treize et autant de nègres, commandés par le sergent Laroche, résistent un jour à 6000 indigènes et leur imposent à ce point qu'ils les laissent regagner Fort-Dauphin, sans plus les inquiéter. Les aventures héroïques abondent dans l'histoire des colonies françaises. Sous les successeurs de Flacourt, nos relations avec les indigènes deviennent plus sûres ; mais en 1670, l'administrateur Delahaye, qui avait accablé nos voisins de ses exactions, provoqua une coalition devant laquelle il n'hésita pas à abandonner Fort-Dauphin pour se retirer avec ses gens à Surate. C'était une grave faute qu'on songea trop tard à réparer. Environ un siècle après cette désertion, Choiseul envoya Mandane reprendre le commandement de Fort-Dauphin. Celui-ci essaya vainement d'occuper la baie d'Antongil : son lieutenant, le Polonais Béniowski, ne réussit qu'à faire haïr le nom français. Toutefois, malgré ces insuccès, nos droits n'étaient jamais contestés par les nations étrangères, et, après les guerres de la Révolution et de l'Empire, les traités de Paris et de Vienne, en nous restituant Bourbon, y comprirent des dépendances appellation qui ne pouvait désigner que les comptoirs madécasses.

De 1815 jusqu'à la troisième République. — Notre drapeau reparut à Fort-Dauphin, à Tamatave et dans la baie d'Antongil ; une foule de roitelets indigènes s'empressèrent de reconnaître notre autorité ; mais le chef des Hovas de Tananarive, Rhadama s'y refusa avec obstination ; secrètement appuyé par l'Angleterre, il afficha même la prétention d'expulser les Français. Il y eut des luttes, et la plus acharnée est celle qui eut pour théâtre Foulpointe (1829). Rhadama venait de mourir : sa veuve Ranavalo poursuivit la même politique. Le ministre de Charles X Hyde de Neuville, résolut alors d'en finir. Le capitaine Gourbeyre débarqua avec des troupes fraîches à Tintingue, où vinrent le rejoindre une multitude de Malgaches opprimés par les Hovas. Peu après Tamatave fut emportée ; mais il y eut des fautes commises, de l'imprévoyance, du gaspillage ; la famine s'en mêla et l'évacuation fut décidée. Le gouvernement de Louis-Philippe ne put empêcher ce désastre, mais réserva tous nos droits sur l'île. Des considérations budgétaires firent renoncer en 1847 un projet d'expédition que devait commander le général Duvivier. Il était réservé à Napoléon III de compromettre à tout jamais nos droits séculaires sur la grande île, en reconnaissant au roi des Hovas le titre de roi de Madagascar. Peu à peu la désignation officielle d'établissements français de Madagascar fut remplacée par celle de Mayotte et dépendances. Avec la troisième république, nous avons repris notre liberté d'action et proclamé les droits implicitement abandonnés par l'incurie du gouvernement impérial

La sympathie des peuplades indigènes, Sakalaves, Antankares, etc., des traités formels avec quelques-unes plus particulièrement écrasées par la domination des Hovas, notre passé, l'adhésion des grandes puissances, tout nous y conviait. Il fallait attendre une occasion : nous n'avons pas attendu longtemps.

Le décret de 1882 et la guerre contre les Hovas. — Poussé par les pasteurs anglicans, qui ont fait à Tananarive de nombreux prosélytes, même dans la famille royale, le souverain des Hovas a rendu un décret aux termes duquel aucun Français n'aurait le droit de posséder des terres à Madagascar (1882). Nos résidents et nos négociants ont protesté, soutenus par la flotte. Une ambassade hova s'est rendue à Paris en 1883 : éconduite par le cabinet Ferry, elle s'est rendue à Londres, de là à New-York, où elle a rencontré un meilleur accueil. La France a renforcé, sans tarder, son escadre navale de la mer des Indes. L'amiral Pieyre, ravi à notre pays par une mort prématurée, a bombardé divers ports du nord-ouest, notamment Majunga, à l'embouchure de la rivière de Tananarive ; à l'est, il a pris Tamatave, détruit Foulpointe et quelques autres bourgades. Les Hovas se trouvent refoulés à l'intérieur. Le successeur de l'amiral Pieyre, le vice-amiral Miot continue dignement l'œuvre de son devancier ; il occupe au nord-ouest Vohémar et l'incomparable baie de Diégo-Suarez. Nos protégés, les Sakalaves et les Antankares lui témoignent une vive confiance et le secondent avec ardeur. En attendant qu'il plaise aux Hovas de nous abandonner la partie septentrionale de l'île, que nous réclamons, nous en occupons solidement les points stratégiques ; l'intérieur même est entamé. Les événements du Tonkin ont empêché de donner aux exploits des soldats de Pieyre et de Miot l'attention qu'ils méritent ; il nous suffira de savoir que, là comme sur les rives du fleuve Rouge, le drapeau tricolore est tenu par de vaillantes mains. Il y a lieu d'espérer que le jour est proche où la question de Madagascar sera résolue au mieux des intérêts français. Madagascar est une terre riche et féconde, dans une belle situation commerciale et stratégique ; enfin nous avons des droits que l'Angleterre elle-même n'ose nier : autant de raisons légitimes pour ne pas reculer devant les prétentions des Hovas (1).

Nos possessions voisines de Madagascar. — Pour le moment, nous ne pouvons mentionner sur la côte orientale et au nord-ouest de Madagascar que trois petits groupes de possessions, colonies microscopiques, importantes toutefois par leur position stratégique, protestation vivante contre notre expulsion de la grande île, pierres d'attente de notre domination future. Ces possessions sont : Sainte-Marie de Madagascar, en face de la baie et du port de Tintingue ; Mayotte et Nossi-Bé, de l'archipel des Comores, au nord du canal de Mozambique. Ce ne sont guère que des îlots, dont la population totale atteint à peine de chiffre de 30.000 habitants.

Sainte-Marie de Madagascar. — Sainte-Marie semble avoir été occupée pour la première fois

(1) Le 17 décembre 1885 un traité de paix a été signé. La reine des Hovas prend le titre de reine de Madagascar. Nous gardons Diego-Suarez et acquérons une sorte de protectorat sur l'île. Un résident général français à Tananarive sera l'intermédiaire obligé entre le gouvernement hova et les puissances ; sans s'immiscer dans les affaires intérieures, il surveillera l'exécution de promesses favorables aux Sakalaves et aux Antankares. Les Chambres (mars 1886) ont ratifié ce traité sans enthousiasme. On espère que le protectorat sera développé avec le temps et suivant les circonstances.

qu'en 1750 ; prise par les Anglais en 1810, elle fut restituée en 1815 à titre de dépendance de l'île Bourbon. Le chef-lieu, Port-Louis, s'élève au fond d'une assez belle rade, et regarde Madagascar. C'est à un ancien élève de l'École normale supérieure, Fortuné Albrand, de Marseille, venu d'abord à Bourbon pour y fonder une maison d'éducation, que revient l'honneur d'avoir établi dans l'îlot la première colonie agricole ; le succès relatif de cette exploitation décida le gouvernement de la Restauration à appuyer la colonie d'un poste fortifié. Albrand eut à peine le temps d'assister au résultat définitif : il mourut en 1826, enlevé prématurément. C'était une force que nous perdions en lui : car, grâce à son activité, à l'intelligence promptement acquise de tous les dialectes de l'Orient, il exerçait dans ces parages une influence incontestée. Depuis, l'autorité française s'est maintenue à Sainte-Marie, devenue un refuge contre la tyrannie des Hovas ; la culture de la canne à sucre et des épices et l'exploitation des forêts se sont continuées avec assez d'activité, malgré l'insalubrité de la température.

Le groupe de Mayotte. — Le groupe de Mayotte n'a été annexé qu'en 1840, par le commandant de *la Prévoyante*, Jehenne, qui, après avoir contourné toute une chaîne de récifs, fut agréablement surpris d'aboutir à une rade profonde et magnifique. Des pourparlers s'engagèrent aussitôt avec le maître de l'île, Andrian Souli, condottiere de race arabe, qui céda volontiers, moyennant une rente annuelle de 5000 francs et l'éducation de ses enfants au lycée de la Réunion, une souveraineté tout à fait aléatoire. Les Chambres ratifièrent le traité en 1843 : depuis nous avons été les paisibles possesseurs de l'île et des trois îlots qui en sont comme les satellites. Le sol de ces îlots est d'origine volcanique et pourtant très fertile. Les ruisseaux y abondent et contribuent à en augmenter la fécondité naturelle. Comme dans toutes les régions tropicales, il n'y a que deux saisons, la pluvieuse et la sèche, et comme dans toute région où l'eau et la chaleur ne font jamais défaut, les arbres fruitiers croissent spontanément, bananiers, cocotiers, et aussi la canne à sucre, le café, le tabac, sans compter les bois d'ébénisterie, de construction, de teinture. La principale culture est la canne à sucre, dont la production a atteint, ces dernières années, près d'un million et demi de francs. Malgré ces richesses, Mayotte est restée une petite colonie. La population, dont le fond est formé par des Arabes et des Sakalaves, fait un peu défaut, et les immigrants, presque tous fixés au chef-lieu, Djaoudji, sont toujours clairsemés (1).

Le groupe de Nossi-Bé. — Le groupe de Nossi-Bé et Nossi-Cumba confine à la côte nord-ouest de Madagascar. C'est la même nature de sol, volcanique et fécond, la même abondance de ruisseaux fertilisants; ce sont les mêmes plantations de canne à sucre, de riz, de café, de patates. La canne à sucre y prospère plus qu'à Mayotte, et l'on n'y comptait naguère pas moins de 18 sucreries. Les rades sûres y sont nombreuses; le commerce s'en accommoderait facilement, mais il est encore peu élevé, puisqu'il n'atteint pas 4 millions pour tous les satellites de la grande île. Ce groupe est, comme Mayotte, une

---

(1) Le sultan de la Grande-Comore (1885) vient d'accorder à notre commerce des avantages très importants qui lui créent une situation privilégiée. Il se pourrait que ce fût le germe d'un futur protectorat français sur tout l'archipel des Comores.

acquisition du gouvernement de Juillet ; mais, loin d'être le fruit d'un achat, il est le don volontaire de peuplades sakalaves qui s'y étaient réfugiées pour échapper au despotisme des Hovas, et implorèrent la protection d'un navire de guerre français, *le Colibri*, commandé par le capitaine Passot. C'est seulement de nos jours qu'à la suite d'incursions réitérées de pirates, l'on s'est résolu à fortifier quelques points de la colonie, et notamment Helville, le chef-lieu.

Utilité de ces établissements. — Telles sont nos possessions actuelles dans les parages de l'océan Indien. Elles sont de peu d'étendue, et semblent n'avoir d'autre but, selon une ingénieuse remarque de M. P. Leroy-Beaulieu, que de protester contre notre exclusion de Madagascar. Mais ces colonies microscopiques assurent aux peuplades autochtones de l'île malgache un refuge contre la tyrannie des Hovas. Il n'en faudrait pas davantage pour nous les rendre chères. Des esprits chez lesquels la raison n'est pas la servante aveugle de l'imagination, osent espérer qu'un jour viendra où, pour le plus grand profit de la civilisation et du commerce, nous tiendrons l'Afrique, au nord par l'Algérie, à l'ouest par le Sénégal et le prolongement de l'Ogooué, au sud-est par Madagascar. A la réalisation de cette troisième partie du merveilleux programme, la possession de ces petites colonies de l'Afrique australe aura été indispensable. Et l'Est, ne le dominerons-nous jamais? Qui sait? puisque nous avons à Oboch un pied à terre dans une situation des plus avantageuses.

Notre établissement à Oboch. — Le petit port d'Oboch, à l'entrée de la baie de Tadjourah, à l'issue méridionale du détroit de Bab-el-Mandeb, fut acheté

8.

par le consul Lambert, à un petit roi de Somalis, Abou-bekre, qui s'intitulait pompeusement sultan de Zeilah. C'était en 1859, dans l'année qui suivit la construction de la forteresse de Périm, le Gibraltar de la mer Rouge. Les Anglais ne négligèrent rien pour empêcher Lambert d'aboutir, mais en vain. Lambert ne jouit toutefois pas longtemps des fruits

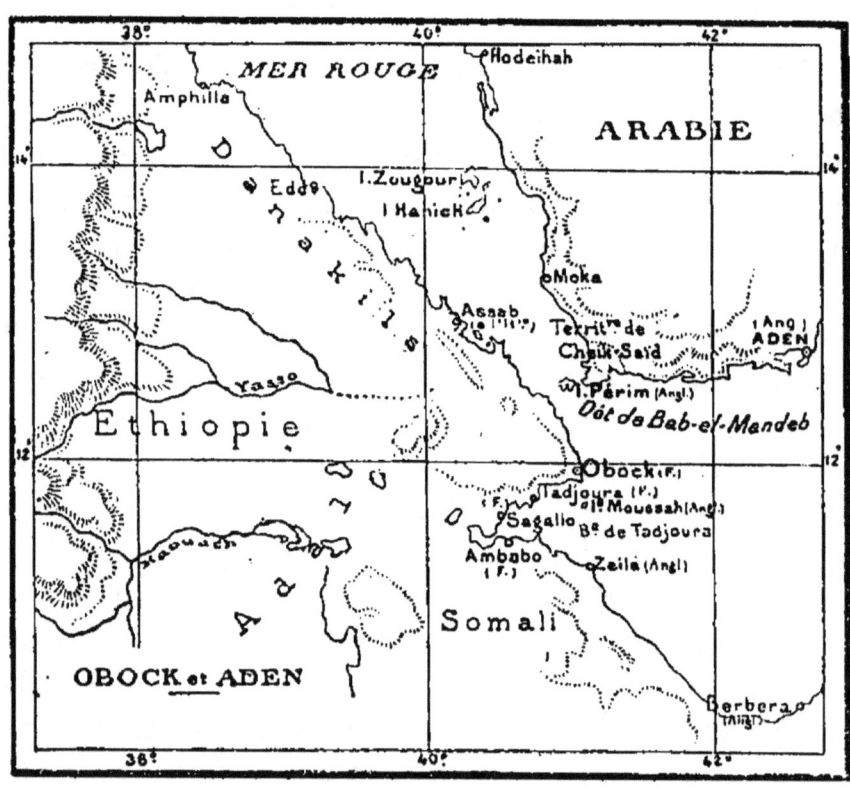

de sa diplomatie : il tomba peu après, victime d'un odieux guet-apens, assassiné par des Arabes; et ce ne fut qu'en 1863 que le drapeau tricolore fut planté à Oboch. Par là se trouvait comblée une lacune regrettable : en 1840, une bande du littoral et quelques îles en face de la baie d'Adulis, au sud du port de Massaouah, avaient été achetées à un roi abyssinien de Tigré ; mais aucun traité écrit n'avait ratifié la cession, niée par l'Angleterre et même par l'Italie, maîtresse d'Assab.

Agrandissement de notre possession d'Oboch. — La possession d'Oboch est demeurée jusqu'à ce jour assez platonique, en dépit des efforts du négociant Arnoux, en 1872, et de l'explorateur Paul Soleillet. Celui-ci toutefois semble avoir été plus heureux : bien reçu à Ankober, capitale du roi de Choa, Ménélick, qui désire vivement voir ses Etats, aux productions si variées, communiquer avec la mer par une voie commerciale parallèle à Ahouach, il en a rapporté une lettre pour le président de la République avec un projet de traité. Avec cette démarche, qui nous a valu l'achat des ports de la baie de Tadjourah, a coïncidé le décret du gouvernement (1884) établissant à Oboch une station de charbon.

Avantages de ces établissements. — Oboch, en effet, d'après le témoignage fortement motivé d'Elisée Reclus (1), possède des avantages précieux, de l'eau potable, du charbon de qualité supérieure en abondance, tandis qu'à Aden, roc brûlé et infertile, l'eau et le charbon doivent être transportés à grands frais. Oboch a de plus comme une ceinture de verdure qui en rend le séjour assez agréable et l'acclimatement facile. Ce n'est pas le seul avantage que nous possédions dans ces parages : il est, sur le détroit même, en Arabie, un point élevé de plus de 200 mètres, distant de 3 kilomètres à peine de l'îlot anglais de Périm, dont l'altitude dépasse à peine 65 mètres. On voit quel danger pourrait courir Périm, si ce promontoire de Cheik-Saïd, qui le domine, était fortifié. Or ce

(1) *L'Egypte et le bassin du Nil,* par Elisée Reclus.

point appartient à une maison française. Que le gouvernement français y ait l'œil, sans se départir des devoirs de prudence et de modération : Oboch est sur la route de Saïgon, à égale distance de Toulon et de Pondichéry.

Avenir possible. Alliance désirable avec l'Abyssinie. — Depuis que les Anglais ont brisé le condominium anglo-français au Caire et dans la vallée du Nil, la possession de cette station est plus importante que jamais. La prise récente de Khartoum (février 1885) par le Mahdi Mohammed Ahmed n'est pas pour en diminuer le prix. Aujourd'hui plus que jamais l'alliance avec l'Abyssinie s'impose, plus encore dans l'intérêt de la civilisation que du commerce. M. Jules Darmesteter terminait par ces paroles sa conférence du 28 février 1885 à la Sorbonne (1) : « Le peuple abyssinien a reçu, il y a plus de 13 siècles, de la main des Grecs le christianisme et les germes d'une civilisation semblable à la nôtre, qui ne demande qu'à se développer. Un de nos plus brillants publicistes, M. Gabriel Charmes, signalait naguère l'intérêt capital qu'il y aurait pour nous à mériter l'amitié de ce peuple qui nous recherche, sentinelle perdue de l'Occident que l'Europe a depuis des siècles oublié de relever. Un jour, si nous le voulons, si nous aidons à grandir ce peuple enfant, le massif abyssinien sera la forteresse d'où la civilisation européenne dominera le Soudan. Il ne s'agit point là d'aventures ni d'annexions ; il ne s'agit point de conduire du jour au lendemain une armée abyssinienne à la conquête de Khartoum : il s'agit d'une action désintéressée et qui ne peut éveiller aucune jalousie, car tous les

(1) *Revue Bleue*, mars 1885.

peuples de l'Europe peuvent y concourir en proportion de la confiance que chacun saura inspirer. La nation européenne qui fera le plus pour l'éducation de ce peuple, qui saura respecter sa faiblesse et ne point l'exploiter, développer sa force et ne point s'en faire un instrument d'ambition trop personnelle, fera de ces arriérés du progrès son avant-garde contre la barbarie. Notre civilisation, ainsi installée aux sources du Nil Bleu, descendra lentement la vallée. » Comment ne pas voir le rôle important qu'Oboch et Tadjourah seraient appelés à jouer, si la France songeait à accomplir ce programme merveilleux, si digne d'elle et de ses traditions généreuses et civilisatrices !

VIIIᵉ LEÇON

L'INDE FRANÇAISE. — LE PASSÉ. — LE PRÉSENT.

L'Inde a toujours attiré les Européens. Nos précurseurs aux Indes. — Dans l'antiquité comme dans les temps modernes, l'Inde a eu le privilège de fasciner les imaginations. De là les expéditions d'Alexandre, des Portugais et de tous ceux qui marchèrent sur leurs traces. A l'époque où les Européens parurent dans cette vieille terre des Aryas et des Brahmanes, l'Hindoustan appartenait aux descendants de Tamerlan et Delhi était la capitale du Grand-Mogol. Mais déjà l'heure de la décadence semblait proche : l'autorité était indolente et les sujets ne cherchaient que des occasions de révolte. A la mort d'Aureng-Zeb (1707), il se produisit dans l'Inde un mouvement analogue à celui qu'avait suscité en Occident la mort de Charlemagne (814) : la dislocation se fit, et sur tous les points s'élevèrent des principautés indépendantes. Plus que jamais ce vieux berceau du brahmanisme allait être une proie ouverte aux aventuriers. Déjà les Portugais avaient installé toute une série de comptoirs le long du littoral ; les Hollandais, venus après eux, n'avaient pas tardé à supplanter leurs avides devanciers. Nos nationaux, des Dieppois et des Rouennais, avaient aussi tenté la fortune dans ces lointains parages, dès le XVIᵉ siècle, et l'histoire a enregistré les noms de Gonneville et de Parmentier ; mais ce souvenir, ressuscité à notre époque, s'en était perdu, lorsque Henri IV, en 1604, accorda à une société rouennaise le privilège du commerce dans cette région. La compagnie ne prospéra point, non plus que les trois autres compagnies successivement créées par Richelieu. Colbert en fonda une cinquième, à laquelle il intéressa la couronne (1664) : ce fut la Compagnie des Indes orientales, qui, la première, attaqua sérieusement l'Inde.

Colbert et la Compagnie des Indes orientales. Caron. Martin. Fondation de Pondichéry. Dumas. — Le gouverneur général, un Hollandais mécontent, Caron, fonda à Surate (1668) notre première factorerie, et son lieutenant, le Persan Mercara, la seconde, à Mazulipatam. Caron s'empara en outre de San-Tomé, sur la côte de Coromandel ; mais les nombreux ennemis qu'il s'était faits par l'âpreté de son caractère, décidèrent bientôt son rappel. C'était en 1672. Il eut pour successeur Martin. Celui-ci ne put conserver San-Tomé, que lui ravirent les Hollandai ; mais avec ses gens il alla fonder, près de l'embouchure du Gingi, sur un emplacement acheté à l'un des gouverneurs du Carnatic, notre future capitale, Pondichéry (1674). Ce n'est qu'à force d'habileté et de prévoyance que Martin rendit viable la nouvelle fondation. Il obtint de la fortifier, et, moins de 20 ans plus tard, Pondichéry était plus importante que Surate et Mazulipatan. En 1689, pendant la guerre de la Ligue d'Augsbourg, la nouvelle cité, attaquée par les Hollandais, fut forcée de capituler après une héroïque résistance ; mais la paix de Ryswik (1697) nous restitua cette place considérablement augmentée et fortifiée par les vainqueurs. Martin en reçut de nouveau le commandement, et grâce aux ressources qui ne lui furent pas marchandées, il en fit une grande ville. Quand il mourut (1706), elle comptait

40,000 habitants. D'autres comptoirs français avaient été créés dans le delta du Gange, notamment à Chandernagor. Les indigènes nous aimaient pour notre

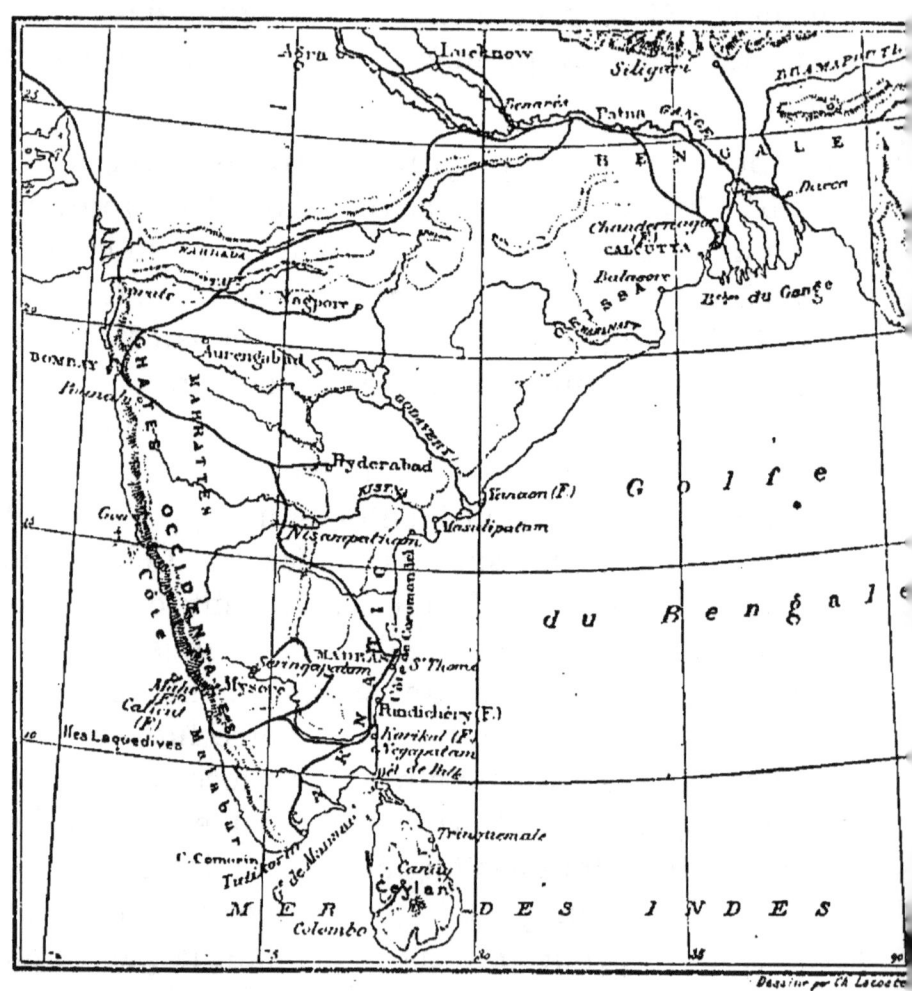

affabilité et notre loyauté proverbiales. Si la Compagnie avait eu l'esprit moins sordidement mercantile, les concessions de territoires n'auraient pas manqué ; mais elle ne rêvait que de trafic et de dividendes, non d'empire à acquérir, et qu'il eût fallu défendre à grands frais. La fusion de l'ancienne Compagnie avec une nouvelle, créée par le fameux Law, ne produisit rien de plus, et à l'heure où le système fit naufrage, nos comptoirs reçurent une rude atteinte. Sans l'adresse de Dumas, l'un des successeurs de Martin, l'atteinte eût pu être mortelle. Dumas avait promptement acquis une grande influence politique dans le Dekhan, en donnant l'hospitalité aux Hindous fuyant les ordres des Mahrattes, et en refusant de les livrer. Le Grand-Mogol, charmé, lui avait confié le titre de nabab et le commandement d'une petite armée. Quand, lassé par des travaux incessants, cet habile et généreux administrateur se fut retiré en France, il demanda et obtint pour successeur Dupleix.

Dupleix. La direction de Chandernagor. — Dupleix était né à Landrecies, en 1697, d'un père fermier général. Désolé des goûts artistiques de son fils, le financier s'en était séparé de bonne heure et l'avait fait entrer dans les bureaux de la Compagnie des Indes à Pondichéry (1720). C'était au lendemain de la chute du système : nos comptoirs étaient négligés, les Mahrattes nous menaçaient ; les Anglais, maîtres de Bombay, Saint-David et Madras, nous jalousaient. Dupleix, artiste doublé d'un négociant, d'un calculateur et, on le vit plus tard, d'un diplomate de premier ordre, vit du premier coup d'œil de quelles mesures dépendrait le relèvement de nos factoreries, et s'en ouvrit au gouverneur Lenoir. Avec l'assentiment de son supérieur, le jeune conseiller, au lieu de borner ses entreprises à l'achat de cargaisons payées avec les fonds venus de France, s'adonna au commerce d'Inde en Inde, selon le langage de Dupleix lui-même ; il commerça à l'intérieur et sur les côtes et fit ses affaires à lui, en même temps que celles de la Compagnie. Les compagnies rivales frémirent de jalousie et leurs agents demandèrent la destitution de l'heureux trafiquant. Dupleix protesta et entama un procès : il le gagna, et, la destitution rapportée, il fut nommé, à titre de compensation, directeur du comptoir de Chandernagor, alors en pleine décadence, malgré ses forts et l'appui de ses succursales de Patna, Dacca, Balasore, Cassimbazar. Sous la vigoureuse impulsion du nouveau directeur, Chandernagor, mis en relation avec le Bengale, le Thibet, le Japon, la Chine, l'Arabie, devint le plus florissant des comptoirs de l'Inde. Quand Dumas prit sa retraite, Dupleix fut appelé à le remplacer au gouvernement général de Pondichéry (1741) : le jeune artiste avait bien trompé les pronostics de son père. Un théâtre plus vaste allait lui permettre de donner l'essor à tout son génie.

Projets politiques de Dupleix. — La dissolution de l'empire du Grand-Mogol avait été s'accélérant, et le successeur de l'invincible Tamerlan payait tribut au shah de Perse. Le nouveau gouverneur général résolut de fonder un empire français aux Indes. Il se garda bien de s'en ouvrir au conseil de la Compagnie ; ces négociants l'eussent sacrifié sans hésiter, n'ayant que faire « du génie d'un Richelieu dans un comptoir », selon la belle expression d'Henri Martin. Il fallait donc agir avec prudence, et même avec ruse, non seulement pour ne pas alarmer le conseil et les Anglais, nos rivaux, mais encore pour endormir les lieutenants du Mogol. Dupleix entendait, pour arriver à ses fins, s'immiscer dans la politique de l'Inde, en qualité de feudataire du souverain de Delhi et chef d'une colonie indépendante voisine. Il fallait attendre les occasions et les saisir avec promptitude et adresse. Sa femme, fille d'une Portugaise et d'un

Français, entendue dans tous les dialectes hindous, lui fut un auxiliaire précieux. Elle est encore célèbre dans les légendes de l'Inde sous le nom de Joanna Begum ou la princesse Jeanne. Déjà son prédécesseur, Dumas, avait été investi du titre de nabab ; il ne manqua jamais lui-même de recevoir, sous cette dénomination et revêtu des insignes éblouissants de cette charge, les hommages des petits chefs, ses vassaux. En même temps, comme pour parer aux éventualités, il fortifia Pondichéry surtout du côté de la mer, et, devant le mauvais vouloir de la Compagnie, le fit à ses propres frais.

Dupleix et La Bourdonnais. — Ses prévisions lui donnaient raison : car en Europe, se déroulaient les péripéties de la guerre de la succession d'Autriche.

Les Anglais étaient contre nous et songeaient à nous combattre aux Indes comme en Europe. Le gouvernement français l'avait bien compris, mais n'avait rien ordonné. La Bourdonnais, alors gouverneur des îles Bourbon et de France, prit sur lui d'aller seconder Dupleix. C'était un Malouin, brave, intrépide jusqu'à la témérité, que les Anglais avaient appris à connaître à leurs dépens dans plus d'une rencontre. Il était malheureusement accessible à la fourberie, à la corruption, à la jalousie. C'est en juillet 1746 que La Bourdonnais arriva sous les murs de Pondichéry. Dupleix lui enjoignit d'aller assiéger Madras, ce qui d'ailleurs était convenu, comme en témoigne leur correspondance. La Bourdonnais refusa, sous prétexte que ses navires n'étaient pas en état ; la vérité est que la jalousie s'emparait de son âme : il rougissait d'obéir à un supérieur. Dupleix essaya de tout pour le décider ; mais quand il eut compris que la douceur et la flatterie seraient impuissantes à le convaincre, il changea d'attitude et lui intima l'ordre de partir. La Bourdonnais partit. Redevenu seul, il fut lui-même et parut devant Madras. Sa fière attitude décida les Anglais à capituler (septembre). La capitulation était un fait accompli, lorsqu'il se déclara prêt à recevoir une forte rançon en échange de la ville et des prisonniers. Mais Dupleix s'y opposa. La Bourdonnais traita ses lettres avec dédain, ses commissaires avec brutalité. Déjà, on en possède la preuve, mais on ne l'a obtenue que de notre temps, il avait reçu des fonds anglais. Les débats se prolongèrent un mois durant jusqu'à l'approche de la mousson et de ses terribles ouragans. La tempête seule décida La Bourdonnais à quitter les eaux de Madras ; elle lui démata et avaria ses vaisseaux ; avec l'unique qui lui restait, il osa venir narguer Dupleix devant Pondichéry ; il quitta enfin l'Inde, où il eût pu rendre de si grands services.

Procès de La Bourdonnais. — Le châtiment ne se fit pas attendre : à peine arrivé à l'Ile de France, il y trouva son successeur. Il résolut d'aller se justifier à Paris, où il n'arriva qu'après bien des aventures. Ayant tout fait pour échapper aux Anglais, il ne put éviter d'être transporté à Londres, sur un vaisseau hollandais qu'il avait pris incognito à Saint-Eustache, où l'avait jeté la tempête. Les Anglais achevèrent de le compromettre en le comblant de prévenances. Rentré à Paris, avec l'autorisation du gouvernement, il fut enfermé à la Bastille : il y demeura trois ans, tant étaient grandes les lenteurs de la justice royale. La durée de sa captivité et les privations qu'il endura lui rendirent l'opinion publique favorable. Enfin le procès commença : il était accusé de trahison, de désobéissance à un supérieur, de péculat. Les preuves de trahison et de péculat, qui n'ont pas manqué à la postérité, manquèrent à ses juges ; quant au reproche de désobéissance, il était atténué par le peu de précision des instructions ministérielles. On l'acquitta ; mais il était ruiné et malade (novembre 1757), et ne tarda pas à mourir. Ses malheurs eurent un contrecoup : Dupleix passa pour un rival égoïste et injuste. En mourant, La Bourdonnais entraînait Dupleix, selon l'énergique expression de Danton à Robespierre, devant le tribunal de la Révolution. Quoi qu'il en soit, ce fût un grand malheur que la rivalité de ces deux hommes. Et cependant rien n'était compromis : avec un autre gouvernement que celui de Louis XV, Dupleix eût réalisé son rêve patriotique et grandiose.

Belle défense de Pondichéry. Restitution de Madras. — Après le départ de La Bourdonnais, Dupleix avait dû défendre Madras contre une armée de 100,000 Hindous. Son lieutenant, Paradis, avec 200 soldats seulement, en eut raison à San-Tomé. Le résultat de ce fait d'armes inouï fut d'inspirer aux indigènes une frayeur respectueuse des Français, et de reléguer les Anglais au second plan. Dupleix voulut aller plus loin et prendre Saint-David à nos rivaux : par suite de la lésinerie de la Compagnie, ne disposant que de forces médiocres, il échoua deux fois ; une troisième, il allait réussir, quand l'amiral Boscawen débarqua avec 8,000 soldats et une artillerie imposante. A leur tour, les Anglais devinrent agresseurs, et, non contents d'avoir débloqué Saint-David, vinrent assiéger Pondichéry. Dupleix se montra alors sous un jour nouveau ; il se conduisit en ingénieur, en homme de guerre consommé, et suppléa la perte de Paradis, tué dans une sortie. Ce n'est pas tout : il sut communiquer à tout son entourage, à nos soldats, aux auxiliaires hindous, sa fièvre guerrière et patriotique. Après 42 jours de tranchée, Boscawen jugea prudent de se retirer (octobre 1748). L'effet moral de cette victoire fut immense ; le Grand-Mogol transmit ses félicitations au vainqueur. Décidément les Anglais ne pouvaient rivaliser avec nous. Mais comme Louis XV, qui n'avait plus ni Chauvelin ni le marquis d'Argenson, avait fait la paix « en roi, non en marchand », selon sa naïve expression, le conflit colonial fut résolu aux Indes sur les bases du *statu quo ante bellum*. Il fallut rendre Madras, Madras agrandie et fortifiée !

Conquêtes de Dupleix et de Bussy en pleine paix. — Dupleix ne se laissa point abattre, et persistant dans ses projets, l'expulsion des Anglais et la domination de la France dans l'Inde, il poursuivit son œuvre avec autant de souplesse que d'énergie. Plein d'audace et de prudence à la fois, le gouverneur général réussit, en pleine paix, à imposer la domination française, directement ou indirectement, à plus du quart de l'Hindoustan. Si Colbert avait été au pouvoir, nous aurions remplacé le Grand-Mogol. L'œuvre fut merveilleuse, éblouissante, « un véritable roman de cape et d'épée, » selon le mot de M. Gaffarel, un récit des *Mille et une Nuits*, disait Voltaire incrédule. Il suffirait, pour en donner une idée, de détacher de cette moderne épopée indienne un ou deux épisodes. Avec une poignée d'hommes, l'intrépide Bussy, le plus remarquable des lieutenants de Dupleix, fait reconnaître comme Soubadhar ou souverain du Dékhan, à Aurengabad, sur le plateau où prend sa source le Godavéry, le prince favorable au Grand-Mogol, et dissipe la nuée de ses compétiteurs. En échange, on ne demande à l'heureux bénéficiaire des exploits de Bussy que d'accepter notre alliance protectrice, et, en dissipant les hordes des Mahrattes de Pounah, par le fer et par la ruse, on lui prouve que cette alliance lui est indispensable. Nous y gagnâmes d'abord tout le Carnatic, depuis la Kistna jusqu'au cap Comorin ; l'investiture s'en fit en grande pompe à Pondichéry, où l'on vit bien que le suzerain n'était en vérité que le vassal. Les denières victoires de Bussy sur les Mahrattes nous valurent la concession de la côte d'Orissa, avec Mazulipatam pour capitale. Nous comptions 50 millions de sujets. Bussy était le bras qui exécutait les projets ; Dupleix, la tête qui les concevait. Il est certain que la conquête du Dékhan et des bassins de l'Indus et du Gange, de ce vaste empire anglais peuplé de plus de 200 millions d'habitants et pourvu d'incroyables richesses métalliques et agricoles, n'était plus qu'une question de temps. Mais il était réservé à Dupleix de tomber victime de son propre génie méconnu et de l'abaissement moral de ceux qui gouvernaient alors la France.

Inique destitution de Dupleix. — Pendant que Dupleix conquérait le Dekhan, la Compagnie, le Gouvernement et l'opinion étaient contre lui. La Compagnie n'appréciait que les dividendes et préférait les bénéfices présents à ceux de l'avenir. Dumas, protecteur de Dupleix, était mort, et Godeheu, héritier de son influence, haïssait le gouverneur. Le roi, de son côté, ne voyait dans les conquêtes de Dupleix que des causes de rupture avec les Anglais, calice qu'il éloignait le plus qu'il pouvait de ses lèvres. L'opinion publique, elle, ne comprenait rien aux conceptions de Dupleix, criait à la légende, plaignait toujours La Bourdonnais et s'élevait contre son bourreau. Comment résister à une coalition aussi compacte ? Une note du cabinet britannique, qui aurait dû dessiller les yeux à tout le monde, décida de la chute du gouverneur des Indes françaises ; l'Angleterre menaçait de nous déclarer la guerre, si l'on ne mettait un terme aux progrès de Dupleix. Le gouvernement en avisa la Compagnie ; elle s'empressa de le rappeler en lui donnant pour successeur Godeheu. Dupleix se serait consolé, si l'on avait donné sa succession à Bussy, confident de sa pensée. Il supplia Godeheu de continuer son œuvre. Celui-ci répondit par des injures et s'empressa de signer avec les Anglais un traité ignominieux (1754) : la Compagnie française des Indes s'interdisait toute intervention dans la politique intérieure, et renonçait à toutes les acquisitions ultérieures à la paix d'Aix-la-Chapelle. C'était l'abandon de presque tout le Carnatic et d'Orissa, sacrifice aussi inutile que honteux, puisque l'Angleterre nous attaqua sans déclaration de guerre deux ans plus tard. Les historiens anglais ne s'y sont pas trompés, et ont flétri avec impartialité la lâcheté de Godeheu, si profitable à l'Angleterre.

Procès et mort de Dupleix. — Ce qui ne fut pas moins honteux, ce fut le traitement dont Dupleix eut à souffrir. En dépit des auspices rassurants et sympathiques qui les accueillirent d'abord (de Lorient à Paris, on se groupait à tous les relais de poste pour les saluer, lui et l'héroïque compagne de sa vie), ils gagnèrent Paris, pour y être aussitôt assaillis par les difficultés et les dégoûts. Toute leur fortune avait été engagée ; la Compagnie n'admit pas leurs créances, et Dupleix ne put même payer ses dettes. Il intenta un procès à la Compagnie ; le roi intervint, mais pour opposer un déni de justice. Il tomba dans la misère, et se trouva réduit à implorer des arrêts de surséance pour éviter la prison réservée aux débiteurs insolvables. Il mourut en 1764. C'est ainsi qu'on traita le plus grand des serviteurs de la France au XVIII° siècle ! Ce grand caractère, ce grand génie, n'a été apprécié à sa valeur qu'à notre époque. Moins ingrats que les Français, les Anglais avaient déjà placé son buste à Calcutta parmi les hommes qui ont illustré l'Inde, et leurs historiens avaient écrit que l'Angleterre n'avait eu pour fonder son empire hindou qu'à réaliser le plan de Dupleix. Certes, si la France avait eu alors, comme sa rivale, des Chambres législatives, Dupleix, à n'en pas douter, eût obtenu justice de son vivant ; il ne lui eût pas été difficile, en exposant son plan, d'électriser les cœurs. Aujourd'hui, pareille injustice ne serait pas possible. Ajoutons qu'il était réservé à un ministre de la troisième République de présider à l'érection de la statue d'un des plus grands Français de l'ancien régime, et de concourir ainsi à la réparation partielle d'une des grandes iniquités modernes.

La guerre de Sept ans. Envoi de Lally-Tollendal aux Indes. — Nous n'en avons pas fini avec les épisodes émouvants de l'Inde, et la guerre de Sept ans devait voir l'effondrement complet de nos établissements asiatiques avec Lally-Tollendal. Ce général d'origine irlandaise fut conduit aux Indes par son mauvais génie. En dépit de son activité brouillonne et de sa franchise brutale, il avait parcouru une carrière glorieuse et avait été fait général à Fontenoy (1745). Le comte d'Argenson, son ami, eut le tort de le laisser envoyer aux Indes. Implacable ennemi des Anglais, il n'avait cessé de conseiller, depuis le commencement de la guerre, l'envoi de forts contingents au Canada et dans l'Hindoustan. On suivit trop tard son avis, et il devait être considéré, néanmoins, comme le seul homme responsable de l'insuccès final. Il débuta par des fautes graves, et indisposa tout le monde contre lui : les indigènes, qu'il prenait pour des sauvages ; les agents de la Compagnie, qu'il considérait comme de vulgaires filous. Son armée, d'ailleurs, ne comprenait que 3000 hommes, dont peu de soldats d'élite ; c'était bien peu pour faire face à tant de difficultés.

Les fautes de Lally. Perte de Pondichéry. — Il arriva devant Pondichéry en avril 1758. John Clive avait déjà remporté de brillants succès dans le Bengale et vengé l'horrible désastre du Trou-Noir ; il venait de nous ravir Chandernagor. Bussy avait beaucoup de peine à se maintenir au Dekhan, et les Anglais cernaient la côte de Coromandel. La situation commandait la plus grande prudence et la plus grande énergie. Il eût fallu bien disposer en notre faveur les indigènes, qui pouvaient nous être d'un concours si précieux : Lally prit à cœur, au contraire, de fouler aux pieds leurs préjugés les plus tenaces ; un jour, au mépris de l'antique distinction des castes, il attela pêle-mêle à ses chariots guerriers et marchands brahmanes et parias ; un autre jour, il fit attacher des brahmanes à la bouche de ses canons. Cependant il parvint à prendre aux Anglais leur fort de Saint-David ; mais, par la mauvaise volonté de son entourage, il dut renoncer à attaquer Madras. Au moins devait-il permettre à Bussy de continuer ses diversions à l'intérieur : il le rappela et les Anglais en profitèrent pour s'emparer de Mazulipatam. Une autre source de difficultés et de faiblesses, ce fut la division qui se forma parmi les Français, partisans, les uns de Lally, les autres, plus nombreux, de Bussy. Quelques succès néanmoins prolongèrent les illusions : Lally fit à

Tandjore, dans le sud, une expédition qui profita plus à la Compagnie de Jésus qu'à la France ; il s'empara ensuite d'Arcote, à quelques lieues de Madras ; mais il dut renoncer encore à attaquer Madras. Cette fois, les Anglais le poursuivirent jusqu'à Pondichéry, et, dans un combat préliminaire, firent prisonnier Bussy. Comprenant alors combien la situation était grave, Lally revint, mais trop tard, aux idées de Dupleix, et se mit à ménager les indigènes ; il fit même alliance avec un soldat de fortune hindou, Hyder-Ali, sultan de Mysore. Hyder-Ali ravitailla Pondichéry ; mais ce fut le seul succès, et, prévenu trop tard, il s'éloigna. Un espoir restait à Lally : conserver Pondichéry. On lui doit la justice de reconnaître qu'il ne négligea rien pour cela. Tout ce que l'honneur, la bravoure, le patriotisme peuvent inspirer à un homme de cœur, il le fit. Un instant la tempête fut son auxiliaire ; mais les Anglais réparèrent promptement leurs avaries et tinrent la mer, sans plus être inquiétés. Le 14 janvier 1761, Lally et ses 1100 soldats, réduits par la famine, capitulèrent. Nous n'avions plus un pouce de terre aux Indes ! « Il ne nous resta, écrit Henri Martin, d'autre monument de notre lointain empire que ce legs mystérieux du monde primitif, ces livres sacrés de l'Inde et de la Perse qu'un jeune héros de la science, Anquetil Duperron, était allé chercher à travers mille périls, entre les mains jalouses qui les cachaient à l'Europe. »

Procès et exécution de Lally. — Grande fut la colère des esprits en France à la nouvelle de la perte de Pondichéry : l'on comprit dès lors qu'il faudrait une victime pour calmer l'opinion. Lally, prisonnier de guerre, fut transporté à Londres ; mais il obtint de revenir à Paris avant la conclusion de la paix. Au lieu de conjurer, par un silence prudent, les accusations de ceux qu'il avait froissés, il fit face hautement à l'orage. La ligue de ses ennemis se renoua, et il n'eut pour lui personne. Choiseul lui-même fut impuissant à le protéger ; il prévint Lally, pour lui donner le temps de fuir ; Lally remercia et resta ; confiant dans la justice de son pays, il se constitua prisonnier à la Bastille en novembre 1762. Le parlement mit trois ans à instruire le procès ; puis, au mépris de la justice la plus rudimentaire, brusqua le fatal dénouement. L'infortuné Lally repoussa victorieusement les accusations de concussion et de trahison ; mais il fut condamné à la peine capitale pour avoir méconnu, aux termes de la sentence, les intérêts du roi, de l'Etat et de la Compagnie, et commis des abus d'autorité. Ses fautes étaient graves, sans doute ; mais c'étaient de celles qui appartiennent au jugement exclusif de l'histoire et laissent intact l'honneur du coupable. La vraie cause de la condamnation était tue ; l'opinion publique, toujours disposée à croire à une trahison, réclamait une victime ; Lally fut cette victime expiatoire. En vain il essaya de fuir l'ignominieuse exécution en s'enfonçant un compas dans la poitrine ; il ne réussit qu'à avancer l'heure du supplice. Le bourreau lui mit un bâillon, et, l'ayant jeté dans un tombereau, le conduisit à l'échafaud. Le roi avait refusé d'admettre la requête de Choiseul. La réhabilitation ne devait se faire que sous le règne de Louis XVI, et Voltaire a, devant la postérité, la gloire d'avoir concouru à ce but humanitaire, en secondant de toutes ses forces le fils de la malheureuse victime (1784).

L'Inde française pendant la guerre de l'Indé-

pendance américaine. — Le traité de Paris (1763), qui termina la guerre de Sept ans, marque l'apogée de la puissance coloniale anglaise. Nous perdîmes la plupart de nos colonies, aux Indes, au Canada, aux Antilles. On nous rendit, aux Indes, Pondichéry et ses annexes, mais démantelées, sans défense. Epaves dérisoires ! notre commerce, notre influence sur les indigènes étaient ruinés. Et cependant la France devait s'affirmer encore avec éclat dans ces lointains parages. Un gouvernement plus énergique eût pu restaurer peut-être notre empire hindou : les victoires de Suffren l'y autorisaient. La guerre de l'Indépendance américaine n'était pas encore déclarée que le sultan de Mysore, Hyder-Ali, non content de réduire les Mahrattes à l'inaction, avait menacé Madras et les Anglais. Si le gouvernement de Louis XVI avait compris ses intérêts, il eût envoyé aussitôt un fort contingent en Asie ; or, la guerre était déclarée depuis des années que nous n'avions pas encore songé à nos colonies asiatiques. Les Anglais en avaient profité pour reprendre Pondichéry, Yanaon, Mahé, Chandernagor : c'étaient des places ouvertes. C'est alors qu'on songea à l'Inde, où l'on envoya le bailli de Suffren avec cinq vaisseaux et deux frégates.

Les victoires de Suffren. Le traité de Versailles. — Il arriva en vue de Madras en janvier 1782. Il avait déjà mis le Cap, alors possession hollandaise, et nos îles africaines à l'abri des incursions des Anglais. Après avoir informé Hyder-Ali de son arrivée sur la côte de Coromandel, il livra bataille à l'amiral Hughes devant Madras et contraignit son adversaire à reculer. Il profita de ce succès pour reprendre Pondichéry, débarquer ses troupes et entrer en relation avec notre allié hindou. Une seconde victoire, près de l'écueil du Providien, eut un effet moral considérable : aux yeux des Hindous, la France délogeait l'Angleterre de la première place. Une troisième victoire, plus brillante, plus complète que les deux premières, en vue de Négapatan et du delta de Kauvéry, fut suivie de l'entrevue de Suffren et d'Hyder-Ali à Gondelour. Les deux alliés se donnèrent les marques de l'estime, de l'admiration réciproque la plus entière. Ils se quittèrent en se donnant rendez-vous à Madras : ils ne devaient plus se revoir. Pendant que le sultan allait diriger ses efforts contre la ville anglaise, Suffren, opérant une diversion, menaça Trinquemale, port de l'île de Ceylan. Il s'en empara, et força la flotte anglaise, après une quatrième bataille navale, où il électrisa les siens par son courage indomptable, à reprendre le large. Sur ces entrefaites, des renforts arrivèrent, et Suffren accourut se mettre sous les ordres de Bussy. Malheureusement Bussy, très vieux, n'était plus que l'ombre de lui-même ; de plus on eut le tort de diviser l'armée et de ne lui en confier qu'une fraction. Il ne resta bientôt plus que le corps de Bussy, lequel se trouva cerné à Gondelour par des forces supérieures. Mais Suffren, par une habile diversion, dégagea Bussy et força la flotte anglaise à se retirer. C'était la cinquième fois que le pavillon anglais s'inclinait devant le pavillon français. En ce moment, le glorieux bailli reçut notification de la paix de Versailles (1783). Ses victoires lui valurent le grade de lieutenant général et une popularité immense ; il n'en jouit pas longtemps : un duel le ravit à sa patrie peu de temps après son retour en France. Par suite de la regrettable précipitation que l'on mit à signer la paix de Versailles, les victoires de Suffren furent presque stériles : nous ne réclamâmes que nos comptoirs, et nous abandonnions notre allié, le sultan de Mysore. Les Anglais s'empressèrent d'adhérer à nos conditions. Décidément, c'en était fait des rêves patriotiques des Martin, des Dumas, des Dupleix, des Bussy, des Suffren !

Une opinion de M. P. Leroy-Beaulieu. Les projets de Napoléon. — Un éminent économiste (1) reproche à ces grands citoyens d'avoir voulu asseoir l'autorité de la France sur une terre où nous avions été devancés par les Portugais, les Hollandais, les Anglais, sous prétexte que c'était s'exposer à des rivalités et susciter des entraves à la colonisation. Il eût mieux valu, selon lui, chercher à s'établir à l'île Ceylan, aussi remarquable par sa position commerciale que par la fécondité de son sol. Mais ce grief atteindrait aussi les Anglais, qui ont été précédés aux Indes par les Portugais et les Hollandais ; ils n'en sont pas moins devenus maîtres incontestés de l'Hindoustan, comme nous l'eussions pu devenir à leur place. M. Paul Leroy-Beaulieu ne voit rien de mieux que les colonies terriennes, et l'Australie est son idéal. Est-ce à dire que l'Inde lui soit inférieure ? Pour être avant tout un empire, l'Inde n'est-elle pas le foyer d'un commerce immense ? ne renferme-t-elle pas des cultures d'une merveilleuse richesse ? Et tout cela a été perdu pour nous par l'incurie de nos gouvernements ! Napoléon Ier semble avoir tourné un instant les yeux du côté de cette vieille et riche terre : si l'on en croit le *Mémorial de Sainte-Hélène*, l'expédition de Syrie n'aurait été qu'une étape d'une expédition plus importante dans l'Extrême-Orient, au secours de Tippou-Saëb, successeur d'Hyder-Ali.

(1) *La colonisation chez les peuples modernes*, par P. Leroy-Beaulieu.

L'empereur aurait repris ce rêve à l'époque de l'expédition de Russie ; mais ce despote devait tomber victime de la complexité de ses projets politiques. S'il battit les alliés d'Albion sur la terre ferme, il ne put capturer leurs escadres ; le général Decaen, gouverneur des établissements de l'océan Indien, ne put lutter jusqu'au bout. Le traité de 1814 nous rendit nos comptoirs, mais toujours avec cette stipulation humiliante que la police en serait l'unique garnison, et qu'il n'y aurait aucune forteresse.

Le présent. Possessions françaises aux Indes.
— Aujourd'hui nous ne possédons dans l'Hindoustan et le Dekhan que cinq villes et leurs territoires : Pondichéry, sur les bords du Gingi ; Karikal, sur une branche du Delta de Cauvéry ; Yanaon, à l'embouchure du Godavery, le plus grand fleuve du Dekhan ; Chandernagor, sur un bras du Gange, l'Hougly, derrière Calcutta ; Mahé, sur l'étroit versant occidental de Malabar. Nous avons, en outre, 8 loges ou comptoirs à Surate, à Calicut, Mazulipatam, Balasore, et, dans le bassin inférieur du Gange, à Patna, Cassimbazar, Dacca, Jougdia, loués pour la plupart à des maisons anglaises. On peut rattacher à cette série de comptoirs nos droits de factorerie à Moka et à Mascate. La superficie totale de nos possessions dépasse à peine 50,000 hectares, et la population est d'un peu plus de 280,000 habitants, dont plus de la moitié pour Pondichéry.

Nos villes françaises aux Indes. — Pondichéry est la capitale : c'est une assez belle cité, desservie par le chemin de fer, divisée en ville noire ou hindoue, d'aspect oriental, et en ville blanche, semblable à une ville française. Les cœurs des habitants n'y sont pas moins français, et quand, en 1871, le bruit y courut que l'Allemagne allait réclamer nos possessions indiennes, nos colons ressentirent une vive douleur, une grande colère patriotique. La rade est la meilleure de toute la côte de Coromandel. Karikal et Yanaon sont de petites villes ; Mahé n'est même pas une ville, c'est un jardin de verdure. Quant à Chandernagor, c'est une bourgade assez belle et régulière, mais presque déserte. Elle a perdu naguère une belle occasion de se peupler et de s'enrichir : une compagnie anglaise s'offrait d'y construire théâtre, villas, salles de jeux, ne demandant en échange que la concession gratuite du terrain d'emplacement. La municipalité, imprévoyante, refusa, et Chadnernagor est demeurée une ville morte, éloignée de plusieurs kilomètres de la voie ferrée.

Quelques réformes administratives et politiques. — Quelque chose du libéralisme de nos lois municipales françaises s'est infusé dans les institutions administratives de nos cités indiennes ; l'assimilation est loin toutefois d'être complète, sans doute à cause de l'exiguïté de la population de sang français (2000 blancs à peine). Le nombre des édiles, dans nos cinq villes, y varie de 12 à 4 ; ils sont élus, moitié par des Européens, moitié par des indigènes, et leurs attributions ne dépassent guère le droit d'émettre, dans leur unique session annuelle, des vœux d'amélioration administrative et matérielle. Des décrets de 1872 et 1874 ont organisé un conseil colonial, composé de membres élus et de membres désignés par l'administration ; ce conseil se rapproche de nos conseils généraux. C'est une réforme importante et qui a rendu déjà des services appréciables, en matière de travaux publics. Enfin l'Inde française est représentée au

Parlement de la métropole par un sénateur et un député.

La population. — La population comprend trois éléments principaux : les Européens et les descendants d'Européens, très patriotes et très fiers de la pureté de leur sang ; les Topas, race métisse, issue d'Européens et de femmes indigènes, au costume européen et au teint basané ; les Hindous proprements dits et les Hindous musulmans, ceux-ci plus énergiques et plus rapprochés du type et des mœurs arabes, ceux-là doux, indolents, assez agiles toutefois et divisés, d'après les prescriptions de leur antique religion, en une foule de castes qu'on peut ramener à quatre principales : les brahmanes ou prêtres, les xatryas ou guerriers, les waycias ou cultivateurs, les soundras, marchands et domestiques ; quant aux parias, qui occupent le dernier degré de l'échelle sociale, ils sont issus du croisement des castes, prohibé par les lois de Manou.

Productions économiques. Utilité de ces possessions pour la France. — Les forces économiques, longtemps stationnaires, se relèvent dans ce riche pays. L'agriculture commence à s'affranchir d'une série de préjugés, et les coolies ou travailleurs affluent sur notre territoire. Les principales productions agricoles sont : le riz, base de l'alimentation ; l'indigo, plante tinctoriale précieuse pour la fabrication des guinées ou toiles bleues ; le cocotier, aux usages multiples. Puis viennent le bétel, le tabac, la canne à sucre, le coton, quelques plantes oléagineuses et des arbres fruitiers. L'industrie est peu active, et l'on ne cite guère que la fabrication des guinées, toiles bleues très recherchées des noirs de nos colonies africaines. Le commerce, au lieu d'augmenter, décroît, et ne paraît pas s'élever aujourd'hui à 25 millions pour l'exportation et l'importation. Au commerce d'exportation on peut rattacher le commerce considérable, trop considérable même, des coolies pour nos colonies de plantation. Modestes débris d'empire colonial en somme, et qu'on eût pu échanger avec avantage, sur la motion de Castlreagh au congrès de Vienne (1815), contre l'Ile de France, devenue aujourd'hui l'île Maurice ! Ne les dédaignons pas néanmoins : ce sont de petits foyers d'où rayonne notre civilisation française, faite de douceur et de tolérance. En outre, ces côtes sont des pied-à-terre, des escales précieuses à l'usage de nos navires en partance pour la Cochinchine et le Tonkin, où il semble que la France ait décidé de reprendre l'œuvre de Dupleix.

IXᵉ LEÇON

COCHINCHINE ET CAMBODGE. — L'ANNAM ET LE TONKIN. — DÉMÊLÉS AVEC LA CHINE.

Premières relations avec l'Annam. — Déjà importante, la Cochinchine est appelée à un agrandissement considérable, à un avenir magnifique. Il y a lieu d'espérer que sur ce théâtre de l'Extrême-Orient les fautes de Louis XV seront réparées, et l'œuvre de Dupleix reprise et consommée. Notre première colonie en date est la Basse-Cochinchine ou delta du Mékong ou Cambodge, conquise sur l'Annam sous le règne de Napoléon III. L'Annam, jadis vassal de la Chine, s'était affranchi, au XVᵉ siècle, de tout lien de vassalité avec l'Etat suzerain, et était devenu la puissance prépondérante dans l'Indo-Chine. Des révolutions intestines arrêtèrent cet essor, et ce fut à cette occasion que nos missionnaires provoquèrent des relations entre Louis XVI et l'empereur Gialong. Pour prix d'une intervention armée, Gialong promettait la souveraineté de la baie de Tourane et de l'île Poulo-Condore. En ce qui nous concernait, ce traité ne fut jamais exécuté, bien qu'à l'époque de la Révolution quelques officiers et soldats volontaires de nationalité française eussent aidé Gialong à rétablir son autorité ébranlée à Saïgon, à Hué, au Tonkin. Quand Louis XVIII monta sur le trône, Gialong vivait encore ; on lui envoya une mission ; il la reçut bien, mais ne parut pas se souvenir de ses relations avec Louis XVI. Ses successeurs, jusqu'à Tu-Duc, manifestèrent de la haine contre tous les Européens, sans distinction, et persécutèrent les chrétiens.

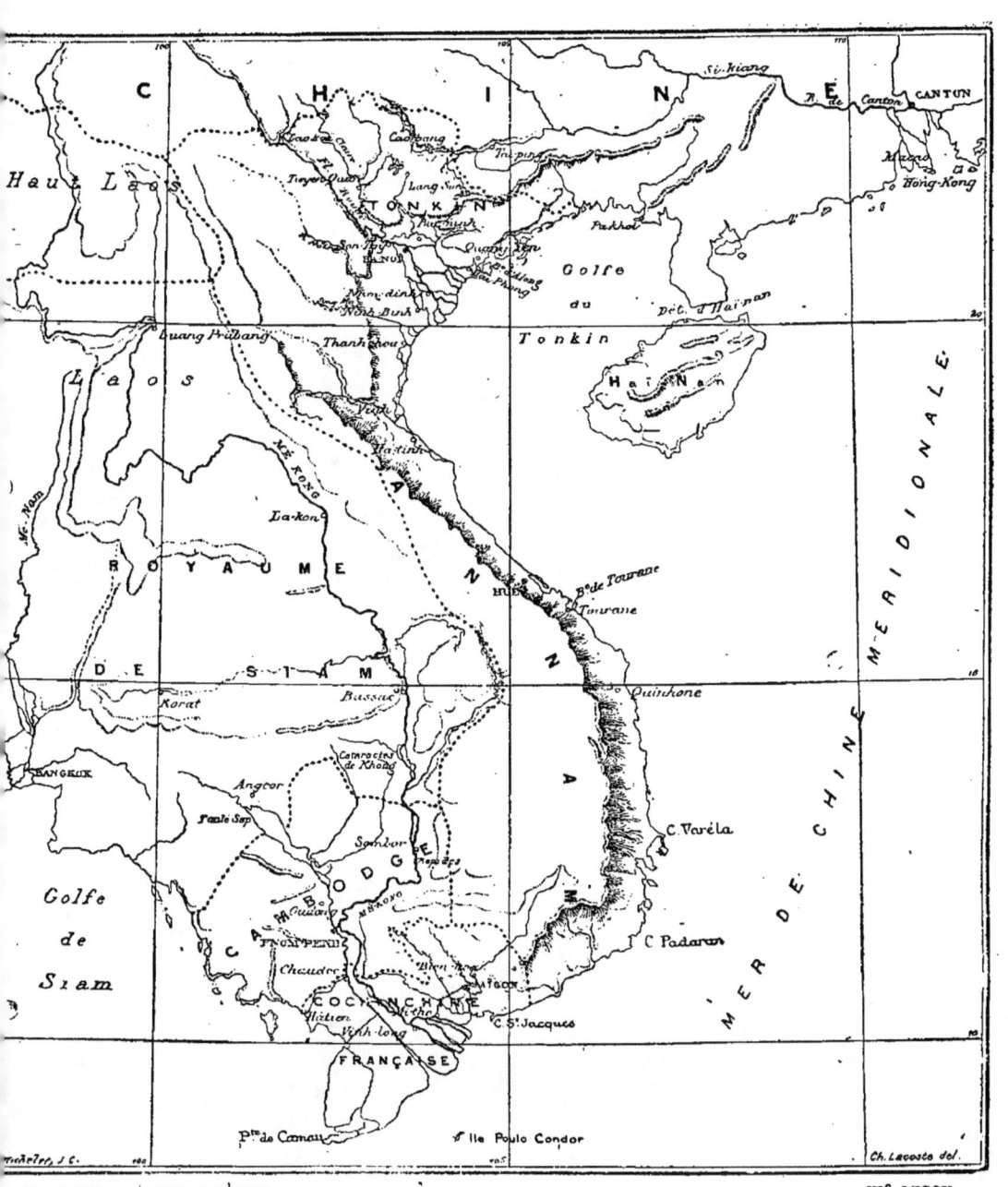

Occupation de Saïgon et conquête de la Cochinchine orientale. — Ces violences déterminèrent une descente à Tourane : on en prit les forts, puis on se retira. Les persécutions s'aggravèrent. L'Espagne et la France s'allièrent alors, et Tourane fut reprise en 1857 par l'amiral Rigault de Genouilly. L'année suivante, Saïgon fut occupée, mais Tourane fut évacuée. Sur ces entrefaites éclata la guerre contre la Chine, si fameuse par la victoire de Palikao, l'entrée des troupes anglo-françaises à Pékin et le pillage du Palais d'Eté. Nous voyant absorbés par cette expédition, l'empereur Tu-Duc lança son meilleur général, N'Guyen, et une nombreuse armée contre Saïgon. Protégée naturellement par un enchevêtrement d'arroyos, Saïgon pouvait braver une nombreuse armée. N'Guyen, en homme habile, résolut de la bloquer et de la prendre par la famine. Notre petite garnison résista héroïquement, et cette résistance, à laquelle nous devrons peut-être tout un empire, permit aux renforts, devenus libres par l'heureuse issue de la guerre de Chine, d'arriver au secours des assiégés. C'est en février 1861 que l'amiral Charner arriva à la tête de 3000 hommes. La manœuvre fut si habile que les Annamites cernés ne purent refuser la bataille ; malgré leur bravoure, et la qualité de leurs armes, ils la perdirent. L'amiral ne s'en tint pas là : il alla attaquer Mytho, la première place commerciale du Delta, et s'en empara. Les Annamites ayant repris les armes après le départ de Charner, le successeur de celui-ci, le vice-amiral Bonnard, leur enleva Bien-Hoa et un matériel de guerre considérable, En quelques mois, Tu-Duc avait perdu trois provinces : s'inclinant devant le fait accompli, il paya aux alliés une indemnité de guerre de 20 millions.

Agrandissement de la Cochinchine française. — Ce ne pouvait être qu'une trêve, et ses agents travaillèrent dès lors sourdement à notre expulsion. Le gouvernement de Napoléon III, découragé par les rapports alarmants de l'amiral La Grandière, allait sacrifier sa conquête, se contentant d'un comptoir à Saïgon. Le ministre de l'instruction publique, Duruy, eut assez d'influence sur l'Empereur pour le décider à garder la Cochinchine : ainsi fut rapporté l'ordre d'évacuation déjà expédié au consul de Bangkock. Le gouverneur La Grandière venait, en imposant notre protectorat au royaume du Cambodge, de couvrir notre frontière septentrionale. Une insurrection générale (1867) lui permit d'aller plus loin : les chefs-lieux actuels de nos trois provinces occidentales furent emportés, Win-Longh, Chaudoc, Hatien. Un indigène influent, Phan-tan-Giang, voyait cette conquête sans peine : car il avait compris que la domination française serait plus douce, plus avantageuse pour ses compatriotes ; mais, comme il avait son honneur à sauvegarder, après avoir recommandé à ses amis de reconnaître la nouvelle autorité, il se laissa mourir. Ainsi se trouva doublée l'étendue du territoire naguère conquis sur l'Annam. C'était une conquête très importante, et cependant la nouvelle eut peu de retentissement parmi nous. Faut-il en accuser notre indifférence en matière coloniale ? La presse anglaise ne s'y trompa point, et exalta le prix de notre nouvelle colonie.

Cours d'eau, plaines, côtes et climat de la Cochinchine. — La superficie totale de la Basse-Cochinchine est d'un peu moins de 60,000 kilomètres carrés. Elle est formée par les alluvions du Cambodge, le plus grand fleuve de l'Extrême-Orient, après le

Yang-tsé-kiang ou fleuve Bleu des Chinois. Ce fleuve a deux branches principales à son embouchure, et la plus orientale se subdivise en trois autres, rattachées, par des arroyos ou canaux naturels, à quatre rivières importantes par l'abondance de leurs eaux : les deux Vaïco, la rivière de Saïgon et la Donaï, grandes routes parallèles, d'un prix infini pour la fécondité du sol et la facilité du commerce. La Cochinchine française est une vaste plaine très fertile, avec quelques mamelons boisés au nord-est. La côte, plus sûre à l'est qu'à l'ouest, bordée de palétuviers, a une tendance à s'étendre par les apports vaseux du fleuve. On y remarque quelques caps, notamment le cap Saint-Jacques sur la mer de Chine, et la pointe de Camao, au point où se confondent les eaux de la mer de Chine et celles du golfe de Siam. A la côte se rattachent quelques îlots, dont le principal est Poulo-Condore. Le climat est chaud, humide, insalubre, et l'année ne comprend que deux saisons, l'une sèche et brûlante, l'autre pluvieuse (avril à décembre). Il en est ainsi d'ailleurs dans toutes les régions intertropicales. Les fièvres y sévissent ; l'Européen y est exposé aux maladies de foie, l'indigène aux maladies de poitrine, à cause de son peu de soin à se protéger contre les extrêmes variations de température et la fraîcheur des nuits.

Faune. — Les productions sont nombreuses et variées. La faune est riche en félins redoutables : les tigres sont activement chassés dans les jongles. Les crocodiles foisonnent dans les cours d'eau, et les Annamites se montrent très friands de leur chair coriace et musquée. Les moustiques rendent aux Européens l'acclimatation difficile. Les araignées gigantesques, les scorpions énormes, les fourmis noires ou rouges, sont autant d'ennemis incommodes e parfois dangereux, auxquels on peut adjoindre un innombrable variété de reptiles aquatiques. On rencontre aussi quelques ours. Parmi les animau domestiques l'on doit citer le buffle, le bœuf, l'élé phant, le cheval, le porc, la volaille, le ver à soie L'élève de la volaille et du ver à soie donne lieu à u grand commerce. Il en est de même de la pêche, e les eaux, douces ou salées, sont très poissonneuses

Flore. Le riz, etc. Les bois. Les ressource minérales. — La flore tient de la flore des Indes e de la Chine ; c'est à peu près la même, sauf les diffé rences résultant de l'altitude, dans toute l'étendue d la grande péninsule Indo-Chinoise. Le plus importan de tous les végétaux est le riz : on en cultive sur un superficie de 300.000 hectares au moins, et la pro duction annuelle atteint 100 millions de francs. O sait qu'il pousse « les pieds dans l'eau, la tête dan le feu » ; mais, pour le faucher, on a soin de fair écouler l'eau des rizières ; on le vanne ensuite et o le bat, à peu près comme on fait notre blé. C'est à l fois le présent et l'avenir de la colonie : on en ex porte pour plus de 40 millions annuellement ; mai ce chiffre pourra être considérablement augmenté Après le riz prospèrent le coton, puis la canne à su cre, le tabac, le maïs, les plantes oléagineuses (ara chides, sésame) et textiles (chanvre, fils de bambou etc.), les légumes, les arbres à fruits (cocotiers, bana niers, ananas, citronniers, orangers, grenadiers), le épices (poivre, gingembre, cannelle, bétel, noix d'a reck, thé), les plantes médicinales. On signale plu de 100 espèces de bois de construction, d'ébénisteri de teinture, exploités dans les hautes terres par le Moïs, et facilement transportables, grâce à l'abor dance des cours d'eau qui descendent en tout sens à la mer. Malheureusement l'habitude d'incendier les herbes a fait perdre des forêts entières, dont la reproduction semble arrêtée. Des mesures sévères s'imposent à l'administration. Quant aux ressources minérales, elles sont maigres : la tourbe abonde, mais c'est à peu près tout. Le minerai de fer ne manque pas, mais il contient une trop grande quantité de terre. On obtient beaucoup de sel dans des marais disposés à l'européenne. En résumé, les richesses de la Cochinchine n'attendent que la bonne volonté et une exploitation régulière et intelligente. Peut être est-elle, aujourd'hui, notre seconde colonie ; demain, elle pourra être la première, quand nous y aurons joint les vastes annexes que conquiert notre armée. Nous n'aurons rien alors à envier aux Indes Néerlandaises, qui sont pour leur métropole une source intarissable de revenus.

Population. Les Annamites. — La population atteint presque 2 millions d'habitants ; ce sont des Annamites ; ils appartiennent, comme les Chinois et les Japonais, à la race jaune. Ils sont généralement petits, et moins robustes que les Européens ; ils bravent néanmoins avec une endurance peu commune les chaleurs tropicales de la région et ne se lassent jamais à ramer. Le type est laid et les femmes ont rarement de la grâce. Ils marchent les jambes écartés en dehors. Détail piquant: les mères portent leurs enfants sur une hanche et les retiennent avec un de leurs bras ; autre détail non moins piquant : les mères n'embrassent pas leurs petits, elles les flairent pour les caresser. Il n'y a pour ainsi dire aucune éducation de famille : les enfants s'élèvent comme ils peuvent. La mortalité est grande, mais la fécondité exubérante des femmes y remédie ; les fièvres paludéennes, la variole, le choléra y sévissent fréquemment, aggravés par l'absence de toute mesure hygiénique, même la plus élémentaire, la propreté. On constate néanmoins quelque amélioration, depuis l'établissement de l'autorité française. Bien que paresseux, d'ailleurs, routinier, superstitieux, joueur et fourbe, l'Annamite ne manque pas d'intelligence, et montre un goût assez prononcé pour la liberté et la propriété. L'extension de l'instruction a produit et produira les meilleurs résulats. La religion est le bouddhisme, non le bouddhisme pur du Thibet, mais un bouddhisme altéré par des éléments païens et une croyance irrémédiable à la sorcellerie. Les deuils sont très suivis, mais on y rit autant qu'on y pleure, car on y fait des repas confortables. Les mariages se célèbrent non moins bruyamment et grassement ; mais le mariage en lui-même n'est qu'un achat, l'achat d'une jeune fille par son mari. Quant aux institutions politiques, elles se rapprochent d'une certaine liberté communale ; mais les notables dirigeants ne sont autres que les plus riches propriétaires du village. Les impôts se payent en argent ; mais il y a encore la corvée, que le gouvernement français abolit par gradation, à la grande joie des indigènes.

L'administration et les villes. — En général, les Cochinchinois paraissent s'accommoder volontiers de l'administration française. Le gouverneur, assisté d'un conseil privé, exerce à peu près les pouvoirs de nos préfets. La justice française y fonctionne avec régularité, et se réserve presque tous les appels contre les tribunaux indigènes. L'instruction publique y prend un certain essor. La colonie est divisée en quatre arrondissements au lieu de six, dont les chefs-lieux sont : Saïgon, Mytho, Win-Longh, Bassac, subdivisés en cantons et en communes. L'élection a été introduite dans la plupart des conseils, et la majorité des conseils municipaux ou communaux est choisie par les électeurs français ou naturalisés. L'élément indigène est représenté par quelques membres, en minorité, nommés par le pouvoir central. Les cités les plus remarquables sont : Saïgon, la capitale, belle ville européenne de 70,000 habitants, que le percement projeté de l'isthme de Ténassérim pourrait rendre rivale de Singapour ; Cholon, non moins peuplée, non moins belle et non moins commerçante ; Mytho, entrepôt commercial important sur la principale branche du delta cambodgien. La population européenne est encore très faible et atteint à peine 2000, l'armée non comprise.

Exploration La Grée. Les ruines d'Angcor. — La France, non contente d'occuper et d'organiser la Cochinchine, a encouragé les explorations à l'intérieur de l'Indo-Chine orientale. L'histoire de ces explorations se confond avec celle de l'extension de notre autorité au delà des limites du delta. La première exploration officielle est celle de La Grée, Francis Garnier, Delaporte, de Carné, etc., du delta du Cambodge au Yang-tsé-Kiang, proclamée par divers publicistes anglais la plus importante du siècle dans l'Extrême-Orient. C'est en 1866 que la mission quitta Saïgon, et, par les arroyos, gagna le Cambodge, qu'elle remonta. De la Grée, qui avait déjà visité les ruines d'Angcor, sur les frontières de Siam, y conduisit ses collègues, par la voie du lac Touly-Sap. C'est au milieu des forêts que se trouvent ces ruines merveilleuses, dont les débris colossaux attestent l'existence dans ces lieux d'une antique et remarquable civilisation. Palais et temples, chaussées et galeries, tours gigantesques, occupent une superficie de plusieurs kilomètres carrés. Delaporte y revint plus tard, et avec des spécimens de bas-reliefs, des figurines de statuaire et d'architecture, forma la curieuse collection du musée Kmer de Compiègne, récemment transportée et installée au palais du Trocadéro, où elle provoque une admiration mêlée de surprise. Ce n'est point assez, et la France comprendra qu'il lui incombe le devoir de protéger, sinon de restaurer sur place le vaste palais ou temple d'Angcor, qu'on a appelé le Saint-Pierre du bouddhisme.

Séjour à Pnom-Penh et à Louang-Probang. — Au retour d'Angcor, les explorateurs, revenant sur leurs pas, allèrent visiter le roi du Cambodge, Norodom, dans sa capitale, Pnom-Penh, située au point d'intersection de quatre voies fluviales, ce qui en fera une station commerciale de premier ordre. Le roi les accueillit avec une grande courtoisie et fit danser devant eux les dames du corps du ballet. Ils durent se faire une sorte de violence pour partir, et continuèrent à remonter le grand fleuve. Les difficultés, les dangers qui les assaillirent dans ces régions inconnues, sont nombreux; ils y firent face avec la plus grande énergie. Ils avaient été obligés de renoncer à leurs canonnières et de prendre des pirogues. Ils firent un assez long séjour à Louang-Probang, capitale d'une importante principauté du Laos, tributaire du roi de Siam. Le souverain, les prenant pour des Anglais, flairant une tentative d'espionnage et d'annexion, les reçut d'abord assez mal; il leur permit néanmoins de s'installer à une faible distance de la ville, sur une colline où leur premier soin fut d'élever un mausolée en l'honneur du docteur Mouhot, qui avait trouvé la mort dans le Laos en 1861. A force d'habileté, grâce à des petits présents bien choisis, La Grée se fit des amis à la cour, pendant que ses collègues accumulaient les observations scientifiques et naturelles. A la fin, on les accueillit à discrétion, et ils purent observer à leur aise les mœurs et les institutions de ce peuple montagnard. Quand ils voulurent partir, ils eurent mille peines à se débarrasser des solliciteurs : on leur réclamait des souvenirs, on se disputait leurs hardes, jusqu'à leurs boutons. Le roi se chargea de faire transporter en Cochinchine les objets encombrants, les collections de botanique et de géologie recueillies à grands soins, et s'acquitta scrupuleusement de cette mission. La Grée et ses collègues continuèrent à remonter le Cambodge, emportant le meilleur souvenir du roi de Louang-Probang et de son peuple.

Arrivée au Yunnam. — Du Laos, ils gagnèrent le Yunnam, la plus méridionale des provinces chinoises. Elle était alors déchirée par la guerre civile ; musulmans et bouddhistes se faisaient une guerre acharnée depuis plus de dix ans. Le chef du parti de l'Islam avait dû rétrograder jusqu'à Taly, à la frontière du Thibet, où il avait établi son quartier général. La mission s'était trop avancée pour reculer. Elle se dirigea d'abord à Yunnam, et fut bien accueillie des fonctionnaires chinois. Ils purent se convaincre, avant d'y arriver, de l'abondance des richesses végétales et métalliques du pays. Le commandant La Grée, gravement malade, ne tarda pas à s'aliter ; ses compagnons, une fois remis de leurs fatigues, se disposèrent à explorer Taly, munis d'un passeport que leur avait délivré un vieil uléma. Ils n'emmenèrent avec eux que six hommes de l'escorte. Garnier commandait. Ils arrivèrent sans encombre à Taly ; mais là commencèrent les tribulations.

Voyage sur les confins du Thibet. — Le sultan crut avoir affaire à des espions, et ne put être dissuadé par le Père Leguilcher, malgré l'intelligence que possédait ce jésuite des mœurs et des dialectes de l'Orient. Il aurait cru, à la rigueur, à des mobiles commerciaux ; mais les relations de nos compatriotes avec les Chinois de Yunnam lui parurent suspectes. Garnier, malgré son courage héroïque, jugea prudent de repartir. Après 8 lieues de marche, ils coururent le risque d'être retenus par le chef de la garnison de Chanquan ; ils franchirent la petite ville au pas de course et ne furent point arrêtés. Le lendemain, ils arrivèrent en vue d'un fort musulman ; le capitaine les fit interroger, et manda le Père Leguilcher. Le missionnaire déclara au capitaine qu'il ne pouvait lui donner que dix minutes. Tant d'audace et d'assurance en imposèrent aux ennemis, et le chemin redevint libre. Ils arrivèrent enfin à Yunnam. La contrée qu'ils avaient visitée, bien qu'horriblement ravagée par la guerre civile, leur parut féconde en ressources variées, et ils virent combien étaient tenaces les habitudes commerciales du pays, puisqu'elles survivaient à la perte de toute sécurité.

Mort de La Grée. Retour à Saïgon. — La joie du retour fut tempérée par une triste nouvelle : le commandant de La Grée venait de mourir. Il fallut songer à regagner la Cochinchine. La commission, ayant décidé de ne point laisser en pays étranger le cadavre de son chef bien-aimé, se dirigea au nord vers le Yang-tsé-Kiang, qu'elle atteignit à Soutchéou-fou, en avril 1868. La moitié des gens de l'escorte étaient malades, 7 sur 14 ; mais il restait encore des fonds sur les 35,000 francs consacrés aux dépenses de la mission. On mit 45 jours à descendre l'immense fleuve Bleu, jusqu'à Shang-Haï, sans autre gêne que l'excès de curiosité chinoise. On arriva à Saïgon à la fin du mois de juin, et l'on inhuma avec les plus grands honneurs les restes du commandant La Grée. La commission avait parcouru environ 10,000 kilomètres, soit à pied, soit en pirogue, et n'avait pas dépensé 35,000 francs.

Les explorations du docteur Harmant. — Après La Grée et Francis Garnier vinrent d'autres explorateurs. Le plus connu, celui qui a rendu les plus grands services, est le docteur Harmand. L'infatigable explorateur, en trois voyages entrepris en trois ans (1874-77), a reconnu les contrées de l'intérieur de la péninsule indo-chinoise que se disputent tour à tour l'empire d'Annam et le royaume de Siam, et où l'autorité de la France pourrait s'établir sans obstacle sérieux. Les trois premiers voyages furent consacrés à reconnaître le royaume du Cambodge et les provinces siamoises avoisinantes ; ce sont des terres marécageuses, herbeuses, boisées, monotones, insalubres, mais d'une incroyable fertilité. L'explorateur courut des dangers sérieux et parfois dut jouer du revolver contre les rebelles cambodgiens, soulevés par le frère du roi Norodom, Sivotka, le même qui naguère (janvier 1885) tombait à l'improviste sur notre poste de Sambor. Le quatrième voyage fut consacré à explorer la région siamoise à l'ouest de Bassac ; ce fut le plus fatigant de tous : il eut à traverser des plaines d'une monotonie désespérante, et ravagées par le choléra. De Bassac, M. Harmant entreprit sa dernière exploration et se rendit, au prix d'incroyables fatigues, à Hué, à travers le plateau boisé qui sépare le bassin du grand fleuve du littoral, et d'où l'on jouit de magnifiques spectacles. Grâce à l'intrépide docteur, nous possédons sur toutes ces régions une vue d'ensemble complète. En récompense de ses services, M. Harmant fut nommé consul à Bangkok, et plus tard commissaire civil au Tonkin.

Le protectorat du Cambodge. — Nos explorateurs auraient rencontré plus de difficultés encore, si nous n'avions réussi auparavant à faire accepter notre protectorat au Cambodge, en faisant comprendre au souverain que l'alliance française est pour cet Etat dégénéré la meilleure des solutions. La Grée avait été chargé de la négociation et l'avait menée à bonne fin en 1863. Le Cambodge y avait gagné de n'être plus entre l'enclume siamoise et le marteau annamite. Un nouveau pas devait être franchi par notre gouvernement en 1883 : l'administration financière du petit royaume nous a été abandonnée moyennant un revenu fixe : c'est la suppression pour les sujets de Norodom de l'arbitraire en matière d'impôts. L'année suivante, grâce à l'habile fermeté de M. Charles Thompson, gouverneur de la Cochinchine, le protectorat a été transformé en sujétion pure et simple (juin 1884), douce sujétion déjà signalée par la suppression de l'esclavage, la promesse de réformes matérielles et morales et l'établissement d'une justice digne de ce nom. L'instruction suivra, et avec elle la civilisation française. Norodom est notre pensionnaire : assurément il regrette le pouvoir absolu ; mais son peuple ne partage pas ses sentiments à cet égard. Comme en fait foi le rapport de M. E. Ténot, dès qu'il eut appris les termes de la convention du 17 juin 1884, il témoigna une satisfaction bruyante ; déjà il paraît s'accommoder de son nouveau sort et regarde avec indifférence les soulèvements prétendus nationaux de Sivotka, le frère de Norodom. Ce royaume a une population d'un peu moins d'un million d'habitants ; mêmes productions, même climat, mêmes ressources qu'au delta ; mais les bourgades ne sont guère que des agglomérations de huttes sales et incommodes. Quant à la capitale, Pnom-Penh, elle est loin d'avoir l'aspect des beaux quartiers européens de Saïgon, de Cholon, de Mytho ; mais tout vient à qui sait attendre.

M. Dupuis au Tonkin. — L'empire d'Annam est devenu lui-même notre protégé, et Tu-Duc, notre ancien ennemi, est mort notre client. C'est une conséquence de la remarquable activité de M. Dupuis, négociant français établi à Hong-Kong, et de la vaillance héroïque de Francis Garnier. Négociant infatigable doublé d'un patriote ardent, M. Dupuis, ayant compris que le Cambodge, à cause de ses trop nombreux méandres, ne pourrait être l'artère commerciale entre la Chine et l'Indo-Chine, avait porté toute son attention sur le Son-Koï ou fleuve Rouge. Ce fleuve, navigable sur tout son parcours, prend sa source dans le Yunnam, coule en ligne presque droite, et arrose le Tonkin jusqu'à son embouchure, où il forme un important delta. Francis Garnier avait, lui aussi, pressenti l'importance commerciale de ce fleuve. C'est en 1868, le lendemain du retour de l'exploration La Grée, que M. Dupuis explora le Son-Koï et acquit la certitude qu'on pouvait le remonter jusqu'à sa source. Ce fut le résultat de deux voyages terminés en 1870. En 1872, M. Dupuis, malgré le mauvais vouloir des autorités annamites, l'opposition des Pavillons Noirs ou Jaunes, toucha le Yunnam avec trois vapeurs et une jonque. Il fit d'importantes affaires et comptait en nouer de nouvelles. Il songea à établir un service régulier de bateaux à vapeur de Hong-Kong à Hanoï, et d'Hanoï à Yunnam. Les Anglais lui firent des offres ; il les refusa, désirant que l'entreprise eût un caractère exclusivement français.

Arrivée de Francis Garnier au delta du fleuve Rouge. — En ce moment, le lieutenant de frégate Francis Garnier débarquait avec une centaine d'hommes à Hanoï : à l'initiative privée succédait l'intervention officielle. Le gouverneur N'Guyen, informé que Garnier voulait, sur les indications du négociant Dupuis, nouer avec le Tonkin des relations commerciales, refusa de reconnaître les pouvoirs de cet officier et massa des troupes sur divers points. Garnier, qui n'avait pas même 100 soldats sous ses ordres, y compris les auxiliaires armés de Dupuis, ne put rester que sur la défensive (novembre. 1873). Mais comprenant ensuite qu'au milieu des flots de la population tonkinoise témérité deviendrait prudence, il somma le commandant de la citadelle d'Hanoï de se rendre. En moins d'une heure, il fut maître de la citadelle et eut fait 1500 prisonniers, parmi lesquels N'Guyen. La prise d'Hanoï était un fait d'armes invraisemblable ; pour en retrouver d'analogues, il faudrait remonter au XVIe siècle, à l'époque de la conquête du Mexique et du Pérou par les Cortez et les Pizarre. On n'était qu'au début : les difficultés s'accumulèrent, et des bandes de brigands, profitant du désarroi général, affluèrent de toutes parts. Garnier ne perd ni le cœur ni la tête : il destitue les mandarins hostiles et s'empare des villes fortes du delta : Nam-Dinh, Haidzong, etc. ; 150 Français ont raison de plusieurs millions de Tonkinois !

Mort de Francis Garnier. — Quelle était l'attitude de la cour de Hué? L'empereur Tu-Duc, qui avait autorisé l'expédition de Francis Garnier au Tonkin, jouait double jeu : tout en encourageant la résistance, il ne désavouait pas l'officier français, et lui prodiguait même les félicitations. Sur ces entrefaites une bande de 7 à 8000 Chinois réfugiés menaçait de reprendre Hanoï : ils sont repoussés et dispersés. Malheureusement l'héroïque lieutenant, se laissant emporter par son ardeur, alla échouer dans un guet-apens où il trouva la mort : tombé dans un fossé d'écoulement qu'il n'avait pas aperçu, embourbé dans la vase, il fut assailli par des brigands cachés dans un fourré de bambous et percé de coups de lances. Quand ses hommes arrivèrent, il était trop tard : ils ne ramassèrent qu'un cadavre décapité ; les ennemis avaient emporté la tête, comme le raconta plus tard M. Dupuis devant la société de géographie de Paris. C'est une grande perte, et la nouvelle produisit une émotion profonde parmi les Français du delta tonkinois. Le successeur de Garnier, l'enseigne de vaisseau Esmez, maintint l'ordre et en imposa aux rebelles ; il parvint même à obtenir des ambassadeurs de Tu-Duc une convention par laquelle le Tonkin était déclaré ouvert à notre commerce, et les garnisons françaises maintenues dans les forts conquis jusqu'à la ratification de la paix définitive.

Arrivée de M. Philastre à Hué. Le traité de 1874 avec l'Annam. — Quelques jours plus tard débarquait à Hué le nouveau ministre d'Annam, M. Philastre. Dans l'intervalle, Thiers avait quitté le pouvoir et le cabinet Broglie subordonnait tout à la politique intérieure. Les difficultés intérieures, à ce début de la présidence du maréchal de Mac-Mahon, commandaient à l'extérieur la plus extrême prudence : fallait-il pour cela courir au-devant d'une humiliation ? Philastre parut le croire. Cet agent osa désavouer Francis Garnier, en déclarant que « cet aventurier » avait outrepassé ses pouvoirs ; il intima à Esmez l'ordre d'évacuer les citadelles tonkinoises occupées par nos soldats, au risque de compromettre la sécurité du Delta tout entier ; faute grave, immédiatement suivie d'un massacre général des chrétiens et de plusieurs fonctionnaires récemment établis pas Garnier. Quant à Dupuis, « un certain Dupuis », pour parler le langage de Philastre, le patriote Dupuis, que des journaux intransigeants aussi mal informés que de mauvaise foi ne devaient pas rougir d'appeler le Jecker (*sic*) du Tonkin, abandonné à ses seules ressources, fut presque ruiné et réduit à demander aux Chambres françaises une indemnité dont on n'a reconnu jusqu'ici que le principe. Le traité définitif (on le croyait tel) fut signé en mars 1874, à Saïgon, par l'amiral gouverneur Dupré et les ambassadeurs de Tu-Duc, et ratifié en août par l'Assemblée nationale. L'empereur d'Annam acceptait notre protectorat effectif contre ses ennemis et les pirates de la mer de Chine ; il était mis à sa disposition des ingénieurs, des marins, des chefs d'atelier, des professeurs, nos auxiliaires de l'avenir, pour organiser les services administratifs à la française ; la liberté des cultes était proclamée dans tout l'Empire ; plusieurs ports du Tonkin, notamment Hanoï, étaient ouverts à notre commerce et les négociants de toutes nationalités avaient le droit de trafiquer par la voie du fleuve Rouge avec l'Yunnam, moyennant les droits à fixer. Tels sont les principaux points réglés par le traité de 1874. On le croyait définitif : il ouvrait au contraire, par la mauvaise foi de la cour de Hué et peut-être aussi par le peu de prévoyance du cabinet Broglie, qui se contenta d'une rédaction trop peu précise, la porte aux difficultés. Il ne fut, d'ailleurs, rien moins qu'un contrat synallagmatique, et les Annamites ne l'appliquèrent jamais qu'à leur avantage.

Violation du traité de 1874. — Les partisans de l'ancienne dynastie du Tonkin, la dynastie Lé, supportant avec impatience le joug annamite, avaient cru le moment favorable pour se soulever, et compté sur la présence de quelques garnisons françaises. La cour de Hué, aux termes du traité de Saïgon, invoqua l'assistance des Français, et les Français durent marcher contre leurs amis. Le calme renaquit ; mais nous avions blessé nos partisans. Avions-nous au moins obtenu la reconnaissance de l'Annam ? L'avenir, un avenir rapproché, devait nous édifier sur le sur le compte des ministres de Hué. Les chrétiens ne cessèrent, après notre départ du Delta, d'être soumis aux avanies et aux persécutions. L'Annam, oubliant l'article 9 du traité qui proclame la liberté de conscience, laissa faire. Les pirates continuèrent à entraver les échanges ; l'Annam fut de connivence avec eux, au mépris des articles 11 et 12. Aux termes des mêmes articles, le fleuve Rouge est ouvert au commerce jusqu'à la frontière chinoise : les Pavillons noirs, soldés par l'Annam, en interceptent toute la circulation. Notre consul, M. Kergaradec, en eut la preuve formelle en 1875 : il ne put remonter le fleuve sans s'exposer à des attaques, et, quand il mit son projet à exécution en 1877, il dut s'entourer d'une solide escorte ; encore jugea-t-il prudent de ne point s'aventurer jusque sur la frontière de l'Yunnam.

Les prétentions de la Chine. Mort du commandant Rivière. — En présence de ces violations incessantes du traité de 1874, nous avions les meilleures raisons de déclarer la guerre à l'Annam. Nous n'étions pourtant qu'au commencement, et notre patience allait avoir d'autres épreuves à subir. Poussée par on ne sait quelle influence jalouse de notre relèvement, comptant peut-être sur nos divisions intérieures, la Chine, qui n'avait jamais protesté contre l'annexion de la Cochinchine, s'avisa tout d'un coup que l'Annam avait méconnu sa suzeraineté, et fit entendre à notre gouvernement qu'un traité avec le vassal avait besoin, pour être valable, de l'adhésion du suzerain. La Chine dénonçait le traité de 1874. Tu-Duc, désespérant de pouvoir expulser les Français, avait envoyé les plus riches présents au Fils du Ciel, en le suppliant de venir à son aide. De nombreux soldats chinois passèrent aussitôt la frontière. Le gouvernement français, devant cette brusque agression, aurait dû envoyer sans délai des renforts : on craignait peut-être l'opposition intransigeante, endormie, semble-t-il, par les déclarations du fameux marquis de Tseng, ambassadeur de l'Empire chinois à Paris et à Londres. Ce fut presque par un subterfuge que l'on se décida, en mars 1882, à envoyer quelques centaines d'hommes au Tonkin, sous la conduite du capitaine de vaisseau, Rivière. Débarqué à Haïphong, Rivière, s'étant joint aux deux compagnies d'infanterie de marine cantonnées dans la concession française d'Hanoï, marcha à l'assaut de la citadelle et s'en empara sans coup férir (25 avril). Cependant le flot de l'invasion chinoise continuait à monter, et ses régiments s'installaient dans les villes fortes du Delta. En mars 1883, Rivière reçut un renfort de 750 hommes, amenés par la *Corrèze*. Il crut pouvoir prendre l'offensive, et marcha sur Sontay. Enveloppé tout à coup par une nuée d'ennemis, il périt en voulant sauver ses canons : il y eut de nombreuses victimes et les débris du corps eurent de la peine à regagner Hanoï.

Succès du général Bouet. Prise de Hué. Nouveau traité avec l'Annam. — Ce désastre eut en France un douloureux retentissement. Les Chambres votèrent l'envoi de renforts immédiats (mai 1883). Le gouverneur de la Cochinchine avait dirigé sans retard sur Hanoï ses contingents disponibles, qui dégagèrent les abords d'Hanoï, en attendant l'arrivée du général Bouet et du vice-amiral Courbet. Le général Bouet commença par dégager Haïphong et Nam-Dinh (juillet) ; il marcha ensuite sur Sontay, mais dut reculer devant une inondation qui entravait ses manœuvres. Il ne devait bloquer Sontay qu'en septembre. Sur ces entrefaites, cédant aux conseils de M. Harmand, le nouveau commissaire général civil, le vice-amiral Courbet avait attaqué Hué et pris les forteresses de la capitale de l'Annam. Tu-Duc venait de mourir, laissant le trône à un enfant. Epouvantée par l'acte de vigueur de la flotte française, la cour de Hué avait consenti à un traité humiliant pour elle, glorieux pour la France (25 août 1883) : l'Annam reconnaissait notre protectorat formel, stipulant l'occupation des forts de Hué, le rappel des troupes annamites du Tonkin, la liberté du commerce, le contrôle de l'administration française, etc. : elle renonçait à son indépendance. Le nouveau roi en fut la première victime : il fut assassiné par le parti militaire, ennemi de notre pavillon. L'ordre a été rétabli sous son successeur, un autre enfant, grâce à l'énergie du commissaire général civil, et le nouveau traité, ratifié par les Chambres, demeure debout : il sera exécuté dans toutes ses clauses.

Violation du traité de Tientsin. Courbet à Formose et à Fou-Tchéou. — Cependant les Chinois n'ont pas désemparé, malgré la perte de Sontay et de Bac-Ninh. Le successeur du général Bouet, le général Millot, les a rejetés loin du Delta (1884) et des derniers postes qu'ils occupaient à l'intérieur. Le commandant Fournier avait même obtenu du premier ministre Li-Hung-Chang un traité stipulant le rappel de notre implacable ennemi, le mandarin Tseng, et l'évacuation des dernières places où tenaient encore les Chinois, sur la frontière du Quen-Toung ; mais, par suite d'un retour offensif du parti de la guerre, le traité de Tientsin a été lacéré et même violé par le guet-apens de Bac-Lé. La France a remplacé le général Millot par le général Brière de l'Isle et riposté à l'attentat de Bac-Lé par la destruction des forts de Fou-Tchéou, à l'entrée de la rivière Min, et l'occupation de Kélung dans l'île Formose, œuvre multiple et glorieuse de l'amiral Courbet.

Succès du général Brière de l'Isle. — Depuis, de nouveaux crédits, plus considérables, ont été votés par les Chambres : tout le monde comprend qu'il faut en finir avec la Chine, avec un peuple qui, non content de violer ses traités, en demande avec une naïveté insolente l'abrogation, repousse toute réclamation d'indemnité et exige qu'on lui laisse Lang-Son, Kao-bang et Lao-kaï, places qui constituent la délimitation naturelle, géographique, historique, du Tonkin, et en sont pour ainsi dire les clefs. En cédant, il se trouverait que nous aurions dépensé notre argent et le sang de nos soldats pour la Chine. La France ne peut pas céder ni revenir sur le traité de Tientsin. « Comme le traité de Tientsin, disait M. Jules Ferry au Sénat, dans sa réponse à M. le duc de Broglie, le 11 décembre 1884, est le point d'appui de notre action et de notre droit dans cette affaire ; comme le terrain solide sur lequel nous sommes placés et que nous ne pouvons à aucun prix abandonner, c'est l'exécution complète, loyale, du traité de Tientsin, je conclus que, pour le moment, il n'y a plus à négocier, il n'y a plus qu'à agir. » On verra bien si la Chine désire assister à une nouvelle entrée des soldats français à Pékin. Depuis ce moment, le général Brière de l'Isle a dégagé complètement la partie septentrionale du Tonkin, pris Langson, dégagé Thuyen-Khan et s'avance sur Cao-bang (1885). Toute la vallée du fleuve nettoyée, la dernière clef du Tonkin, Lao-Kaï, sera livrée à son tour. Nous pourrons subir quelques épreuves ; mais il est impossible que la guerre se prolonge longtemps encore (1). En s'opposant à notre installation au Tonkin, la Chine s'exposerait à une nouvelle expédition française contre le Pei-ho et sa capitale Pékin. Les forts de Takou ne tiendraient pas devant la valeur de l'amiral Courbet (2).

Ce que nous devrons faire du Tonkin, une fois conquis. — Le Tonkin une fois conquis, on

---

(1) En mars 1885, le général Négrier ayant été blessé, le commandant Herbinger évacue Langson. Cet échec, grossi par l'opposition, entraîne la chute du cabinet Ferry ; le cabinet Brisson est à peine constitué que l'on apprend la nouvelle inespérée d'un traité de paix avantageux pour nous.

(2) Depuis l'amiral Courbet est mort.

peut se demander ce que fera la France de cette acquisition. Il n'y a que deux solutions : le soumettre à notre protectorat, en le restituant à la dynastie nationale des Lé ou à la dynastie régnante de Hué, ou bien l'occuper purement et simplement. La première solution, pour être plus modérée, pourrait entraîner des complications nouvelles. La seconde serait plus nette et peut-être plus sûre, à condition de laisser aux indigènes tous les droits compatibles avec l'exercice de notre souveraineté et la sécurité de notre commerce et de nos débouchés. L'opinion de M. Paul Leroy-Beaulieu, si prudent d'habitude, est ici précieuse à recueillir. « Si nous ne savons pas nous établir aussi solidement dans tout l'Annam — et à plus forte raison au Tonkin — que les Anglais le sont dans l'Inde, nous aurons manqué encore une fois à notre mission colonisatrice, alors qu'il est si facile de la remplir. D'autres, plus perspicaces et plus persévérants, viendront qui feront la récolte où nous aurons semé. » La réussite sera facile au Tonkin, où tout nous appelle : une population nombreuse et assoiffée de protection, un sol prodigieusement fertile, nos droits augmentés par la violation de nos traités et de brillantes victoires. La prospérité de la la Cochinchine, attestée par les chiffres éloquents du rapport (budget de 1885) de M. Blancsubé, député et maire de Saïgon, de la Cochinchine qui se suffit et au delà, bien qu'elle soit la plus récente de nos colonies, est une garantie en faveur de la prospérité future du Tonkin.

La conquête du Tonkin doit-elle nous créer des difficultés politiques en Europe? — Il est de mode, dans l'opposition, de menacer la France d'impopularité à l'étranger, dès qu'elle parle de créer de nouvelles colonies ou d'étendre les limites des anciennes. On a abusé de ce raisonnement à l'occasion de notre expédition en Tunisie : on sait maintenant que l'orage factice suscité par les patriotes italiens n'a pas tardé à se calmer. Il en sera de même du Tonkin : la Chine s'inclinera devant le fait accompli et se réjouira plus tard de pouvoir écouler par le fleuve Rouge ses produits de l'Yunnam. L'Angleterre, en dépit de sa jalousie habituelle contre les peuples qui s'avisent de suivre son exemple, ayant d'ailleurs assez à faire de contenir le Mahdi dans la vallée du Nil, de surveiller les agissements des Russes aux abords d'Hérat et de désarmer les rancunes de M. de Bismarck, sera la première à profiter de la sécurité que les mers de Chine, infestées d'écumeurs, devront à nos armes (1). Quant à l'Allemagne, il est permis de croire qu'au moment où le grand chancelier songe à la doter de colonies à Cameroun, à Angra-Pêquéna, à la Nouvelle-Guinée, elle nous voit sans déplaisir dépenser une part de notre activité et de notre argent dans l'intérêt du commerce et de la civilisation ; c'est une diversion aux idées de revanche qui la rassure ; car si nous la redoutons, elle nous redoute aussi ; mais ce n'est pas un oubli de la revanche, inévitable tôt ou tard. Que penser enfin du reproche adressé au cabinet Ferry de compromettre la mobilisation par des expéditions lointaines ? Le général Lewal y a fait naguère une réponse victorieuse : « Une armée aussi nombreuse que la nôtre, bonne, solide, prête à défendre énergiquement la France, doit-elle

---

(1) L'Angleterre, craignant de nous voir profiter exclusivement du commerce avec les provinces méridionales de la Chine, a suscité des difficultés au roi de la Birmanie, Thibô, et vient d'annexer ses Etats (1886).

rester immobile, accroupie, et comme hypnotisée par la contemplation perpétuelle de la trouée des Vosges ? » Ses successeurs ne devaient pas tenir un autre langage (1).

(1) Depuis les événements se sont précipités. Le 28 mars 1885 on apprend qu'une blessure grave a mis hors de combat le général de Négrier, sur les frontières de la Chine. Le lendemain, nouveau télégramme plus alarmant encore : le lieutenant-colonel Herbinger a évacué Langson. Pourtant cette retraite n'était point commandée par les circonstances et elle surprit les Chinois. Cet échec, présenté à la Chambre comme un désastre véritable par M. Clémenceau, chef de l'extrême gauche, entraîne la chute du cabinet Ferry (29 mars). Or le cabinet Brisson-Freycinet est à peine constitué, et l'affolement dure encore, quand on apprend, de source officielle, que notre consul à Pékin, M. Patenôtre, vient de signer les préliminaires d'une paix honorable et avantageuse avec le Tsong-li-Yamen chinois : la Chine nous abandonne le Tonkin et nous autorise à commercer librement avec ses provinces. Les Chambres ratifient ce traité (6-16 juillet 1885). Malgré cette issue heureuse, la question tonkinoise, grossie, dénaturée, servira de plate-forme aux candidats : aux élections générales (4-18 octobre) les partis extrêmes l'agitent encore comme un épouvantail. Le groupe des républicains modérés s'en trouve diminué au profit des monarchistes. Les Chambres réunies, le cabinet dépose une demande de crédit (75 millions) destiné à organiser notre conquête. La commission, nommée à la faveur d'une coalition d'extrême gauche et de droite, est défavorable au projet, et le rapporteur, M. Camille Pelletan, conseille l'évacuation du Tonkin. La lecture d'un contre-rapport de M. Casimir-Perier (Aube), au nom de la minorité de la commission, pièce d'une netteté tranchante, appuyée sur les renseignements fournis par une enquête minutieuse et révélant les avantages matériels et moraux du futur protectorat, est vivement applaudie. On peut déjà prévoir qu'une majorité se retrouvera pour sauvegarder notre conquête. En effet, le 24 décembre, après quatre séances mémorables, la Chambre des députés, par 274 voix contre 270, accorde les crédits. Au Sénat, la chose devait aller sans difficulté. Le protectorat de l'Annam et du Tonkin a été organisé sans délai. M. Paul Bert, nommé résident général, est parti pour l'Extrême-Orient. La France comptait sur l'habileté et le patriotisme du député de l'Yonne ; elle comptait sans la mort. Le 11 novembre 1886, le président du Conseil, M. de Freycinet, du haut de la tribune, annonçait aux députés la mort de M. Paul Bert, tombé, après huit mois de résidence, « au champ d'honneur, écrasé par les fatigues auxquelles il s'était voué pour accomplir la glorieuse tâche qu'il avait entreprise. » Qui le remplacera? Le nom importe peu, pourvu qu'on persévère dans la voie inaugurée avec tant d'éclat par

Xᵉ LEÇON

COLONIES OCÉANIENNES. — LA NOUVELLE - CALÉDONIE. TAÏTI ET SES DÉPENDANCES. — LES ILES MARQUISES.

La Nouvelle-Calédonie. — En matière coloniale, nous sommes placés, en Océanie, bien loin de l'Angleterre, de la Hollande et même de l'Espagne. Toutefois nous avons les meilleures raisons de conserver nos possessions dans ce nouveau continent et de les améliorer. La plus rapprochée de la Cochinchine est la Nouvelle-Calédonie, située aux antipodes de la France, sous les 20° à 23° de latitude sud, à l'est de l'Australie, et dont la superficie, y compris les annexes, est l'équivalent de deux départements français.

Découverte de l'Archipel néo-calédonien. — Le premier navigateur qui reconnut cette île est le capitaine anglais Cook. C'était en 1774 ; et comme il crut remarquer une certaine analogie entre les montagnes de l'île et le système orographique de l'Ecosse, il lui donna l'antique nom de Caledonia. Il est probable que notre compatriote, l'infortuné La

---

Paul Bert, et qu'on n'abandonne pas le programme dont les principales lignes se trouvent tracées dans une lettre du regretté résident-général (2 juin) à l'un des rédacteurs de la *République française* : « Au Tonkin, rassurer le peuple, gouverner avec lui, faire de la politique démocratique, pacifier par l'indigène paysan. En Annam, rassurer les lettrés, relever le prestige du roi, faire de la politique aristocratique, pacifier par l'indigène lettré ; …mais sans bruit, sans coups de théâtre, par substitution moléculaire, si possible ! »   H. F.

Pérouse, dut la visiter, et après lui d'Entrecasteaux, parti à la recherche de La Pérouse. L'impression avantageuse qu'elle leur laissa est évidemment exagérée, puisque les naturels du pays, si peu intéressants, leur parurent réaliser le type exact de l'homme sauvage si cher à Rousseau. En 1827, Dumont d'Urville reconnut les annexes orientales, ou îles Loyalty. En 1843, le capitaine Jurien de la Gravière, plus tard amiral, débarqua une mission religieuse à Balade, dans une anse septentrionale de l'île ; les mission-

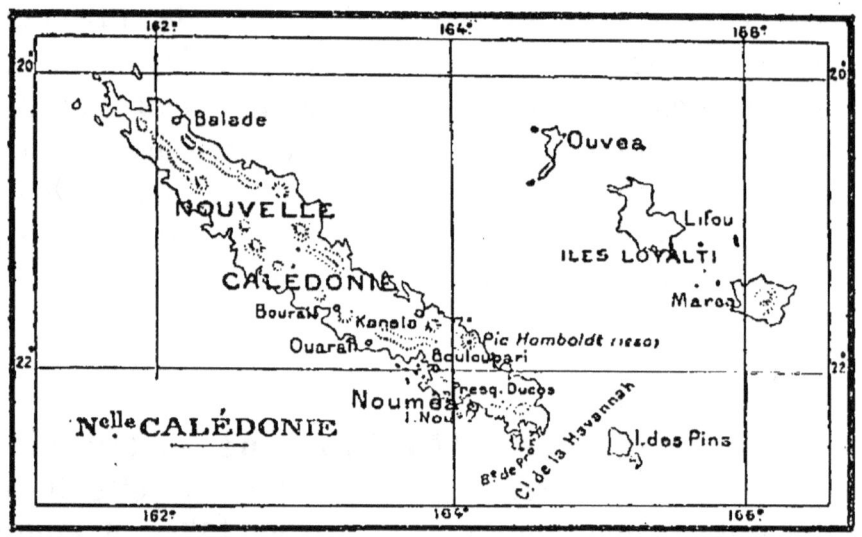

naires obtinrent peu de résultats spirituels, mais préparèrent les voies à la colonisation future.

La Nouvelle-Calédonie depuis l'occupation française. — L'attaque d'une chaloupe et le massacre des marins français qui la montaient déterminèrent, en 1853, la prise de possession officielle de l'île par le gouvernement impérial. C'est au contre-amiral Febvrier-Despointes qu'en échut le soin : il l'appliqua sur deux points, au nord à l'anse de Balade, et au sud-est à l'île des Pins. Quelques années plus tard, Balade fut changée pour Nouméa, rade plus sûre, point plus facile à défendre, abritée à son extrémité péninsulaire par la petite île de Nou. Il ne manque à Nouméa, chef-lieu actuel de l'île, qu'un peu d'eau potable pour n'avoir rien à désirer. L'histoire de cette possession est assez monotone jusqu'à la déportation (1871-72) des prisonniers de la Commune, et même jusqu'à ce jour. Quelques soulèvements de Canaques contre l'autorité française, des guets-apens suivis d'exécutions sommaires, et c'est tout. Le soulèvement de 1878 est de beaucoup le plus important, et nous fit perdre plusieurs officiers d'avenir. Ces luttes ne pouvaient rendre aux indigènes leur indépendance, car toute direction leur manquait : ils n'ont pu se soustraire à la loi naturelle qui veut que les races inférieures s'inclinent et même disparaissent devant les races supérieures.

Formation madréporique de l'archipel. — La Nouvelle-Calédonie est entourée d'une ceinture intermittente de récifs coralliques. Quelques îlots semblent graviter autour d'elle : Balade au nord, les Pins, Nou et Ducos au sud, pour ne citer que les plus connus. A l'est s'étend la chaîne corallique qui soutient les îles Loyalty, dont la plus considérable est Lifou, au centre. Ce sont des terres plutôt en voie de formation que des régions définitives. Des milliards d'animalcules, des myriades d'animaux-plantes ou zoophytes ont construit leurs demeures microscopiques sur un bas-fond, et ainsi, avec les années, grâce aux apports d'algues, de coquillages et de mille matières venues on ne sait d'où, les récifs se sont élevés à fleur d'eau, se sont agrandis, étendus, et, les soulèvements intérieurs et les convulsions s'en mêlant, se sont transformés en îles, avec des mamelons, des plaines, des vallées. C'est d'ailleurs l'histoire de la formation de presque toutes les terres océaniennes, embryons plutôt que débris de continent, comme suffirait à le prouver la nature spéciale d'une faune et d'une flore qui ne paraissent pas avoir atteint leur forme définitive. C'est la théorie si poétiquement exposée par Edgar Quinet, dans son incomparable livre de la *Création* (1), et d'après laquelle des êtres microscopiques bryozoaires construisent au sein des mers les fondements de la nature vivante. « Ces imperceptibles ouvriers, dit-il, travaillent dans le fond des gouffres à maçonner, paver les constructions sous-marines, sur lesquelles s'élèveront toutes les assises végétales et animales des mondes à venir. » Ainsi devront se réunir un jour pour la formation d'un continent unique ces innombrables îlots qui rident la surface de l'océan Pacifique.

Montagnes, cours d'eau, rades et température. — En attendant, la Nouvelle-Calédonie affecte une forme étroite, allongée du nord-ouest au sud-est. Elle est très montagneuse, avec des massifs importants, dont le plus considérable semble être celui de Humboldt, avec des eaux vives, surtout dans les parties septentrionale et centrale de l'île ; au sud, le sol extrêmement perméable absorbe les eaux pluviales. Le plus connu des cours d'eau de l'île, dont on connaît à peine l'intérieur, est le Diahot, qui arrose dans le nord une vallée très fertile. Il y a certain nombre de rades qui invitent à creuser des ports ; mais les ports sont encore peu nombreux et l'on ne cite guère que ceux de Balade au nord, de Kanala à l'est, de

---

(1) La *Création*, livre III, la *Nouvelle Genèse*, par Edgard Quinet.

Nouméa au sud-ouest. La température de la Nouvelle-Calédonie, située dans une zone intertropicale, au lieu d'être brûlante, est douce et agréable, grâce aux brises marines qui soufflent de toutes parts, et à l'élévation des montagnes, qui résolvent les nuées en pluies abondantes. Le climat est donc des plus salubres et l'acclimatation facile pour les étrangers. Il y aurait, au dire de quelques voyageurs, une autre cause de cette salubrité : la présence d'un arbre, le niouli, au feuillage peu abondant et d'un vert sombre, aux fleurs à l'odeur désagréable. Cet arbre que l'on rencontre partout, dans la plaine comme sur le flanc des collines, aurait la propriété d'absorber par ses feuilles et ses branches les miasmes paludéens et tout mauvais air, et contribuerait ainsi à assainir heureusement les contrées avoisinantes. Un tel arbre pourrait rendre des services précieux ailleurs qu'en Océanie. Quoi qu'il en soit, le climat de l'île est excellent ; l'on n'a guère à y déplorer que les ravages périodiques des cyclones, aussi redoutables que sur les côtes de la Réunion.

La faune. — Il y a peu ou point d'animaux redoutables à la Nouvelle-Calédonie, comme d'ailleurs dans toutes les petites îles océaniennes. Les insectes, moustiques, sauterelles, y abondent. Nos animaux domestiques s'y acclimatent promptement et l'on cite un troupeau de 400 moutons qui, dans la petite île Ducos, eut en peu de temps plus que quadruplé. L'île possède aussi une faune spéciale et propre, par exemple, l'holothurie, mollusque très recherché des gourmets chinois ; le notou, énorme pigeon couleur bronze dont le roucoulement ferait croire à la présence d'un bœuf ; le kagou, sorte de poule d'un gris cendré, insatiable de larves et de chenilles ; la roussette, quadrupède de forme bizarre, muni d'ailerons, et dont la chair rappelle celle du lapin.

La flore. Les minéraux. — Le sol, selon que la nature en est éruptive ou sédimentaire, est stérile ou fécond. La région stérile produit toutefois des forêts de myrtes ou de pins ; la région productive se couvre facilement de beaux pâturages et de toutes sortes de cultures herbacées appartenant aux terres tropicales ou tempérées. La canne à sucre, le café, le quinquina, y ont donné jusqu'ici les résultats les plus satisfaisants. Il n'y a qu'une chose à désirer, que la main-d'œuvre y soit moins rare : les Canaques sont paresseux, les coolies exigeants, les colons européens trop clairsemés. La culture forestière, qui demande moins de patience, est la plus et peut-être la seule en honneur : on recherche les noix du cocotier et du bancoulier, et, pour la construction, le pin à colonne ou kaori ; pour le chauffage, le niouli et le palétuvier des côtes ; pour l'ébénisterie, le santal odorant et l'incomparable bois de rose. Quant aux richesses minéralogiques, elles ne font pas défaut, particulièrement la pierre à bâtir, la chaux, le minerai de fer, la houille, le tout encore à peine exploité. On a même signalé du cuivre et de l'or dans la vallée du Diahot, du nickel dans les flancs de l'Humboldt. Le jour où ces richesses commenceront à être sérieusement exploitées, on peut prévoir qu'il sera né une petite Californie, un Colorado en miniature, avec ses placers, ses belles cultures, ses villes régulières et animées. L'île est un excellent emplacement pour la colonisation et n'attend que des bras.

La population. Les Canaques. — La population comprend deux races principales : les noirs indigènes et les blancs européens ; les coolies de race jaune ne méritent pas de mention spéciale. Les noirs ou Canaques ne sont ni laids, ni beaux, mais assez bien proportionnés ; les femmes sont laides, avec leur tête rasée, leurs oreilles percées et pendantes ; par suite des labeurs rudes et incessants auxquels leurs maris les condamnent, elles arrivent prématurément à la vieillesse. Le costume des Canaques est rudimentaire, et le caleçon de calicot n'est pas un vêtement qu'on y prodigue. Il n'est pas rare de voir le Canaque, pour ainsi dire nu, coiffé d'un majestueux bolivar ou d'une monumentale casquette de soie : les femmes ne recherchent, elles aussi, les ornements que pour en parer leurs cheveux, leur cou ou leurs poignets. Mais aux jours pluvieux tout le monde revêt une longue natte de paille, assez habilement tressée en forme de manteau.

Religion et institutions des Canaques. — La religion de ces noirs est un ensemble de superstitions absurdes et honteuses ; ils croient à la vie future, mais cette croyance est gâtée par la foi aux sorciers, aux maléfices, à la vertu cabalistique des talismans. Le catholicisme a fait dans l'île de nombreux adeptes ; mais la crainte des sorciers et des mauvais génies semble impossible à extirper : les missionnaires y perdent leur latin. Les institutions ne sont pas moins primitives. L'agglomération des cases présente en petit le spectacle de la féodalité européenne au moyen âge ; autant de villages, autant de chefs ; autant de villages, autant de coutumes particulières ; mais l'absolutisme et la corvée reparaissent partout. Les cases ont la forme conique ; l'unique ouverture en est basse, l'intérieur fumeux et sordide. Une allée de cocotiers conduit ordinairement à la case du chef, sorte de maire dont les attributions, depuis l'adoption de l'autorité française, sont d'administrer les affaires locales, La famille paraît assez solidement constituée chez les Canaques : le père a, comme chez les Romains, droit de vie et de mort sur les siens ; il autorise le divorce, mais il punit l'adultère de la femme avec une sévérité inexorable : car la femme, comme dans toutes les sociétés primitives ou inférieures, occupe un rang infime.

L'anthropophagie. — Les Néo-Calédoniens mangent beaucoup de légumes, mais ils préparent la chair humaine. Ils sont demeurés cannibales : incapables de comprendre que c'est mal de manger son semblable, ils ne pourront se déshabituer de cette horrible nourriture que lorsqu'ils auront trouvé meilleure la chair du bœuf ou du mouton. Cette réforme se réduit à une affaire d'assaisonnement dont le soin incombe aux blancs civilisateurs. Les blancs devront, pour cela, commencer par encourager l'élève des animaux de boucherie, appelés à devenir les agents les plus actifs du perfectionnement moral de ces anthropophages. Les Canaques mangent de préférence leurs prisonniers : le sanglant festin est précédé de concerts de musique assourdissante, de danses échevelées et infernales, de hurlements horribles et gutturaux. C'est l'antique et pittoresque cérémonie du pilou-pilou, que la surveillance de l'autorité est parvenue à rendre sensiblement plus rare. D'aucuns pensent qu'elle ne disparaîtra complètement qu'avec le dernier Canaque : c'est une crainte exagérée. Quoi qu'il en soit, cette race diminue avec une déplorable rapidité ; le Canaque, de bonne heure alcoolique, par la faute des blancs, qui ont introduit ce poison dans toutes leurs colonies, desséché par l'abus du tabac, aussi dangereux que l'opium, contracte facilement bronchites et phtisies. D'après les indications de la statistique, les Canaques, au nombre de 200,000 à la fin du XVIII⁰ siècle, seraient à peine 50,000 aujourd'hui. Il n'est que temps d'aviser : l'humanité et notre intérêt bien entendu l'exigent.

Les colons volontaires et involontaires. — En échange le nombre des colons européens augmente. Malheureusement les colons forcés sont les plus nombreux. Parmi les colons volontaires, ce ne sont pas les Français qui sont les plus nombreux ; mais les Anglais, les Américains, dont quelques-uns ont acquis des fortunes fabuleuses : le Français, en dépit des merveilles qu'on lui raconte, émigre toujours avec peine et n'en prend le parti qu'à la dernière extrémité. Deux ans après la prise de possession officielle de la Nouvelle-Calédonie, on n'y comptait encore, en 1863, soldats et fonctionnaires non compris, qu'un millier de blancs. A cette époque la colonie fut érigée en pénitencier : le condamné recevait une concession terrienne définitive après sa libération seulement ; il jouissait d'une liberté relative, après quelque temps d'épreuve, dans un îlot voisin de Nouméa ; les incorrigibles étaient transférés à Kanala. Pour être maigres, les résultats de la moralisation ne sont pas à dédaigner, et l'on s'y montre des meurtriers devenus de bons pères de famille. L'œuvre est digne d'encouragement.

La déportation des prisonniers de la Commune. — Depuis 1871, il est échu à la Nouvelle-Calédonie une véritable bonne fortune ; n'ayant reçu jusqu'alors que des condamnés de droit commun, elle est devenue le siège de déportation des condamnés pour participation à l'insurrection communaliste de Paris (mai 1871) ; mais de ces 6 à 7,000 transportés il n'en est presque pas resté, par le fait des grâces d'abord, de la loi d'amnistie ensuite (1880). On a beaucoup déclamé contre les rigueurs dont ces prisonniers auraient été victimes, mais il y a eu exagération : les excès n'émanaient guère que de quelques surveillants qui outrepassaient leurs instructions. La surveillance était même assez relâchée, puisque quelques-uns d'entre eux, notamment Rochefort et Olivier Pain, ont pu s'évader et regagner l'Europe par la voie de Sydney. C'est dans l'île Ducos que les condamnés à la déportation dans une enceinte fortifiée étaient cantonnés, les autres à l'île des Pins et à l'île Maréa (Loyalty). « Les insurgés parisiens de 1871, écrit M. Paul Leroy-Beaulieu, n'étaient certes pas la catégorie d'hommes qui convenaient le mieux pour peupler une colonie agricole. La plupart, d'un naturel inquiet, beaucoup appartenant aux professions libérales, journalistes, professeurs, employés, ou aux élégants métiers de l'industrie parisienne, ébénistes, ciseleurs, graveurs, ayant tous l'esprit de retour, on ne devait guère s'attendre à ce qu'ils fissent souche de colons. Néanmoins ils créaient toujours dans l'île un marché qui suscitait autour de lui la culture. Les cultures en éprouvèrent de l'impulsion, l'industrie aussi, et le chiffre des exportations de l'île prit quelque importance (1). »

Etat actuel de la Nouvelle-Calédonie. La relégation des récidivistes. — L'état actuel de la colonie, au point de vue de la population, de la colonisation terrienne et du commerce, se répartit ainsi : 2,000 soldats et fonctionnaires, un millier de colons libres, 6 à 7,000 déportés libérés ou réclusionnaires,

---

(1) La *Colonisation chez les peuples modernes.*

un commerce extérieur évalué à 13 millions de francs, 12,000 hectares cultivés. Depuis quelque temps le régime municipal fonctionne à Nouméa. Il y a progrès en somme, bien que la colonisation ne date que d'hier et qu'il y ait peu d'élan encore dans la colonisation libre et spontanée. Il est question d'appliquer la relégation aux récidivistes, et l'on a songé à la Guyane et à la Nouvelle-Calédonie : ce ne pourrait être une mauvaise affaire pour ces colonies que l'apport de condamnés non encore endurcis. Il y aurait toutefois des précautions à prendre ; il serait bon de n'y pas déporter les criminels dont on désespère, d'y reléguer autant d'hommes que de femmes pour encourager la création de nouvelles familles, d'amener enfin les condamnés à vivre de leurs propres ressources, non de rations administratives, tout en faisant espérer aux meilleurs la grâce et même la réhabilitation. Les Australiens se sont émus de nos projets de transportation des récidivistes à la Nouvelle-Calédonie ; à la suite de congrès bruyants, ils ont transmis leurs craintes à la Couronne. M. Jules Ferry a été invité à donner des explications au Foreign-Office, et n'a fait aucune difficulté d'avouer que le gouvernement songeait à envoyer dans nos colonies océaniennes le cinquième des récidivistes. Que les Australiens émettent tant qu'il leur plaira la prétention de s'ingérer dans toutes les affaires de l'Océanie, qu'ils menacent l'Angleterre de la création d'un Dominion autonome, si on leur refuse les satisfactions qu'ils réclament, c'est leur affaire ; mais ils n'ont rien à voir dans les nôtres, et, comme l'écrivait M. Simonin, « nous devons, quand il s'agit de nous et de nos colonies, rappeler aux autres que charbonnier est maître chez soi (1). »

(1) *Revue des Deux Mondes*, 15 mars 1885.

Découverte des archipels Taïti, Tuamotou Marquises. — La France possède en outre, sous les mêmes degrés de latitude, à 7000 lieues de distance, quatre archipels, naguère simple protectorat aujourd'hui possessions directes : ce sont les archipels de la Société ou Taïti et dépendances, des îles Basses ou Tuamotou, des îles Toubouai et Gambier et des îles Marquises. Les premiers explorateurs de ces îlots volcaniques, les Cook, les Bougainville, firent des îles de la Société des descriptions enthousiastes : tout les séduisit : l'aspect de paysages enchanteurs sous un climat perpétuellement printanier, les mœurs débonnaires et naïves des insulaires. La Nouvelle-Cythère de Bougainville parut une apologie de l'homme de la nature primitive, un roman inspiré par Jean-Jacques-Rousseau et Bernardin de Saint-Pierre. Un seul trait déparait ces mœurs, l'excessive facilité, nous pourrions dire la corruption effrénée des mœurs de ces excellents sauvages. Nous pourrions ajouter que leur bonheur n'était pas sans mélange ; mais les navigateurs n'eurent pas le temps d'observer une choquante superposition de trois castes, dont le poids tout entier retombait lourdement sur les gens du peuple : au sommet s'engraissaient, dans une orgie sans fin, les *arioi*, personnages sacrés qui réalisaient la maxime gargantuélique du « boire, manger, dormir ».

Occupation de Taïti. L'affaire Pritchard. — Des membres de la Société des Missions de Londres s'établirent à Taïti en 1797 et, 20 ans plus tard, ils avaient converti et civilisé presque toute la population, y compris un chef de tribu, qu'ils aidèrent à se faire proclamer roi des îles Taïtiennes sous le nom de Pomaré Ier. Ce fut le 4e souverain de l'archipel de la

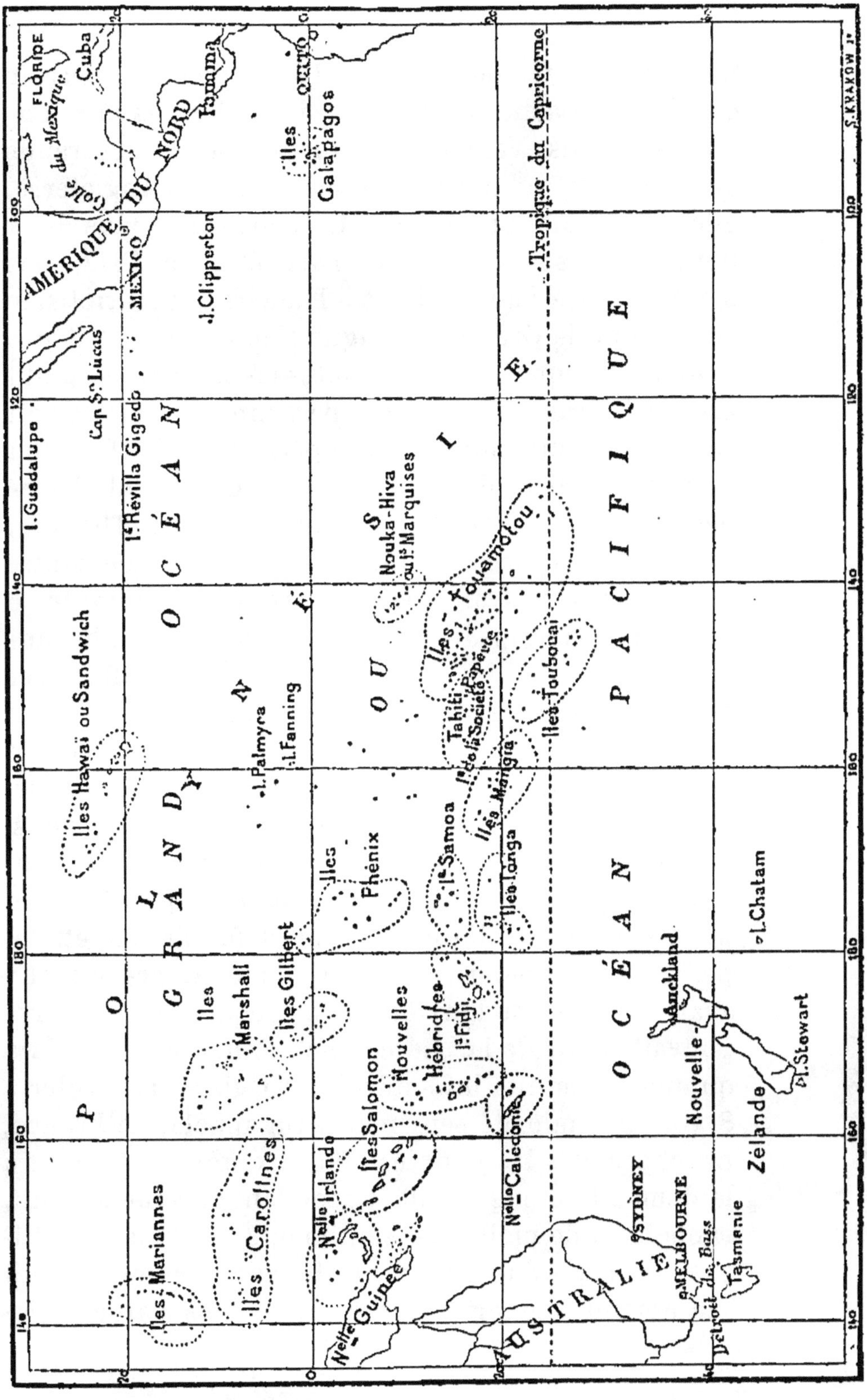
FLORIDE
Cuba
Golfe du Mexique
AMÉRIQUE DU NORD
MEXICO
Panama
QUITO
Iles Galapagos
I. Clipperton
Tropique du Capricorne
Cap St Lucas
I. Guadalupe
Ies Révilla Gigedo
OCÉAN
POLYNÉSIE
OU
GRAND
OCÉAN PACIFIQUE
Nouka-Hiva ou Ies Marquises
Iles Toumotou
Iles Toubouaï
Tahiti
Papeete
Ies de la Société
Iles Mangia
Iles Hawaï ou Sandwich
I. Palmyra
I. Fanning
Iles Phénix
Ies Samoa
Iles Tonga
I. Chatam
Auckland
Nouvelle-Zélande
I. Stewart
Iles Marshall
Iles Gilbert
Nouvelles Hébrides
Ies Fidji
Iles Salomon
Nelle Calédonie
Nelle Irlande
Nelle Guinée
Iles Carolines
Iles Mariannes
SYDNEY
MELBOURNE
Détroit de Bass
Tasmanie
AUSTRALIE
S. KRAKOW

Société, une femme, Pomaré IV, arrivée au pouvoir en 1825, qui acheva l'œuvre civilisatrice des missionnaires anglais. Vainement sollicitée par les révérends anglicans de se jeter dans les bras de l'Angleterre, elle crut que le protectorat français serait plus doux pour elle et son peuple, et l'accepta, en 1842, des mains du vice-amiral Dupetit-Thouars. Le patriotisme chauvin de la Grande-Bretagne s'en émut, et l'affaire Pritchard, demeurée dans toutes les mémoires, faillit mettre l'Europe en feu. Le personnage qui portait ce nom fameux cumulait à Papéiti la triple fonction de missionnaire, de pharmacien et de consul. Exaspéré de la réussite de la négociation Dupetit-Thouars, il s'était mis à prêcher une véritable croisade contre les Français, et avait décidé la reine, repentante, à remplacer le drapeau français par le drapeau britannique. Louis-Philippe, pour ne pas se brouiller avec ses bons amis les Anglais, fit répondre vaguement à l'amiral, qui demandait ses ordres, que Pomaré gardait sa souveraineté. Ce recul n'était pas un dénouement. Pritchard, toujours acharné contre nous, organisa bientôt une famine et une sorte de brigandage dans l'île. Pris en flagrant délit de perturbation de la sécurité publique, Pritchard fut arrêté et déporté aux îles Sandwich. L'affaire était grave : il y avait violation de l'inviolabilité consulaire ; la guerre pouvait sortir de là. Le cabinet Palmerston déclara qu'une indemnité lui suffirait, et Guizot la fit voter à 8 voix de majorité seulement. On appela, en France, pritchardistes les députés officieux qui se plièrent à la demande ministérielle. Cependant la reine de Taïti, rappelée a de meilleurs sentiments par la ferme attitude du capitaine Bruas et de ses hommes, avait fait amende honorable. Peu après, les naturels des archipels Gambier et Tubuaï réclamèrent notre protectorat, exemple qui sera suivi en 1859 par les insulaires de Tuamotou.

Le protectorat de Taïti converti en sujétion. Les agissements de la famille Salmon-Brander. Les conséquences du percement de l'isthme de Panama. — En 1880, le protectorat de Taïti s'est changé, à la demande de Pomaré V, en une sujétion pure et simple. Aucune puissance n'a protesté. Ce n'est pas à dire pour cela que toute rivalité internationale ait cessé. Tout récemment, M. Paul Deschanel (1) appelait notre attention sur les agissements d'une famille puissante à Taïti, la famille métisse Salmon-Brander, alliée à l'ex-roi, et dont les femmes, sirènes séduisantes et dangereuses, ont à cœur d'entraîner nos hauts fonctionnaires dans les fautes les plus avantageuses pour les intérêts britanniques et allemands. Mêlées aux négociations qui ont abouti à l'établissement du protectorat anglais sur les îles Fidji, du protectorat allemand sur les îles Samoa, elles faillirent, sous le cabinet Freycinet (1882), nous enlever nos droits naturels sur Raiatéa, dans le groupe même de la Société ; or, l'établissement d'une station anglaise à Raiatéa eût été la ruine à bref délai du port de Papéiti. « Ce qui ressort de la belle et patriotique étude de M. Paul Deschanel sur nos intérêts dans la Polynésie, dit M. Léo Quesnel, c'est que l'importance de notre politique dans l'océan Pacifique est décuplée par l'œuvre qui s'exécute à Panama ; qu'il en est de même pour toutes les nations commerciales et maritimes ; qu'elles le sentent, qu'elles se hâtent d'accroître leurs établissements en Océanie ;

(1) *La Politique française en Océanie et le Canal de Panama*, par Paul Deschanel.

que l'Angleterre, jalouse, nous bat en brèche par presse australienne et néo-zélandaise; que l'Allemag(ne) ambitieuse se met énergiquement sur les rangs (pr(o)tectorat de Samoa, occupation de la Nouvelle-Guiné(e) et que nous serions grandement imprévoyants, nous ne nous fortifiions pas, nous aussi, dans not(re) position acquise, en rendant à Taïti ses satellites n(a)turels, les petites îles qui l'avoisinent (1) ». No(us) pourrions ajouter : et celles qui avoisinent la Nouvell(e) Calédonie et les Loyalty, les Nouvelles-Hébride(s) sur lesquelles nous ne saurions trop tôt mettre main.

Progrès de la colonisation de Taïti. — Ta(ïti) est, du reste, en voie de progrès. Nos administr(a)teurs n'éloignent plus les pêcheurs et les navires (de) commerce par des formalités et des taxes vexatoire(s). L'île n'est plus conduite comme une caserne. Droi(ts) exagérés de navigation, tonnage, permis de séjou(r), certificat, tous ces procédés abusifs se trouve(nt) supprimés. Le port de Papéiti se relève du discréd(it) où il était tombé. On fait dans l'île de Taïti quelqu(es) essais heureux de colonisation : une caisse agrico(le) sert d'intermédiaire aux colons pour l'achat des terre(s) et, en une douzaines d'années, par une progressio(n) sensible, la superficie des terres mises en cultu(re) est montée de 200 à 3000 hectares. Une commissi(on) municipale a été instituée avec quelques écoles. L(e) commerce extérieur atteint 2 millions et demi env(i)ron, et croîtra nécessairement.

Le climat de Taïti. La faune. Les huîtr(es) perlières. La flore. — Rien de plus intéressant (à) visiter que l'île de Taïti, avec son isthme gracieu(x)

(1) *Revue Bleue*, 1885.

ses sommets boisés de 1200 à 2000 mètres d'altitude, ses cascades bondissantes, ses ruisseaux cristallins ; l'île Mooréa n'est pas moins belle et gracieuse, comme aussi les autres îlots. Région intertropicale, l'archipel de la Société ne comprend que deux saisons : une saison de sécheresse, une saison de pluies. Les ouragans sont rares ; le climat est fort salubre, et la population européenne s'acclimate sans difficulté. La faune est peu riche. Les animaux domestiques de l'Europe occidentale y ont été introduits et s'y multiplient à vue d'œil, suppléant heureusement au manque de mammifères indigènes. Peu ou point d'oiseaux : on est étonné du silence qui règne dans les masses ombreuses des îlots ; aussi, en dépit de leurs richesses végétales, les vallées ont ce quelque chose de triste, de taciturne, que nos bois de France offrent au rêveur après le coucher du soleil ; quelques perruches, des martins-pêcheurs, des canards, sont les seuls hôtes ailés de ces terres ; mais les insectes incommodes, les scorpions, les moustiques, les guêpes manquent moins. Les huîtres perlières ou pintadines abondent et l'on commence à installer des parcs : la chair du mollusque, la nacre de la coquille, la perle de l'huître qui n'a pas moins de cinq ans procurent un revenu triple. D'après le savant rapport de M. Bouchon-Brandely (1884) (1), on pourrait les exploiter aussi régulièrement que l'huître française ; les pêcheurs ne seraient plus exposés à de périlleux plongeons et pourraient être rendus à la vie sédentaire, aux travaux agricoles : il y aurait ainsi double gain. Les îles polynésiennes se prêtent à toutes les cultures des tropiques et particulièrement à celle du bananier, de l'igname, du cocotier, du jute, du goyavier,

(1) *Journal officiel*, 1885.

de l'oranger, qui poussent partout spontanément, e
couvrent de larges espaces dans la plaine et sur le
collines. On doit mentionner encore les bois de rose
le bancoulier, le santal, qui avec les fruits alimen
tent un commerce d'échange de jour en jour plu
important.

Les Taïtiens. — Quant aux Taïtiens, de la famill
des Maoris de la Nouvelle-Zélande, ils se distinguer
par une coloration cuivrée, la beauté des formes, l
douceur de la physionomie, à moins que le tatouag
ne vienne l'enlaidir. Ils sont au nombre de 16,000 er
viron ; en dépit de l'importation de l'alcoolisme et d
la phtisie, le chiffre de la population, tombé hier
9,000, a presque doublé. Les femmes ont une beaut
peu commune, et nous apprenons que leurs allnre
sans rien perdre de ces grâces naïves et séduisante
qui ont rendu si aimable mainte héroïne de Pier
Loti, gagnent en dignité et en réserve. Le costun
français y est fort répandu, comme aussi le christi
nisme réformé. Notre administration fonctionne av
régularité, et l'on peut dire que les Taïtiens, métis c
non métis, sont plus civilisés que beaucoup d'Eur
péens. Taïti n'est plus une contrée sauvage : c'e
une France en miniature, et dont nous pouvons ét
fiers.

Les îles Tuamotou et Gambier. — A l'est et a
nord-ouest s'étendent une centaine d'îlots volcan
ques, protégés par une dangereuse muraille de réci
coralliques. Ce sont les archipels Tuamotou et Gan
bier, que certains géologues considèrent comme l
débris d'un ancien continent submergé, îles semblabl
aux cratères d'anciens volcans ; la lente immersion c
ces îlots en fait craindre la disparition complète da
l'avenir. Ces débris sont infertiles ; on y voit cepe

dant des fourrés impénétrables de pandanus et de cocotiers, où aiment à s'engager des crabes, très friands de la noix de coco, dont ils s'acharnent à ronger l'écorce. Les indigènes s'y adonnent avec activité à la pêche de l'huître perlière, et le gouvernement ferait sagement d'y installer des parcs, source assurée de revenus abondants.

Les Pères Picpus à Tuamotou. — Cet archipel sans histoire a accepté notre protectorat presque en même temps que la reine Pomaré ; mais déjà des missionnaires de l'ordre de Picpus y avaient fait de nombreux prosélytes et contribué à dégoûter les naturels de l'anthropophagie. Ce succès fut avant tout dû aux connaissances médicales des révérends Pères. Le roi des îles se convertit le premier, et le menu peuple s'empressa de suivre l'exemple de ce Clovis polynésien. Les missionnaires exercèrent dès lors une autorité illimitée, qui se convertit, au dire de certains voyageurs, en tyrannie politique et même en exploitation commerciale. Ils donnèrent eux-mêmes aux insulaires l'idée de solliciter le protectorat de la France, et, ce but atteint, l'un d'eux reçut, à titre de récompense, le titre de délégué officiel de la France pour tout l'archipel. Quelques hommes d'Etat ont demandé qu'il fût mis un terme à cette délégation, en s'appuyant sur ce grief que la domination de ces religieux est toujours arbitraire. La question n'est pas tranchée, ce qui ne saurait tarder. En attendant, la population insulaire diminue d'une façon déplorable ; on ne compte guère plus de 10,000 indigènes. Est-ce bien le moment, comme on le reproche aux Pères Picpus, de leur imposer le célibat ?

L'archipel des Marquises. — L'archipel des Marquises, au nord-est, découvert par l'Espagnol Mendana à la fin du XVIᵉ siècle, visité plus tard par Cook et Dumont d'Urville, occupé non sans quelque résistance par le gouvernement de Juillet, comprend 11 îles volcaniques, rocheuses, profondément entaillées, avec de hautes et droites falaises et quelques pics. Le climat y est sain, agréable, printanier, à peu près uniforme. Le sol des vallées est assez fertile; l'arbre à pain, le cocotier, l'oranger, le bananier s'y développent librement; sur les flancs des monts poussent d'épais massifs de bois d'ébénisterie. Les plantations de coton n'ont pas donné les résultats qu'on espérait. Nos animaux domestiques s'y sont multipliés sans peine et l'on en rencontre beaucoup à l'état sauvage. Comme dans toutes les îles polynésiennes, les oiseaux sont rares; en revanche, le poisson abonde et alimente, avec l'arbre à pain, la plupart des habitants.

Les Marquisans. — Les indigènes, comme ceux de Taïti, appartiennent à une belle race; les femmes sont peut-être moins belles, mais n'ont pas moins de grâce et de coquetterie. Ils pratiquent avec empressement les devoirs de l'antique hospitalité. Bien qu'indolents, ils s'occupent avec assez d'ardeur de la fabrication de jolis objets de boissellerie, qui rappellent les articles de Saint-Claude. Ils reconnaissent l'autorité de leurs chefs de tribus, dont le nombre est bien réduit, et qui obéissent à la reine Vaékéhu, grande amie de la France et soumise aux moindres désirs de notre résident. Ce résident, d'ordinaire un officier de marine, cumule, par économie officielle, les attributions les plus diverses. L'ordre est facile à assurer, et les indigènes montrent un empressement remarquable à accepter des fonctions de policemans ou de gendarmes. Ils ne montrent pas le même empressement à garder pour eux leurs enfants, et l'adoption, par voie d'achat, des enfants nouveau-nés se pratique sur une large échelle, ce qui annule le respect de la famille et entrave la tenue des registres de l'état civil. La propriété n'est pas établie avec plus de régularité, le chef de tribu n'en concédant guère de parcelles qu'à titre provisoire.

Résultats de la colonisation aux Marquises. Avenir de cette colonie. — On doit reconnaître néanmoins que la législation française commence à s'y acclimater, en même temps que la religion chrétienne. L'anthropophagie, qui a d'ailleurs sévi là moins que dans les archipels voisins (les prêtres seuls s'y livraient comme à un complément du culte fétichiste), a complètement disparu. Malheureusement la population décroît avec une rapidité effrayante, et l'on ne compte pas plus de 7000 Marquisans : c'est l'alcoolisme et sa fille, la phtisie, qui sont les bourreaux de cette belle race. Les Européens sont à peine 100, et l'on voit parmi eux trop de déclassés, de paresseux, de parasites. Ils habitent presque tous le chef-lieu, Nouka-Hiva, pénitencier affecté par la seconde République aux insurgés de Lyon ; après l'amnistie, aucun n'y resta. Aujourd'hui l'archipel des Marquises n'a guère d'importance que comme station navale, et le trafic s'y borne à un modeste et peu fructueux cabotage d'île en île sur pirogues. Mais l'importance en doit inévitablement grandir après le percement de l'isthme de Panama, qui abrégera les distances de quelques milliers de lieues. Il y aura là des étapes commodes pour les lignes de paquebots destinées à unir prochainement l'Australie à l'Amérique occidentale et à l'Europe.

12.

XIᵉ LEÇON

LA GUYANE FRANÇAISE. — POSSIBILITÉ DE LA COLONISATION

Etendue de la Guyane. — Dans sa plus large acception, la Guyane comprend une vaste région insulaire située entre l'Orénoque, le Cassequiare, le Rio Négro, l'Amazone et l'océan Atlantique ; prise dans son acception la plus réduite, elle a pour limites naturelles et politiques les sierras qui séparent les bassins des deux grands fleuves du Vénézuéla et du Brésil des bassins côtiers de l'Atlantique. Cette Guyane maritime est répartie entre les Anglais, les Hollandais et les Français. Ceux-ci en possèdent la partie la plus orientale, du 6° au 3° de latitude nord.

L'explorateur Vincent Pinçon. L'El Dorado. — C'est à Vincent Pinçon, l'un des compagnons de Christophe Colomb, que revient l'honneur d'avoir reconnu le premier cette région équinoxiale, en longeant la côte septentrionale de l'Amérique du Sud jusqu'à l'énorme embouchure de l'Amazone, d'où le redoutable phénomène de marée appelé *prororoca* le força à s'éloigner promptement. Après Pinçon, les explorateurs ne manquent pas ; ils s'enfoncent dans les terres, impatients de découvrir le fameux pays de l'or, l'El Dorado, qu'une vieille tradition plaçait dans ces parages. L'El Dorado n'a jamais été atteint, à moins qu'on ne tienne compte de la merveilleuse fécondité de ces terres qui n'attendent que des bras pour enrichir les colons. Mais cette fécondité est encore lettre morte ou à peu près ; le souvenir des tentatives avortées de colonisation, comme aussi des déportations contemporaines, en lui donnant un renom sinistre, contribue à éloigner le planteur émigrant de la Guyane, bien loin de l'y attirer.

D'Henri IV à Louis XV. — Henri IV avait chargé la Ravardière, en 1604, d'examiner s'il était possible

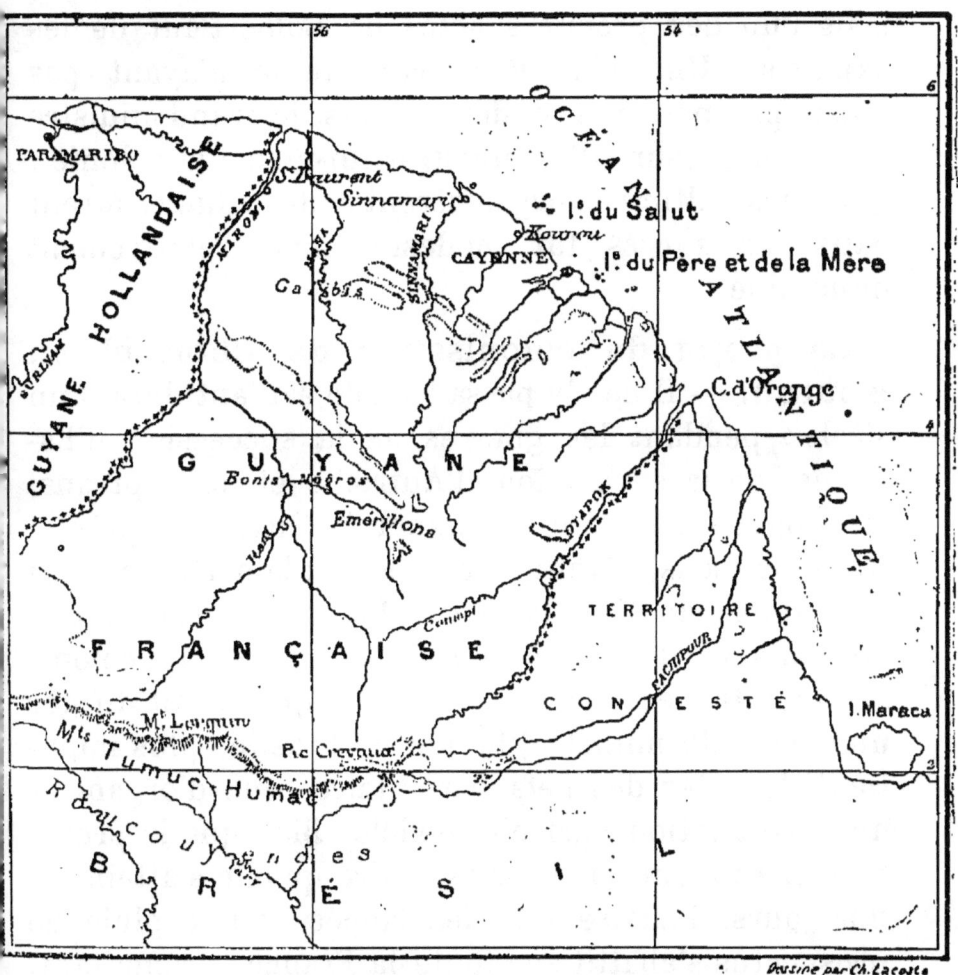

de créer un établissement à la Guyane. L'explorateur donna une réponse affirmative. Sous le ministère de Richelieu, on créa une compagnie pour l'exploitation de cette contrée ; la compagnie échoua. On en créa une seconde, elle échoua également ; une troisième, elle eut le même sort. L'administrateur de la troisième, de Brétigny, est le fondateur de Cayenne ; sa brutalité et sa maladresse ne contribuèrent pas peu à accélérer l'insuccès. Une quatrième compagnie, fondée en 1652, ne fut pas plus heureuse. Les Hollandais essayèrent alors de nous supplanter ; ils réussirent, mais l'un des premiers actes de Colbert fut de les expulser. Une cinquième compagnie n'ayant pas mieux prospéré que ses devancières, le grand ministre se mit en mesure d'administrer lui-même la colonie : quelques cultures s'organisèrent et des villages furent bâtis : le succès fut modeste, mais relativement honorable.

Le projet de colonisation de Choiseul au Kourou. — Il ne s'y passa rien de saillant durant un siècle ; pendant les guerres de la succession d'Espagne, de la succession d'Autriche et de Sept ans, les Anglais semblent dédaigner la Guyane. Après le traité de Paris, rêvant de compenser la perte à jamais regrettable du Canada et des Indes, Choiseul obtint de Louis XV des fonds pour un large essai de colonisation entre le Kourou et le Maroni, que devait diriger un cousin du ministre, le duc de Praslin, plus impatient de créer des fiefs héréditaires que d'organiser une exploitation agricole modèle. Bien que la presse financière n'eût pas le savoir-faire qu'elle a atteint de nos jours, l'affaire fut bien lancée et une pluie de prospectus s'abattit sur toute la France, promettant, comme à l'époque de Law, des bénéfices merveilleux aux détenteurs de capitaux. Quelques milliers d'aventuriers, appartenant à toutes les classes, furent bientôt rassemblés : les bras ne pouvaient manquer, et c'était l'essentiel pour un essai de colonisation dans un pays où le soleil et l'eau rivalisent à féconder le sol.

Issue désastreuse de la tentative de colonisation au Kourou. — Le plus grand obstacle vint de la rivalité des deux directeurs de l'entreprise, Chanvalon et Turgot jeune. D'abord rien ne fut préparé pour recevoir les premiers immigrants : les abords du Kourou ne furent pas déblayés ; les abris firent défaut, comme aussi les ustensiles de travail. Dès 1764, une douzaine de mille émigrants, Alsaciens et Lorrains pour la plupart, grouillaient entassés sur des plages brûlantes et marécageuses ; la famine survint, inévitable, et les victimes se multiplièrent. Cependant Chanvalon, peut-être pour donner le change, présidait à l'installation de galeries interminables de boutiques où s'entassaient les objets les plus futiles ; il montait un théâtre luxueux où l'on jouait des pastorales et de la musique d'opéra ; il créait même des tripots où l'on jouait. Cela ne dura pas, et le réveil fut terrible : 13,000 émigrants périrent, la plupart de faim. Comme à notre époque on devait voir des mères souliotes jeter dans les flots de la mer Ionienne leurs enfants, pour les sauver de la tyrannie des Turcs, on vit alors des femmes d'émigrants, du haut des falaises du Kourou, précipiter leurs enfants dans l'Atlantique pour les arracher aux tortures de la faim. A cette nouvelle, il s'éleva en France un *tolle* général. Le Parlement instruisit ; mais, les responsabilités étant trop hautes, le procès fut étouffé. Les coupables rejetèrent tous les torts sur le climat meurtrier de la Guyane ; cette opinion s'accrédita dans le public et empêcha dès lors d'accorder une attention légitime aux réformes coloniales proposées par divers économistes de la fin du XVIIIe siècle.

La déportation à Sinnamari. — Le renom de la Guyane s'aggrava encore par suite des déportations de la période révolutionnaire. On y déporta après thermidor, et le fameux Collot d'Herbois y devait terminer sa tragique carrière ; on y déporta sous le Directoire, et le coup d'Etat du 18 fructidor y expédia plus de 50 représentants du peuple et 500 citoyens sans mandat suspects de royalisme. En moins de quelques mois de séjour à Sinnamari, plus des deux tiers avaient succombé : il n'en revint qu'un petit nombre, et parmi eux le conquérant de la Hollande, Pichegru, qui ne recouvra la liberté que pour ternir sa gloire et s'enfoncer plus profondément dans la trahison. L'opinion publique, en associant le double souvenir du Kourou et de Sinnamari, contribua à présenter la Guyane comme une terre vraiment maudite.

La Guyane depuis la Révolution jusqu'à nos jours. — On n'était pas au bout. Le gouverneur Victor Hugues fit exécuter, sous l'Empire, quelques travaux d'amélioration ; ces travaux furent interrompus par la perte de la colonie (1809), que les Anglais ne nous rendirent qu'en 1815. La Restauration essaya de panser les plaies de la malheureuse Guyane et de réparer le temps perdu : cet essai de colonisation, pour n'avoir pas eu les suites épouvantables de la tentative du Kourou, ne produisit guère plus de résultats. On jeta les fondements d'une ville sur les bords de la Mana, mais les fièvres intermittentes firent bientôt évacuer la Nouvelle-Angoulême. A cette cause climatérique d'insuccès, on doit ajouter le peu d'esprit de suite qui a caractérisé jusqu'à ce jour tous les actes de l'administration française. Les bonnes intentions ne manquent pas ; mais les vues sont versatiles, et l'arbitraire tue l'initiative individuelle, ce ressort qui a produit tant de merveilles dans les colonies anglaises. Sous le second Empire, des déportations hâtives de prisonniers politiques firent de nouvelles victimes : Cayenne conquit le surnom pittoresque et sinistre de guillottine sèche. Les temps sont changés, mais le renom des plages guyanaises ne s'est pas amélioré, en dépit des rapports rassurants des derniers gouverneurs. L'examen de la géographie physique de cette région nous apprendra ce qu'il y a d'exagéré dans cette réputation de la Guyane.

Les obstacles à la colonisation. Le climat. — On ne saurait nier que le climat ne soit un obstacle sérieux à la colonisation : s'il n'y a pas excès de chaleur, il y a surabondance d'humidité. Les nombreuses rivières ont, à l'époque des pluies, des lits trop étroits ; les eaux débordent et les marécages qu'elles forment, deviennent des foyers d'infection et de fièvres meurtrières. Il faut remarquer toutefois qu'il y a entre les cours d'eau d'assez vastes espaces, salubres et habitables. Quelle région, d'ailleurs, même en Europe, n'a pas son revers ? En France, on a la Sologne, la Brenne, et, hier encore, les Dombes ; en Italie, les marais Pontins et les Maremmes : a-t-on conclu de là à l'insalubrité de la France et de l'Italie ? Qu'on se borne d'abord, en Guyane, à coloniser la partie salubre ; le reste suivra de soi. Les tableaux de mortalité pour la troupe n'ont rien d'alarmant, et les vieillards ne manquent pas : une hygiène intelligente s'impose, voilà tout.

Absence de baies. Prétendu isolement géographique. — Un autre obstacle à la colonisation, c'est l'absence de baies et de bons ports. La côte, presque droite, a peu d'échancrures ; encore sont-elles le plus souvent encombrées d'une vase épaisse et pour ainsi dire bloquées par des baies impénétrables de palétuviers, qui s'ouvrent à regret pour laisser passer les eaux fluviales. A vrai dire, il n'y a guère qu'un port, celui de Cayenne ; encore n'est-il pas très sûr, et, quand la mer est grosse, les navires sont tenus de relâcher aux îles du Salut. Un troisième obstacle, non moins sérieux, serait l'isolement géographique de la Guyane. Les nombreux fleuves de la région sont gênés dans leur cours moyen par des accumulations de rochers, au delà desquels s'étendent des forêts vierges d'une végétation exubérante au point d'en rendre l'accès impossible. Du reste, le même obstacle fait souffrir les Guyanes hollandaise et anglaise, où la colonisation a pourtant obtenu de si beaux résultats. On a essayé de surmonter ce dernier obstacle ; mais il semble que ce but n'ait pu être atteint que de nos jours par l'intrépide docteur Créveaux.

Les deux explorations de Créveaux en Guyane. — Chargé d'une mission par le ministre de l'instruction publique, Créveaux, dans un premier voyage, remonta en pirogue le Maroni, rivière limitrophe entre la Guyane française et la Guyane hollandaise. Une indisposition grave l'ayant obligé de faire halte, il eut la bonne fortune d'inspirer confiance à un nègre, Apatou, qui s'attacha dès lors à lui pour ne plus jamais le quitter. Le nom de ce nègre est désormais inséparable, dans les annales des grandes explorations, de celui de Créveaux. Apatou le guida, quand il fut rétabli, jusqu'aux plateaux ; ensemble ils gagnèrent l'Yari, et, en dépit des rapides et des encombrements de roches, le descendirent jusqu'à son confluent avec l'Amazone.

C'était en 1877. L'année suivante, Créveaux se décida à remonter l'Oyapock, limite de notre colonie au sud-est, pour gagner le Parou, un autre affluent du grand fleuve brésilien, plus en amont que l'Yari. Grâce à son fidèle Apatou, qui lui ménagea le bon vouloir des sauvages Rocouyennes, dont un chef vint au-devant de lui avec une grosse canne de tambour-major et un écu à l'effigie de Louis XIV sur la poitrine, présent de quelque colon, Créveaux put arriver aux plateaux de Tumuchumac. Il étudia tout à son aise les mœurs des tribus sauvages, et recueillit d'amples observations naturelles. Parvenu aux sources du Parou, vers la fin de l'année 1880, il le descendit au prix des plus grands dangers, perdit plusieurs canots, mais gagna sain et sauf l'Amazone.

Autres explorations et fin du docteur Créveaux. — La mission officielle de Créveaux était terminée ; cependant, au lieu de s'embarquer pour la France, il alla explorer deux autres affluents de l'Amazone, qui prennent leurs sources aux Andes, le Putumayo et l'Yapura. Puis il chercha une communication entre la Magdalena et l'Orénoque, et réussit également. Il descendit enfin le Guabeyro et le Guaviare et gagna, non sans avoir couru le risque d'être dévoré par les caïmans et les jaguars des Llanos, qui les guettaient, le vaste delta de l'Orénoque. La Société de géographie lui décerna à son retour à Paris, en 1881, une médaille d'or, et il s'empressa de repartir, cette fois pour une autre région : il comptait explorer les passages qui permettent une communication entre un affluent méridional de l'Amazone, le Momoro bolivien, et le Pilcomayo, affluent du Paraguay. Il devait malheureusement trouver la mort dans ce parages, assassiné (1883) par de farouches Indiens Les explorations de l'héroïque Créveaux dans l Guyane ont eu pour résultat de modifier plusieur erreurs : nous avons acquis d'abord la certitude qu les forêts des hautes terres ne sont pas infranchis sables, et qu'il sera possible d'établir plus tard de communications régulières avec divers affluents d l'Amazone, la grande artère commerciale du Brésil appelée à un si magnifique avenir.

Les cours d'eau. — La Guyane offre de réel avantages, et le premier de tous est de posséder u système hydrographique admirable. Des fleuves et de canaux naturels sillonnent le pays en tout sens. Su un littoral de 130 lieues de longueur, on compt 22 fleuves parallèles, communiquant entre eux pa leurs affluents, et pouvant communiquer, par delà le plateaux, avec divers affluents de l'Amazone. Ce fleuves présentent sans doute l'inconvénient d'êtr coupés par des rapides et de déborder en large marais ; mais ces inconvénients pourront disparaîtr par les labeurs de l'homme.

Le plus occidental de ces cours d'eau est le Maroni le plus important de tous, dont la source principal confine à celle du Yari. Les navires d'un asse fort tonnage peuvent le remonter une quinzaine d lieues. En allant vers l'est, on rencontre la Mana puis le Sinnamari, le trop fameux Kourou, le ri Cayenne, qui forme à son embouchure une rad abritée par l'îlot où s'élève le chef-lieu de la colonie enfin, au delà, vers le sud-est, coulent l'Approuagu et l'Oyapock. Par suite de la rédaction peu précise d l'un des articles du traité d'Utrecht (1713), l'Oyapoc n'est qu'une frontière provisoire : le traité désign comme limite le fleuve exploré par Pinçon ; or il s'agit de savoir si ce fleuve est l'Oyapock ou l'Arouari, beaucoup plus au sud-est ; les Portugais et après eux les Brésiliens ont tenu pour l'Oyapock. Voilà plus d'un siècle et demi que le litige est pendant : la patience est la vertu des dieux, dit-on ; elle est aussi une vertu des diplomates.

Distribution des terres : hautes terres, savanes, basses terres. — Au point de vue de la distribution des terres, la Guyane peut être divisée en hautes terres, savanes et basses terres. Les hautes terres comprennent les plateaux adossés au Brésil et les contreforts qui s'en détachent dans la direction de l'Atlantique. Elles sont garnies d'une abondante végétation arborescente, mais la couche d'humus est trop superficielle pour qu'on puisse les défricher avec fruit. Les savanes, encore peu explorées, déployées en plaines et en ondulations légères, s'étendent particulièrement entre le bas Maroni et le Kourou, sur les rus de la Mana et du Sinnamari, à l'ouest, et à l'est dans tout le territoire contesté. La pente en est très douce, et l'emplacement, trop souvent inondé, fait songer aux marécages de la Theiss hongroise, et du Pripet polonais. Ce sont d'immenses pâturages naturels, assez semblables aux pampas de la confédération Argentine, et où l'on pourrait faire de la viande en abondance. Les basses terres sont les plus fertiles de toute la contrée : ce sont des terrains d'alluvions qui s'étendent sur les deux rives des fleuves, depuis leur embouchure jusqu'aux premiers rapides. Une partie de ces terrains fangeux est couverte de palétuviers, une autre partie est perpétuellement inondée ; une autre enfin, la moins étendue, comprend les plus belles cultures de la colonie. Les colons qui s'y sont fixés, et qui ont su appliquer les instructions de l'intendant économiste Malouet, ont amassé des fortunes considérables, tout en travaillant aux intérêts généraux de la colonie.

La faune. — La Guyane offre les plus grandes variétés dans sa faune comme dans sa flore. Terre de l'Amérique du Sud, elle n'a pas de grands animaux : on ne les rencontre qu'en Afrique et en Asie. Ceux qui atteignent les plus grandes proportions sont les reptiles. Parmi ceux-ci les plus redoutables sont : le caïman, qui s'aventure au sein des pénitenciers ; le boa, qui peut avaler un bœuf, après l'avoir étouffé dans ses replis ; le serpent à sonnettes, qui pullule dans les deux Amériques. L'espèce des félins n'est guère représentée que par le jaguar, tigre américain moins gros et moins fort que celui d'Asie, mais aussi rusé, aussi vigilant à guetter sa proie, aussi friand de la chair humaine. On trouve en Guyane toutes les variétés d'insectes : les moustiques, qui rendent inhabitables les plages où ils s'installent ; les mouches hominivores, qui peuvent occasionner la mort d'un homme, après avoir déposé leurs œufs dans son nez ; les scorpions, les araignées de toute taille, dont la morsure cause la fièvre ; les fourmis, que la poudre seule à la vertu d'arrêter ; les vampires, qui se plaisent à sucer le sang des animaux et des hommes endormis ; toute la nomenclature des scarabées, des coléoptères de toutes dimensions et de toutes couleurs; des oiseaux, depuis l'urubus, que l'on voit, dans les rues de Cayenne, débarrasser la voie des immondices qui l'obstruent et l'infestent, jusqu'à l'oiseau-mouche, chef-d'œuvre de la nature par l'exiguïté de ses formes délicates et la splendeur de sa petite robe. Les forêts abondent en gibier de toutes sortes : tapirs à museau effilé, cerfs, chevreuils, tatous, sangliers, lapins, etc.; en singes, ouistitis, sapajous hurleurs, qui animent les retraites profondes, aimant à se suspendre par les bras ou la queue aux lianes qui s'élancent d'une rive à l'autre. Ainsi le règne animal est richement représenté ; malheureusement les espèces nuisibles l'emportent sur les espèces utiles. Le bétail est rare et livré à lui-même autour des huttes ou fermes disséminées à proximité de ces savanes qu'on pourrait transformer en riches marchés à viande.

La flore. — La flore n'est pas moins riche. A la tête des cultures alimentaires, il convient de signaler le manioc, d'où l'on extrait le tapioca, et le riz, qui forment tous les deux la base de l'alimentation. Tous les légumes pourraient prospérer dans les basses terres ; mais on a encouragé jusqu'ici, avec un égoïsme intelligent, au détriment des cultures alimentaires, les cultures industrielles et commerciales, telles que la canne à sucre, le rocou tinctorial, le coton, le café, le cacao, et quelques épices, telles que le giroflier, le cannellier à camphre, certaines plantes oléagineuses (sésame, etc.), le ricin ; mais ces cultures sont loin de prospérer : la bonne distribution du travail et surtout les bras font défaut. Comment, dans ces conditions, la Guyane réaliserait-elle l'idéal d'une colonie agricole ? Que dire de l'exploitation des forêts ? La Guyane n'est qu'une forêt pour les deux tiers de sa superficie, une forêt où abondent et surabondent toutes les variétés arborescentes : palétuviers et mangliers sur les côtes, et, dans les hautes terres, palmiers, cocotiers, bois de fer, ébéniers, acajous, cèdres, acacias, bois durs, bois de couleur, bois de senteur, bois résineux, bois de teinture, bois d'ébénisterie, bois de construction. Il y a là d'incalculables richesses dont on n'a encore retiré qu'un profit réduit, et dont il faudra bien quelque jour commencer l'exploitation, en multipliant les bras, en supprimant les formalités étroites et les entraves ineptes qui ont aggravé jusqu'à ce jour la pénurie des travailleurs.

Les richesses minéralogiques. Extraction de l'or. — La Guyane a-t-elle des richesses minéralogiques ? Bien qu'elle ne soit pas l'El Dorado rêvé par nos pères, elle recèle de l'or et même de l'argent dans les profondeurs de ses retraites. Le minerai de fer ne manque pas non plus, et il n'est pas téméraire d'espérer que le diamant et les pierres précieuses pourront se rencontrer dans les hautes terres d'une région qui, par sa constitution géologique, ainsi que l'ont remarqué Buffon et Humboldt, est si semblable au Brésil. Jusqu'ici l'on ne s'est mis en mesure d'exploiter que l'or. Les premières tentatives d'exploitation des placers n'ont pas été heureuses dans le haut Approuague : la fièvre et même l'assassinat ont eu raison, au commencement de ce siècle, de l'ardeur des premiers pionniers. Comme on avait constaté la présence de l'or sur plusieurs points, et dans les sables de presque toutes les rivières guyanaises, une première compagnie se forma, au capital de 20 millions. Cette compagnie se borna à fouiller le haut Approuague, et la production monta néanmoins, en quelques années, à près de 180,000 kilogrammes d'or (1857-1860). C'était un assez beau début. Le travail s'est ralenti ensuite, pour reprendre de plus belle : dans le cours du Matoroni, affluent rive droite de l'Approuague, on extrayait en 1872 plus de 700 kilogrammes par mois, et peut-être 1000, en tenant compte de la contrebande. Ce sont des coolies qu'on emploie d'ordinaire à ce pénible labeur : ils supportent mieux la fatigue sous ce climat tropical ; mais les blancs peuvent être employés comme surveillants. Ce travail est du plus haut intérêt pour la colonie : l'exemple de l'Australie, réputée si longtemps une terre insalubre et inhabitable, si riche et si peuplée aujourd'hui dans ses districts aurifères, montre que l'exploitation métallique entraîne après elle l'exploitation agricole et concourt à développer le bien-être et la sociabilité. Il n'importe pas moins à la métropole : car s'il est vrai que nos ressources nationales sont abondantes, grâce à notre activité industrielle et commerciale, nous avons aussi de lourdes, de très lourdes charges à supporter.

La population. Les Indiens. Les Galibis. — On peut évaluer à trois les races qui habitent la Guyane : la race indienne ou rouge, la race noire, la race blanche. Les Indiens, seule race aborigène de la contrée, peuvent se diviser en Indiens du littoral ou Galibis, et en Indiens de l'intérieur, subdivisés en Approuagues, Emérillons, Rocouyennes, etc., que l'on rencontre successivement, au fur et à mesure que l'on s'avance vers les plateaux. Il est impossible de fixer, même approximativement, le chiffre de leur population. Les Galibis, plus rapprochés, nous sont mieux connus. Ils ne sont pas plus de 8,000 et reconnaissent notre autorité. D'humeur nomade, ils aiment à voyager en pirogue, et s'installent dans des cabanes haut perchées, supportées par des piquets de plusieurs mètres de longueur, où l'on monte au moyen d'une échelle fixe : on pourrait voir en eux un spécimen assez fidèle des hommes de l'âge lacustre. Les missionnaires ont eu quelque prise sur eux, mais ils n'ont pas su les élever au-dessus de la nature matérielle. En dépit de leur conversion au catholicisme, les Galibis n'ont pu se guérir de leurs croyances manichéennes à l'existence des deux principes contraires du bien et du mal et à la puissance des sorciers. Leur intelligence ne se montre guère que dans la fabrication du poison : « Leur science toxicologique est parfois effrayante, dit M. Gaffarel, et sur ce point ils en remontreraient à tous les La Pommerayes de l'univers. » Quant à la constitution de la famille, elle est rudimentaire. L'homme travaille le moins possible, et la femme fait tous les ouvrages fatigants ; bien plus, quand celle-ci est accouchée, elle se lève aussitôt, au dire de plusieurs voyageurs, pour soigner son mari qui se dit bien malade et se dispose à faire pendant quelques jours, la « couvade » si chère à nos Basques, coutume plus odieuse encore que ridicule. Ces Indiens, malgré notre contact, sont demeurés sauvages, et, à notre contact, comme les Australiens et tous leurs frères en barbarie, diminuent et disparaissent.

Les noirs émancipés. — Il n'en est pas de même des noirs de la Guyane. Ces descendants des nègres africains importés en Amérique aux siècles derniers pourraient être assujettis au travail agricole et s'y sont pliés de longue date. Quand l'émancipation vint les surprendre en 1848, on craignit de voir se renouveler les scènes de Saint-Domingue. Les travailleurs noirs, impatients de liberté, quittaient leur travail en masse. Pour les retenir, l'administration recourut à un système qui n'était pas sans inconvénient : propriétaires blancs et travailleurs nègres s'associaient et partageaient les bénéfices. On remplaça bientôt ce métayage d'un genre nouveau et d'une application difficile par le salariat pur et simple. La mesure était juste ; on eut le tort de la dénaturer par des vexations réglementaires. Ainsi pour retenir les travailleurs à proximité de l'habitation du propriétaire blanc, on leur refusa toute concession territoriale hors d'une zone déterminée, et l'on osa, dans un pays où la terre n'a presque pas de valeur d'achat, grever les mutations foncières d'impôts énormes. Les rancunes de races se perpétuèrent. Aujourd'hui, cependant la vieille génération des blancs commence à disparaître et avec elle les préjugés de caste, aussi odieux qu'impolitiques : l'équilibre se rétablit peu à peu, et nègres et blancs commencent à vivre en bonne intelligence, comme à la Réunion. Les costumes, entre femmes créoles et femmes de couleur, se confondent, ce qui est un indice caractéristique de la bonne harmonie sociale. L'on espère que bientôt l'assimilation légale avec la métropole pourra être proclamée et appliquée : c'est au développement de l'instruction qu'il appartient d'en hâter l'heure désirée.

Les nègres Bonis. — Indépendamment des nègres qui travaillent en liberté dans les plantations des créoles, on signale un certain nombre de tribus de même race qui vivent de la vie sauvage dans les hautes terres où le Maroni et ses affluents prennent leur source. Descendants de nègres marrons, d'esclaves évadés, on les désigne sous le nom de Bonis, et le fidèle compagnon du docteur Créveaux, Apatou, est un des leurs. On croit devoir évaluer à 17,000 le nombre de ces noirs ; leurs villages, commandés chacun par un chef, forment une sorte de fédération qui se choisit un commandant suprême, le grand Man, président du jury des capitaines ou chefs de village pour toutes les affaires litigieuses. Ces nègres, en parfaits sauvages, ne travaillent que pour la satisfaction des besoins les plus élémentaires, et, dans leurs huttes closes, passent le reste du temps à boire et à se divertir. Leur grand Man, émerveillé des costumes multicolores de nos soldats, aime à faire la parade avec un chapeau à panache, de grosses épaulettes, des galons sur toutes les coutures d'une veste de couleur criarde ; ses ministres raffolent des boîtes de conserves vides et aiment à s'en parer dans les cérémonies officielles : ce sont de grands enfants.

Obstacles à la colonisation terrienne. Quelques réformes administratives. — Les blancs se composent de créoles, de soldats et fonctionnaires, de transportés. Les créoles ne sont guère plus de 2,000 et ont entre leurs mains toute la fortune de la colonie. Le spectacle de leur opulence n'a pu raviver néanmoins le courant de l'immigration. C'est la faute, en partie, de l'administration et de ses règlements si minutieusement tyranniques : elle ne s'est pas encore guérie de la prétention exorbitante de diriger les colons dans toutes leurs cultures. Quand la vente à bas prix s'impose dans l'intérêt de la colonisation indépendante, les concessions de terrains sont gratuites et soumises à des conditions rigoureuses qui enlèvent à la propriété, comme naguère en Algérie, toute stabilité. Au lieu de pousser à l'exploitation des forêts dans les hautes terres, d'encourager l'élève du bétail dans les savanes, d'assurer le développement de la viabilité par terre et par eau, on continue à dépenser de grosses sommes en vue de la production des denrées dites coloniales et de l'industrie métropolitaine, par un vieux reste de préjugés mercantiles. On s'est relâché, sans doute, depuis 1870, de cette rigueur administrative qui assignait aux colons leurs demeures, et les parquait à Cayenne ou dans les environs, erreur économique depuis si longtemps abandonnée des Anglais et des Américains, au grand avantage de l'Australie et du Far-West. La Guyane possède même une assemblée coloniale ; mais les membres en peuvent être trop facilement triés au volet parmi les notables commerçants, industriels ou agriculteurs : le choix en est réservé aux cent colons les plus imposés. C'est un assez maigre privilège pour la colonie, surtout quand on songe qu'elle n'a pas encore de conseils municipaux, et qu'elle est divisée en un certain nombre de districts militairement gouvernés, à l'instar du territoire militaire algérien, mais sans djemaas ou assemblées délibérantes d'aucune sorte. On vient heureusement de restituer à la Guyane le droit de représentation au Parlement français ; de ce privilège bien légitime découleront les réformes nécessaires, et déjà le budget colonial n'est plus arrêté par le gouverneur.

Les pénitenciers guyanais. — Les fonctionnaires et soldats y sont d'ordinaires au nombre de 1800 ; malheureusement pour la colonie, fonctionnaires civils et militaires s'y croient en disgrâce, et, à peine débarqués, aspirent à se rembarquer. C'est une des plaies de nos colonies tropicales, et peut-être de toutes nos colonies. Frappé de ces inconvénients divers, le gouvernement impérial résolut de transformer la Guyane en colonie pénitentiaire. Toutefois, avant l'année 1860, aucun essai sérieux de colonisation de la terre et de moralisation des condamnés ne fut tenté ; il semble qu'on avait hâte, avant tout, de se débarrasser d'une catégorie de suspects politiques gênants pour le pouvoir absolu, et on laissait l'administration coloniale sans instructions précises sur la destination de ces malheureux. En 1860, un décret assigna aux pénitenciers, qui remplaçaient les bagnes de France, une grande partie du territoire qui s'étend de la Mana au Maroni. C'étaient de nouveaux cantonnements ajoutés aux anciens, aux îles du Salut, qui ne sont que des points de relâche, à l'îlot de la Mere, voisin de Cayenne, où résident les infirmes et les vieillards, à celui de Cayenne, le plus ancien de tous, et à celui du Kourou. Indépendamment de ces pénitenciers insulaires ou côtiers, on voulut en avoir d'autres à l'intérieur, entre Cayenne et l'Oyapock, dans le bassin de l'Approuague ; ces derniers ne tardèrent pas à être abandonnés. La plupart, du reste, ont végété, et il n'en subsiste, à proprement parler, que trois, à Cayenne, à l'embouchure de Kourou, et sur le Maroni. Le plus prospère est celui de Saint-Laurent du Maroni ; il comprend une population de 2000 habitants et possède des maisons au lieu de cases.

Résultats obtenus. — En général, la colonisation forcée a donné peu de résultats, et le niveau de la moralisation a peu monté. L'administration a d'ailleurs, à ce point de vue, quelques torts à se reprocher : au lieu d'encourager purement et simplement le défrichement du sol et les travaux de viabilité, par l'aiguillon d'une liberté relative, avec ce droit « d'assignement des convicts » qui consiste à permettre aux transportés de louer leurs services aux particuliers, et qui a produit d'excellents fruits en Australie, on les a soumis à un régime inutilement rigoureux et à l'obligation de ne concourir qu'à l'exploitation des cultures industrielles du sucre, du café, du coton. On signale pourtant quelques résultats : sur moins de 5,000 transportés, on a pu en libérer jusqu'à 3,000 ; mais il n'y a encore, sur une superficie de 72,000 kilomètres carrés, que 6,000 hectares cultivés. Quant au chiffre des importations et exportations, il décroît et est tombé de 13 millions à moins de 9 millions de francs.

La question des récidivistes. — En résumé, notre Botany-Bay a médiocrement réussi, en dépit de l'amélioration de l'état sanitaire et de la diminution sensible de la mortalité. On parle beaucoup aujourd'hui de faire de la Guyane le centre le plus important de la relégation des récidivistes. L'opposition paraît s'en être émue, trouvant sans doute, comme le lui reprochait avec beaucoup d'esprit M. le ministre de l'intérieur, Waldeck-Rousseau, dans un discours au Sénat (6 février 1885), « que la Guyane est très bonne pour les marins, les soldats, les magistrats, mais qu'elle n'est pas assez bonne pour les récidivistes ». Le Parlement a goûté les raisons de M. le ministre, et applaudi cette citation de Saint-Arnaud « que si la Guyane était une découverte moderne, on s'y précipiterait avec fureur. » Il est probable que, la loi sur les récidivistes enfin votée, cette colonie verra affluer une vingtaine de mille de ces misérables, qui, après avoir représenté la barbarie en France, pourront représenter, dans une certaine mesure, la civilisation dans un milieu nouveau. Sans doute l'existence sera pénible pour les relégués ; mais comment la loi serait-elle efficace sans cela ? Quant à la population guyanaise, elle ne sera point menacée dans sa sécurité, comme on l'avait craint. L'adoption de l'amendement Issartier, que la Chambre voudra conserver, en est le garant, puisque la relégation consistera en un internement perpétuel des déportés sans ressources dans la colonie qui leur aura été assignée, et que la surveillance devra s'appliquer avec un soin extrême. Le jour où les récidivistes seront moralisés n'est pas encore proche, mais il suffit qu'il luise quelque jour. Il luira, comme il a lui en Australie, il faut bien l'espérer, à condition toutefois que l'administration, à laquelle le projet de loi accorde une grande liberté d'action, profite des leçons du passé et sache éviter les vieux errements étroits et arbitraires (1). La question est complexe ; il s'agit de débarrasser la métropole de ses éléments corrupteurs, en procurant à ceux-ci les moyens de s'amender, de se purifier par le travail ; il s'agit aussi de sauvegarder les véritables intérêts d'une colonie riche en germes d'opulence, malgré son mauvais renom.

---

(1) C'est le 12 mai 1885 que la loi relative à la relégation des récidivistes a été définitivement votée par la Chambre des députés. Elle a réuni 388 voix contre 57 d'extrême gauche. La droite monarchique s'est abstenue.

XIIe LEÇON

LES ANTILLES FRANÇAISES. LA GUADELOUPE ET SES DÉPENDANCES. LA MARTINIQUE. — LE DROIT DE PÊCHE A SAINT-PIERRE ET A MIQUELON.

D'Esnambuc aux Antilles. — Nous avons possédé jadis toutes ou presques toutes les petites Antilles et l'une des grandes, Saint-Domingue ; il ne nous en reste que quelques-unes aujourd'hui. L'histoire nous apprendra sur qui retombe la faute d'un pareil effondrement dans l'Amérique centrale. C'est en 1625, sous le ministère du « grand cardinal », que le sire d'Esnambuc, capitaine dans la marine royale, prit possession, au nom de la France, de l'île Saint-Christophe. Ce ne fut pas sans résistance de la part des indigènes, les Caraïbes ; mais, avec l'aide des Anglais, qui s'étaient déjà installés dans une autre partie de l'île, il parvint à les exterminer. Il encouragea dès lors la culture du tabac, et n'eut pas de peine à obtenir, à son retour en France, l'autorisation de créer une compagnie d'exploitation, avec monopole, des produits de la nouvelle colonie ; l'île devint promptement riche et heureuse, et le chef-lieu, la Basse-Terre, une ville salubre, belle, d'aspect européen. Un des compagnons d'Esnambuc, Liénard de l'Olive, s'installa quelques années plus tard à la Guadeloupe, et lui-même prit possession, en 1635, de la Martinique. D'Esnambuc mourut trop tôt, en 1636, à l'âge de cinquante ans, dans toute la force de son esprit, qui était d'une rare étendue.

Les successeurs d'Esnambuc continuent son œuvre. — Son œuvre lui survécut : ses successeurs marchèrent sur ses traces, et accrurent le nombre des possessions françaises. La Dominique fut occupée et les négociants européens arrivèrent en foule. Quant

aux Caraïbes, ils étaient partout refoulés ou exterminés ; la férocité de leur naturel motivait ces mesures violentes qui, en se perpétuant, devaient amener l'extinction à peu près complète de ce rameau insulaire de la race indienne. Le règne de Louis XIV n'était point encore commencé, que la Tortue, avant-garde de Saint-Domingue, au nord, Saint-Martin et Saint-Barthélemy, au nord du groupe semi-circulaire des petites Antilles, Sainte-Lucie, la Grenade et les Grenadines au sud, étaient au pouvoir des Français et exploitées par la Compagnie des Indes Occidentales. Quant aux aventuriers de nationalités diverses qui s'étaient installés de bonne heure à Saint-Domingue, et s'adonnèrent au boucanage des bœufs sauvages avant de devenir de redoutables flibustiers, ils ne devaient pas tarder à réclamer le patronage de la France.

Contre-coup de la Fronde aux Antilles. — Les troubles de la Fronde eurent leur contre-coup dans ces parages : la Compagnie, livrée à elle-même, sans contrôle, poussait à une exploitation sans merci des productions insulaires, et, avide de gros dividendes, n'apportait aucun soin à l'administration politique. Les imprudences s'accumulèrent et la décadence se fit sentir. La Compagnie, pour éviter la ruine, vendit les îles à prix réduit. Administrées dès lors comme des propriétés privées, elles recouvrèrent une partie de leur prospérité, malgré l'abandon de la métropole, malgré les révoltes fréquentes des indigènes sur quelques points et la survenance de violents tremblements de terre. Elles trafiquaient activement avec les Anglais et les Hollandais, et de la Guadeloupe, où des Anglais l'avaient acclimatée, la canne à sucre s'était répandue dans les nombreuses îles avoisinantes.

Rachat des îles par Colbert. La nouvelle Compagnie. — Colbert, arrivé au pouvoir, racheta les Antilles ; mais il dut, eu égard à leur prospérité, les payer le double de ce qu'elles avaient été vendues par la première Compagnie. Le grand ministre en créa une nouvelle et lui conféra le monopole de tout le commerce de ces parages. Bien qu'il dominât son époque, Colbert en partageait les préjugés économiques, et, peu confiant dans la liberté, ne voyait rien de mieux que le régime de la protection. Les erreurs du passé se renouvelèrent ; des formalités minutieuses, tyranniques, un mercantilisme parfois odieux imposant l'usance exclusive des produits manufacturés de la métropole, s'abattirent sur ces colonies. On prit même l'habitude de changer les gouverneurs tous les trois ans, ce qui en fit des étrangers pour ainsi dire, indifférents à la prospérité réelle et durable de leur gouvernement, empressés de s'enrichir eux-mêmes au plus vite. Il va sans dire que la France se gardait de faire aucun sacrifice pour l'entretien d'une force militaire aux Antilles ; mais les colons, ne comptant que sur eux-mêmes, se firent respecter et se rendirent même redoutables à leurs rivaux. Les Hollandais et les Anglais en firent l'expérience durant les guerres de Dévolution et de Hollande (1666-78). Nos colons, non seulement avaient sauvé Saint-Pierre, capitale des Antilles françaises, des redoutables incursions de Ruyter, mais encore ils avaient fait de nouvelles conquêtes : Antigoa, Montserrat, au nord ; Tabago, Curaçao, au sud, étaient tombées en leur pouvoir ; il s'en était même fallu de bien peu qu'ils ne s'emparassent de la grande île de la Trinité, en face du delta de l'Orénoque. Les négociateurs du traité de Nimègue eurent le tort d'ajouter trop peu d'importance à ces conquêtes, et d'en prescrire la restitution en prenant pour base le *statu quo ante bellum*.

Réformes appliquées par Colbert aux Antilles. — Cependant Colbert avait appliqué à l'exploitation des Antilles des réformes importantes. Non content de transférer le chef-lieu à Fort-de-France de la Martinique, dans une position centrale et stratégique de premier ordre, de permettre à la noblesse l'exercice du commerce extérieur sans dérogation, il n'avait pas hésité à supprimer dans la suite le monopole commercial de la Compagnie, et à conférer des « permissions » de trafiquer à tous les particuliers (et ils furent nombreux) qui les demandèrent. C'était l'arrêt de mort de la grande Compagnie ; elle le comprit et demanda elle-même sa dissolution. L'Etat lui remboursa son capital (près d'un million et demi, qui en vaudrait six fois plus aujourd'hui), et acquitta ses obligations, qui s'élevaient à plus du double. Les Antilles y gagnèrent d'être administrées avec plus de régularité et d'équité, avec l'assurance d'être secourues en cas d'attaque. Les abus ne disparurent pas tous ; mais il fut au moins permis aux colons de tirer un meilleur parti des richesses naturelles des îles. L'interdiction de commercer avec d'autres nations que la France, prohibition comparable pour nos colonies à l'acte de navigation de Cromwell pour l'Angleterre, eut pour effet d'accroître leur activité, en les forçant, pour se suffire, à varier les exploitations agricoles, à introduire les cultures vivrières à côté des cultures industrielles et commerciales.

La traite des noirs. — L'immigration était en même temps fort encouragée ; mais les blancs ne suffisant pas, on recourut à la traite des noirs, que la philosophie du XVIIIe siècle n'avait point encore déconsidérée. Les noirs affluèrent, et vers la fin du règne de Louis XV, on n'en comptait pas moins de 20,000, rien qu'à la Martinique. Le code noir, œuvre de Colbert, très humain pour le temps, avait paré à la cruauté des traitements envers les esclaves, et régularisé la situation réciproque des noirs et des blancs. Mais l'affluence des noirs ne donna pas que de bons résultats aux colonies : l'absentéisme, cette plaie de l'Irlande, qui équivaut à l'absence irréparable de l'œil du maître, ne tarda pas à s'abattre sur ces îles ; la culture des produits d'exportation fut surmenée ; les Antilles devinrent de vastes fabriques, exploitées sans merci en vue du plus grand profit actuel, sans aucun souci de l'avenir, ce qui faisait dire à l'intendant Malouet, au retour d'un voyage à Saint-Domingue, « qu'on n'y voyait que des auberges et des voyageurs (1). »

Contre-coup des dernières guerres du règne de Louis XIV. — Les deux dernières guerres du règne de Louis XIV, de la Ligue d'Augsbourg et de la Succession d'Espagne, éprouvèrent les Antilles comme la France. Nos colons parvinrent à repousser les attaques des Anglais, qui ne s'établirent guère qu'à Marie-Galante, perte d'ailleurs amplement compensée par la prise de Tabago, Montserrat et Saint-Eustache. Mais les escadres anglaises tenaient la mer et interceptaient toutes les communications. Cela dura près d'un quart de siècle : car la paix de Ryswick ne peut être considérée que comme une trêve. Ces souffrances eurent pourtant des conséquences utiles : les colons apprirent à se passer de protection extérieure et à ne compter que sur leurs propres forces ; fortement trempés pour la lutte, ils s'étaient encore fortifiés et aguerris. Cet endurcissement était une excellente chose pour eux, car ils allaient être de

(1) *La Colonisation chez les peuples modernes*, par P. Leroy-Beaulieu.

plus en plus abandonnés, sous Louis XV, à leurs propres ressources.

Prospérité des Antilles au XVIIIᵉ siècle. — Malgré l'indifférence coupable de ce roi indolent, le XVIIIᵉ siècle est pour les Antilles françaises l'époque de leur plus grande prospérité. L'industrie du sucre, la culture du café, affranchies de toute une série de règlements oppressifs, abrogés ou atténués sous l'influence des idées libérales de Law, prirent un essor merveilleux ; la population, favorisée par l'élévation croissante du niveau de l'opulence, augmentait ; les délicieuses résidences se multipliaient. Saint-Domingue et la Martinique se signalaient entre toutes les îles françaises par la supériorité de leur activité et de leurs richesses. En dépit de l'augmentation de l'importation des noirs et du perfectionnement de l'outillage, les planteurs avaient peine à répondre aux commandes des négociants français. Il s'était établi des bureaux consultatifs de commerce, sortes d'assemblées imitées des assemblées provinciales de l'ancien régime, dont les délibérations et les vœux inspiraient souvent les mesures et les décrets de l'administration centrale : c'était comme une tentative de rapprochement du *self-government* anglais. C'est à un système économique moins restrictif que le régime britannique de ce temps, à des mœurs plus tolérantes même chez les jésuites établis dans ces parages, lesquels ne faisaient pas de distinction entre le sucre luthérien et le sucre catholique, « pourvu qu'il fût blanc », et aussi à la fertilité naturelle du sol, qu'on doit attribuer le grand et rapide essor agricole et commercial de ces colonies américaines au commencement et au milieu du siècle dernier.

La guerre de Sept ans et le traité de Paris.
— Cette prospérité excita les convoitises de l'Angleterre : la jalousie anglaise fit plus pour Marie-Thérèse que la sympathie véritable que le roi Georges II ressentait pour cette princesse. Mais la guerre de la succession d'Autriche ne servit qu'à suspendre les travaux agricoles de nos Antilles. La guerre de Sept ans (1757-63) fut autrement désastreuse. Toutes nos colonies de l'Amérique centrale nous furent enlevées par les Anglais, qui avaient dirigé contre elles des forces écrasantes, tandis que le gouvernement de Louis XV, tournant tous ses efforts contre l'Allemagne, où il jetait des armées de 100,000 hommes, ne faisait presque rien pour elles. Le traité de Paris nous restitua la Martinique, la Guadeloupe et ses dépendances, Sainte-Lucie et Saint-Martin ; mais les plantations étaient abandonnées et les relations commerciales brisées ; c'était la décadence que rien ne devait plus arrêter.

Le traité de Versailles. — La guerre de l'Indépendance américaine fut pour nous une revanche : malgré la défaite des Saintes, nous gardâmes nos possessions et prîmes aux Anglais Tabago, Saint-Christophe, Névis et Monserrat. Nos négociateurs, au traité de Versailles, eurent le tort de se contenter de Tabago (1783). On a prétendu que Louis XVI rêvait la restauration de notre empire colonial. C'est peut-être une exagération ; on ne peut contester toutefois la sollicitude de ce monarque pour nos possessions lointaines ; quoi qu'il en soit, le temps et les événements ne lui permirent pas d'appliquer ses idées.

Contre-coup des guerres de la Révolution et de l'Empire. — Quand la Révolution éclata, le contre-coup s'en fit douloureusement sentir aux Antilles. Les réformes de la Constituante se bornèrent à la proclamation de l'égalité des droits civils pour les hommes de couleur libérés ; le refus obstiné des droits politiques amena le soulèvement des mulâtres à Saint-Domingue et dans les autres Antilles françaises. La Convention, trop radicale, proclama l'émancipation complète, civile et politique, non seulement des mulâtres, mais encore des nègres. « Ce fut un arrêt de justice, tranché par la violence, » a écrit M. A. Cochin, par allusion à la résistance qu'opposèrent la plupart de nos gouverneurs au décret de la Convention, et aux représailles auxquelles se portèrent les intéressés. La plupart de nos colonies ne furent soustraites aux conséquences d'un acte politique aussi précipité que par l'occupation anglaise. La Guadeloupe seule et Saint-Domingue, agrandie de la partie espagnole par le traité de Bâle (1795), n'étaient pas entre les mains des Anglais. C'est l'intrépide corsaire Victor Hugues qui avait su nous conserver la Guadeloupe ; il parvint même à reprendre nos autres possessions ; mais la rupture de la paix d'Amiens (1803), sous le Consulat, déchaînant de nouvelles hostilités, eut pour conséquence la perte successive de toutes nos colonies. Quant à Saint-Domingue, le plus beau fleuron de notre couronne coloniale aux Antilles, elle avait échappé à nos lois, à la faveur de convulsions intestines, après avoir servi de tombeau, sous le Consulat, à toute une armée française, 20 à 30,000 hommes commandés par le général Leclerc, beau-frère de Bonaparte.

De 1815 à nos jours. — Les traités de 1815 ne nous restituèrent que la Martinique, la Guadeloupe et ses dépendances et la moitié de Saint-Martin. La

Restauration essaya d'appliquer des remèdes, et obtint un succès relatif : le commerce du sucre reprit, à la faveur d'un régime de protection, atténué d'ailleurs par quelques règlements libéraux ; les Antilles françaises virent la tranquillité renaître et avec elle une certaine prospérité. L'émancipation de 1848 ne s'y appliqua pas sans difficulté ; mais les effets s'en atténuèrent avec le temps. En 1877, la Suède nous a rétrocédé Saint-Barthélemy. Notre bagage colonial dans la mer des Antilles est modeste, sans doute ; il n'est pas à dédaigner, et l'on peut s'en convaincre aisément par un simple aperçu de géographie physique et économique.

Répartition des Antilles françaises ; Saint-Martin et Saint-Barthélemy. — Les Antilles françaises forment trois groupes qui s'étendent du 18° au 14° de latitude nord : Saint-Martin et Saint-Barthélemy au nord, la Guadeloupe et ses annexes au centre, la Martinique au sud, séparée de la Guadeloupe par la Dominique, placée là comme une sentinelle pour les épier. L'île Saint-Martin, dont les Hollandais occupent la partie méridionale, est de formation calcaire ; elle n'a que des ruisselets, et se trouve bordée d'une série de lagunes salines. Saint-Barthélemy, hier encore possession suédoise, est de même formation géologique ; mais elle est plus montagneuse, moins arrosée, avec un littoral plus découpé et une ceinture d'îlots rocheux.

La Guadeloupe et ses dépendances. — La Guadeloupe est la réunion de deux îles de même grandeur, mais non de même formation, séparées par l'étroite rivière salée : la Grande-Terre, à l'est, calcaire et plate, de figure triangulaire, merveilleusement féconde, malgré la rareté des pluies ; la Basse-Terre ou Guadeloupe proprement dite, à l'ouest, de figure ovale, allongée dans la direction du nord au sud, parallèlement à la chaîne volcanique qui coupe l'île en deux versants à peu près égaux ; cette chaîne comprend des pitons ou sommets de plus de 1,000 mètres d'altitude, dont le plus remarquable est celui de la Soufrière, au sud. La Basse-Terre est très boisée, très herbeuse, très arrosée ; on n'y compte pas moins de vingt rivières, qui souvent débordent, et dont la plus importante est la Goyave, qui coule du centre au nord. Les eaux thermales, ferrugineuses et sulfureuses, y abondent. Les anses, peu profondes, sont éclairées par des phares. Les dépendances ou satellites de la Guadeloupe sont : à l'est, la Désirade, à la forme allongée, aux côtes semées de récifs, au climat d'une merveilleuse salubrité, qui l'a fait choisir pour sanatorium ; au sud-est Marie-Galante, à figure circulaire, de formation volcanique, aux abords hérissés de falaises ; au sud, le groupement des cinq îlots des Saintes, rocheux et fortifiés, dans une position stratégique formidable, qui les a fait surnommer le Gibraltar de la mer des Antilles.

La Martinique. — La Martinique, de formation essentiellement volcanique, est traversée par une chaîne qui la coupe en deux versants égaux ; cette chaîne a des pitons aigus, que surmontent souvent des panaches de fumée, et projette des contreforts en tout sens. Cette île a les côtes bizarrement contournées, et, au sud, assez profondément découpées pour former de véritables golfes, dont le principal est celui de Fort-de-France, et des presqu'îles, dont l'une, la presqu'île Caravelle, à l'est, à une configuration très élégante. La Martinique est très abondante en eaux ;

il y pleut souvent, et de nombreuses rivières, dont la plus considérable est celle des Lézards, tributaire de la baie de Fort-de-France, y coulent dans toutes les directions.

Le climat des Antilles. — La superficie totale de nos Antilles n'atteint pas 3,000 kilomètres carrés. Le sol est partout très fertile ; le ciel, comme dans toute l'Amérique centrale, d'une admirable pureté, principalement du mois d'octobre au mois d'avril, c'est-à-dire durant la saison sèche. Les brises marines tempèrent alors la chaleur du climat : c'est le moment où l'acclimatation est facile aux Européens, tandis qu'il présente de sérieuses difficultés pendant la saison des pluies, que les vents alizés projettent parfois avec une furie dévastatrice. Ces pluies ne sont pas le seul fléau qu'on ait à redouter aux Antilles : aux pluies d'ouragan et aux raz de marée se joignent quelquefois des tremblements de terre capables de détruire de vastes plantations de canne à sucre, de cacaoyers, de tabac, et de renverser des bourgs entiers. Un tremblement de terre survenu en 1843 (février) détruisit de fond en comble la Pointe-à-Pitre et fit plus de 5,000 victimes à la Guadeloupe. Seize ans plus tard, un autre tremblement, moins terrible, il est vrai, bouleversa Fort-de-France à la Martinique. Sans la crainte de pareilles catastrophes, toujours impossibles à prévenir, les Antilles seraient un Paradis terrestre.

La flore. — Les productions sont nombreuses et variées ; la chaleur et l'excès d'humidité donnent à la végétation une exubérance incomparable. L'humidité excessive hâte toutefois la décrépitude des arbres; mais sur les dépouilles de l'arbre pourri et mort naissent des pousses drues et vives. Toutes les essences tropicales semblent s'être donné rendez-vous sur cette terre favorisée de la nature : arbres à fruits, de teinture, de construction, d'ébénisterie ; ceux qui méritent une mention spéciale sont : le palmiste, l'arbre à pain, le cocotier, l'acajou, le santal, le campêche, l'acacia, le bambou, l'oranger, le goyavier, le caoutchouc. Ces arbres et arbustes poussent d'eux-mêmes. Les planteurs réservent leurs soins à une série de cultures arborescentes et herbacées, telles que les diverses variétés d'épices, girofles, cannelle, poivre, etc., les plantes potagères et médicinales (ricin, ipécacuanah), le manioc, les patates et le maïs.

La canne à sucre. Le café. — Les cultures dominantes, celles qui font la richesse et alimentent le commerce des Antilles françaises, et, on peut ajouter, de toutes les Antilles, grandes et petites, sont : la canne à sucre, le café, l'indigo, le cacao, le coton. La plus importante de toutes est la canne à sucre, introduite par les Hollandais. Après avoir atteint, aux XVIIIe siècle, un essor extraordinaire, cette culture a beaucoup souffert de la concurrence des Etats-Unis et de celle de notre sucre indigène ou de betterave. C'est surtout la Martinique qui a été frappée. La culture de la canne à sucre est beaucoup mieux soutenue à l'Ile-de-la-Réunion, grâce à la plus-value de son outillage, bien que les épreuves ne lui aient pas non plus manqué. Après la canne à sucre vient le café, et de même que la Martinique passe après la Guadeloupe pour le sucre, elle passe avant pour le café. Cette production n'a pas eu d'épreuves à subir, non plus que le cacao, bien que l'ouragan de 1718 ait dévasté tous les cacaos des îles. Ces cultures n'occupent guère que 70,000 hectares, sur une superficie totale de 270,000. Le reste est en forêts, en savanes peu productives ou en friche. Les colons ont à peine songé à explorer les forêts, si riches en essences diverses, et à convertir les savanes en parcs à bétail.

Résultats économiques obtenus. Richesses inexploitées. — Il est important de remarquer que ces îles rapportent proportionnellement plus à leur métropole que les Antilles anglaises, plus nombreuses et quelques-unes bien plus étendues, comme la Jamaïque et la Trinité, à la leur. Le commerce extérieur atteint le chiffre de 125 millions, et la France en retire un assez gros bénéfice net. Et cependant il n'y a guère plus de vingt ans que ces colonies ont été débarrassées de la tutelle gênante de la prohibition, et qu'elles peuvent commercer librement avec l'étranger. La concurrence allait devenir excessive, disaient les partisans des mesures protectionnistes, et néanmoins l'extension commerciale a découlé presque aussitôt du principe vital de la liberté. Il reste pourtant bien des richesses inexploitées : sans parler des forêts, des minerais de fer et peut-être de l'argent que la nature volcanique du sol doit recéler, il est hors de doute que de la gigantesque solfatare de la Guadeloupe s'échappent des flots de soufre. L'exploitation en serait facile, comme celle des salines, et la France, au lieu de demander à la Sicile cette matière première, se suffirait à elle-même. Or, non seulement on n'a pas songé à l'extraction du soufre, mais encore on a refusé toute concession au colon qui l'a demandée. Cela est peu vraisemblable ; ce n'est malheureusement que trop vrai.

La faune. — Quant au règne animal, il est plus riche qu'il n'est désirable, surtout à la Martinique, en reptiles venimeux, dont le plus redoutable est le trigonocéphale ; en insectes de toutes sortes, araignées, guêpes, moustiques, fourmis, termites, rats, maringouins. Parmi les mammifères indigènes, d'ailleurs peu nombreux, on signale les agoutis et les sarigues. On a acclimaté quelques espèces d'Europe ; l'acclimatation du porc semble seule avoir donné des résultats appréciables ; les moutons, les bœufs et même les abeilles sont rares. Le mauvais état des savanes pourrait bien être la cause principale de cet insuccès ; qu'on apporte des soins plus assidus et plus intelligents à l'exploitation des savanes, et elles pourront nourrir de nombreux troupeaux. En revanche, les Antilles sont peuplées d'oiseaux superbes, parmi lesquels domine le perroquet, dont le babil infatigable égaye les solitudes.

Etat de la population. Blancs, noirs et mulâtres. — Quel est aujourd'hui l'état de la population aux Antilles françaises ? Il n'y a plus de Caraïbes : les colons ont exterminé ces féroces Peaux-Rouges. Les coolies hindous, dont le nombre s'accroît, présentent le même caractère qu'à l'île de la Réunion et ne méritent pas de mention spéciale. Deux races principales sont en présence : les blancs et les noirs, et entre eux les gens de couleur plus ou moins foncée, selon que les rejetons s'abstiennent plus ou moins de nouveaux croisements ; car, suivant la remarque fondée des ethnologistes, la descendance du sang mêlé a une tendance naturelle à se rapprocher du type le plus foncé. Le préjugé de la couleur y demeure vivace : un fait, entre plusieurs, qui en explique la persistance chez les blancs, c'est que les mulâtres sont presque tous des enfants naturels de blancs et de négresses ou des descendants d'enfants naturels issus d'une même provenance. C'est ce fait qui explique aussi l'antipathie des races de couleur contre les blancs. La question des préjugés de race et cette antipathie des gens de couleur remplacent maintenant aux Antilles la question si longtemps controversée et brûlante de l'esclavage. Cette crise de l'esclavage, aboli un peu prématurément peut-être en 1848, a sévi avec plus ou moins d'intensité, suivant l'habileté et le tact qu'ont su déployer les administrations locales.

Les préjugés de la couleur et les antipathies de races. — On remarque que les préjugés de couleur et les antipathies de races sont plus tenaces aux Antilles qu'à la Réunion. De là une situation souvent troublée. Les mulâtres, plus nombreux, rendent aux blancs leur mépris, et, disposant de la supériorité du nombre et de l'influence politique depuis les dernières réformes, ils appliqueraient volontiers leur intelligence, très vive, très compréhensive, à user de représailles envers leurs anciens maîtres aujourd'hui leurs égaux. On a sans doute quelque peu exagéré, et il y a à rabattre de cette assertion trop complaisamment répandue, d'après laquelle les instruments de liberté dont la métropole vient de doter ces colonies se seraient transformés en instruments d'oppression. Maint député, qualifié d'avocat fanatique et sectaire, n'est le plus souvent qu'un philanthrope ardent, un partisan convaincu des institutions démocratiques. Un fait cependant contre lequel il est impossible de s'élever pour en contester la vérité, et qui est regrettable à tous les points de vue, c'est l'émigration croissante des blancs : les anciens maîtres des îles commencent à les déserter. Aux administrateurs, étrangers par leur naissance aux passions insulaires, d'aviser avec impartialité. Il y va de l'avenir de ces colonies, où les doctrines séparatistes pourraient se faire jour.

La question du travail. — Une autre question non moins grave et urgente, c'est la question du travail. Au lieu de provoquer l'immigration asiatique, désastreuse, on commence à le comprendre à la Réunion, au double point de vue moral et économique, il serait préférable d'attirer les noirs au travail agricole par des salaires élevés, et de les retenir par de bons traitements ; c'est peut-être le seul moyen de les empêcher d'incliner fatalement à la barbarie, qu'ils confondent trop volontiers avec la liberté. Il ne serait pas moins préférable de tourner vers les Antilles le flot des Basques, dont le Brésil méridional et la Confédération Argentine se trouvent si bien. L'acclimatation est facile, puisque, dès le XVI° siècle, ce sont des colons blancs qui ont vaincu les Caraïbes et commencé le défrichement du sol. Ces blancs donneraient une plus-value à la colonie, permettraient l'exploitation complète d'un sol fécond, étendraient la viabilité, indispensable à tout établissement agricole et commercial.

Dénombrement de la population. Divisions administratives. Assimilation politique à la métropole. — L'administration a déjà réalisé des améliorations : il y a des écoles aux Antilles, quelques voies sûres, des ports, de belles et prospères plantations ; mais ce qui fait le plus défaut, c'est la population blanche ou créole. Au recensement de 1876, la population de la Martinique s'élevait à 162,000 habitants, dont 3,500 soldats ou fonctionnaires, 10,000 créoles seulement, 11,000 coolies hindous ou chinois, 140,000 nègres ou mulâtres ; la population de la Guadeloupe et de ses dépendances, à près de 200,000, avec une égale proportion de gens de couleur. La population s'accumule de préférence dans les chefs-lieux administratifs. Les îles forment deux gouvernements subdivisés : la Martinique, en deux arrondissements, chefs-lieux Fort-de-France, beau port peuplé de 15,000 habitants, et Saint-Pierre, plus au nord, (26,000) ; la Guadeloupe, en trois arrondissements, chefs-lieux Basse-Terre (10,000 h.), la Pointe-à-Pitre (20,000), Grand-Bourg de Sainte-Marie-Galante (7,000). On rattache au gouvernement de la Guadeloupe Saint-Martin, chef-lieu le Marigot, et Saint-Barthélemy, chef-lieu Gustavia. Ces villes ou bourgs sont organisés à la française, et tous les services administratifs, financier, judiciaire, municipal, y sont représentés. Le suffrage universel y est établi, mais il y a beaucoup d'indifférence à voter du côté des nègres ignorants et des blancs trop peu nombreux : de là la prédominance actuelle des mulâtres, à qui toute l'activité politique se trouve abandonnée. L'avenir du canal de Panama intéresse nos Antilles : il est temps de munir Fort-de-France de la Martinique, qui, grâce à sa position stratégique et maritime, est appelé à conquérir une grande importance, de tous les services en rapport avec sa future grandeur. Négliger de prendre ces mesures, ce serait s'exposer à être supplantés par les Anglais, et même par les Allemands, qui ne cessent d'avoir les yeux fixés sur la colossale entreprise de M. de Lesseps, et de méditer sur les avantages qu'ils pourront en retirer.

Saint-Pierre et Miquelon. — On ne peut pas quitter l'Amérique sans dire un mot de deux îlots situés entre l'Ile et le Grand Banc de Terre-Neuve. Ce sont les derniers et bien modestes vestiges de notre empire colonial de l'Amérique du Nord. Ils ne tirent cependant pas toute leur importance des souvenirs de l'histoire ; Saint-Pierre et Miquelon (la

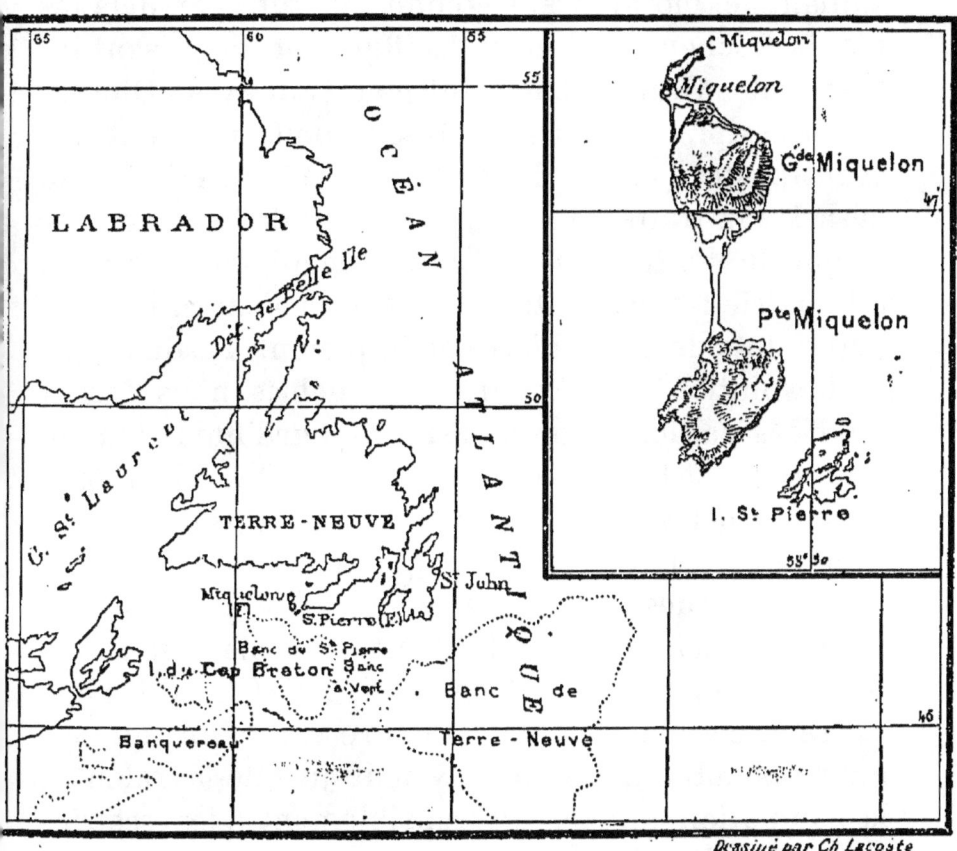

Dessiné par Ch Lacoste

Grande et la Petite) se recommandent en outre comme stations de nos grandes pêches.

Les Français dans l'Amérique du Nord. La perte du Canada. — L'apparition des premiers Européens dans ces parages se perd dans la nuit des temps, et il est avéré que des Normands scandinaves touchèrent les côtes septentrionales de l'Amérique longtemps avant que Christophe Colomb ne reconnût les îles de l'Amérique centrale et la Colombie. Mais ce n'est que sous le règne de François Ier que Jacques Cartier et Roberval plantèrent le drapeau français sur les rives du Saint-Laurent. Cette colonie, grâce à Champlain, à Cuvelier de la Salle et quelques autres vaillants explorateurs, s'étendit bientôt, par delà les monts Rocheux, à l'océan Pacifique, et, dépassant les bornes des Grands Lacs, eut pour annexes l'Ohio et le Mississipi. Le traité d'Utrecht nous en ravit les avant-postes (1713), Terre-Neuve et l'Acadie, et le désastreux traité de Paris, en dépit de la valeur héroïque de Montcalm et de l'attachement des Canadiens à la patrie française, tout le reste, à l'exception des petits îlots de Saint-Pierre et Miquelon. Perdus sous la Révolution et l'Empire, ces débris nous furent restitués par les traités de 1815. Aujourd'hui la langue française est la langue dominante à Québec et dans les principales villes du Canada; mais ce sont les délégués de la Grande-Bretagne qui président les assemblées politiques de cette terre française par le cœur, et qui fût demeurée tout à fait française, sans les fautes du gouvernement de Louis XV. Quand il nous fut ravi, cet empire allait prendre son essor, que les entraves administratives avaient jusque-là ralenti ; la population augmentait sensiblement ; les restrictions féodales et commerciales commençaient à tomber pièce à pièce, depuis que Law avait fait enlever aux Compagnies leurs privilèges abusifs ; au régime désordonné des aventures de chasse avait succédé l'ère régulière de la colonisation terrienne. En vérité le Canada ne méritait plus l'appellation injurieuse d'amas de neige, que lui appliqua Louis XV, lorsqu'il n'eut plus de fautes à commettre.

Saint-Pierre et Miquelon et le banc de Terre-Neuve. — Les îlots qui nous restent, rocheux, granitiques, aux côtes escarpées, ont une superficie totale de moins de 20,000 hectares. On n'y voit que des broussailles, quelques ruisseaux et des pâtis où broutent des moutons. Trop éloignés des effluves beinfaisantes du Gulf-Stream, ces îlots ne sauraient avoir de cultures régulières et l'on n'y voit pas d'arbres qui aient plus de trois mètres de haut. Ces amas de roches seraient même tout à fait déserts, s'ils n'étaient à proximité du grand banc sous-marin de Terre-Neuve, profond de 160 mètres, patrie d'innombrables légions de poissons, station où fermente la vie animale des mers, et où la morue aime à déposer son frai, à l'époque du printemps. Ce sont des Basques qui, en poursuivant une baleine, découvrirent ce banc, et y remarquèrent l'abondance extraordinaire des morues. Anglais et Français se précipitèrent à l'envi sur leurs traces. Aujourd'hui, les Basques, les Bretons, les Normands et les Flamands sont parmi nos compatriotes ceux qui s'adonnent avec le plus d'activité à la grande pêche. Quelques-uns ont fait souche de familles à Saint-Pierre et à Miquelon, où l'on compte un peu moins de 5,000 habitants.

La pêche de la morue. — Il semble qu'en dépit des primes offertes par l'Etat, des avantages réels faits par les armateurs de Bayonne, de Saint-Brieuc, de Granville, de Dieppe, de Dunkerque, etc., aux pêcheurs engagés moyennant un lot ou part variant entre 800 et 1,200 francs par saison, l'industrie de la grande pêche demeure stationnaire. Les dangers sont d'ailleurs considérables, et les veuves et les orphelins ne manquent pas dans les familles de pêcheurs sur la terre de France. Les vents et les brouillards causent, aux abords des bancs de Terre-Neuve, de fréquents et meurtriers abordages. Un autre inconvénient attiédit l'empressement des pêcheurs, l'absence de magasins ou entrepôts assez vastes aux îlots : « Eloignés du théâtre des pêches, dit M. Duval, et privés de la faculté de fonder des établissements à demeure, ne trouvant à Saint-Pierre que des magasins pour déposer (provisoirement) leurs marchandises, nos marins sont obligés d'apporter et de remporter tous les ans leur attirail de pêche ainsi que leur personnel, et de pratiquer à la hâte leurs opérations, source de faux frais énormes. »

Préparatifs de la morue. — L'abondance des morues est toujours extraordinaire, tant est grande leur fécondité. L'appât dont on se sert pour les prendre consiste, selon la saison, en hareng, capelon ou encornet ; mais comme elles sont surtout friandes de capelan, la pêche se trouve plus abondante de juin à juillet que dans les mois précédents ou suivants. Sortie de l'eau, la morue subit diverses préparations : d'abord on la décolle ou décapite, puis on l'habille ou fend en deux après l'avoir vidée ; on la sale ensuite et, cela fait, on procède à l'empilement. Ce travail, qui exhale une odeur des plus désagréables par le mélange du sang et de l'huile, se fait à bord ou sur la grève. L'opération finale est la dessication : elle se fait dans une cabane élevée sur pilotis et ouverte à tous les vents. Les débris pourraient être transformés en engrais animal, et l'on a le tort de les laisser perdre. Quant à la chair de la morue, elle entre pour une grande part dans l'alimentation des Européens et des Américains du Nord.

Le commerce de la morue. — La France consacre à cette pêche 600 navires et fait une production qui flotte entre 35 et 40 millions de kilogrammes, évalués de 14 à 16 millions de francs, et dont une partie est consommée par les peuples du Levant. On extrait de la morue une huile fort recherchée pour les maladies de poitrine, et l'on utilise les œufs comme appât dans la pêche de la sardine. Nous souffrons aujourd'hui de la concurrence anglaise et américaine, qui livre six fois plus de morues au commerce. En outre nos 4 millions de primes officielles représentent à peine le bénéfice net des particuliers. Il y a assurément des mesures à prendre, car il ne suffit pas que les sacrifices de l'État aient pour but exclusif de former une réserve pour la marine, de créer « un séminaire pour nos matelots », selon l'expression de Colbert. Les établissements industriels et commerciaux se défendent par des raisons économiques.

CONCLUSION

L'Europe se passionne pour les questions coloniales. Le dernier congrès de Berlin (1885), dû à l'initiative de M. de Bismarck, en a offert une preuve nouvelle. La France pouvait-elle demeurer indifférente à un mouvement qui tend à transformer jusqu'à la politique européenne ? Ayant repris conscience de sa valeur, et délivrée, grâce à la restauration de ses forces militaires, des anxiétés passées, elle a donné libre cours à son activité. Une part de cette activité a été consacrée aux colonies. Cette politique demande du sang-froid et de la constance. L'histoire des races colonisatrices ne mentionne pas que des victoires : ils ont subi des revers, dont ils ont triomphé, ces Anglais qui détiennent l'Inde, ces Russes, qui dominent le Touran et la Sibérie. La France n'est pas à l'abri des revers, mais avec de l'habileté et de la persévérance elle vaincra toujours et atteindra son but. On peut prévoir déjà que nos colonies les plus récemment conquises dépasseront leurs aînées. Il était difficile de reculer les limites de nos vieilles possessions coloniales, entourées de tous côtés de voisins solidement organisés. N'ayant pu les agrandir, le gouvernement républicain s'est efforcé, dans la mesure du possible, de les assimiler à la métropole, en même temps que, sous l'aiguillon des circonstances, il travaillait à annexer des territoires à peine explorés ou négligés jusqu'à ce jour. De là l'amélioration politique et économique de la Réunion, des Indes françaises, des Iles Polynésiennes, des Antilles, dotées de conseils délibérants ; de là l'extension de l'Algérie, du Sénégal, de la Cochinchine, sans détriment pour leurs libertés, de nos droits sur Madagascar, et demain peut-être, de la Nouvelle-Calédonie et d'Oboch. Ceux-là mêmes qui ont le moins approuvé ces entreprises guerrières lointaines, se rallieront à cette politique d'outre-mer, en la voyant se transformer à son heure en politique d'administration et de culture. Qui peut prévoir quelle sera la prospérité de notre empire colonial ? Ces perspectives glorieuses renferment, en dépit d'épreuves passagères, de quoi adoucir l'amertume de nos deuils toujours récents.

FIN

TABLE

	Pages.
Préface	V
Ire Leçon. — Intérêt des études coloniales. Histoire générale des colonies françaises	1
IIe Leçon. — L'Algérie. Son histoire	18
IIIe Leçon. — L'Algérie. Le sol. Les habitants . . .	39
IVe Leçon. — L'Algérie. Gouvernement et institutions. Colonisation. Résultats économiques obtenus. Un mot de notre Protectorat de Tunis . . .	62
Ve Leçon. — Le Sénégal. Le protectorat du haut Niger.	80
VIe Leçon. — Etablissements français de la côte de Guinée. Comptoirs de la Guinée septentrionale. Le Gabon. Etablissements de l'Ogooué et du Congo	100
VIIe Leçon. — Possessions africaines de la mer des Indes. La Réunion. Nos droits sur Madagascar. Possessions insulaires voisines de Madagascar. Oboch et Tadjourah	120
VIIIe Leçon. — L'Inde française. Le passé et le présent.	142
IXe Leçon. — L'Indo-Chine française. La Cochinchine et le Cambodge. Le protectorat de l'Annam et du Tonkin. Démêlés avec la Chine	164
Xe Leçon. — Colonies Océaniennes. La Nouvelle-Calédonie. Taïti et ses dépendances. Les îles Marquises.	189
XIe Leçon. — La Guyane française. Possibilité de la colonisation	210
XIIe Leçon. — Les Antilles françaises. La Guadeloupe et ses dépendances. La Martinique. Le droit de pêche à Saint-Pierre et à Miquelon	231
Conclusion	254

Compiègne.— Imprimerie HENRY LEFEBVRE, rue Solférino, 31.

A LA MÊME LIBRAIRIE

REVUE DE GÉOGRAPHIE

Publication mensuelle dirigée par M. Ludovic Drapeyron, professeur a lycée Charlemagne. La *Revue de Géographie* paraît tous les mois, depuis l 1er juillet 1878, par livraisons de 5 à 6 feuilles grand in-8° raisin, format d nos grandes revues littéraires, et forme, à la fin de l'année, deux beau volumes d'environ 500 pages chacun, imprimés sur beau papier, en carac tères neufs. Elle donne régulièrement des cartes exécutées avec soin. Pri de l'abonnement pour Paris.. 25
Prix de l'abonnement pour les départements et pour l'Union postale 28
Chaque numéro... 3
Chaque semestre, en un volume... 12 5
La *Revue de Géographie* forme aujourd'hui 18 volumes. Prix de la collec tion complète... 225
Table des travaux de la *Revue de Géographie* (directeur M. Ludovic Drapeyron dressée par M. Henri Stein, membre de la Société de Géographie, depui sa fondation en janvier 1877 jusqu'à décembre 1883. Volumes I-XIII. Tabl alphabétique par noms d'auteurs, table des articles, 1884............ 2 5

VOYAGE AU CAMBODGE

L'Architecture Khmer, par L. Delaporte, lieutenant de vaisseau, chef de l mission d'exploration des monuments Khmers, organisateur du musé Khmer, membre de la mission d'exploration du Mé-Kong et de l'Indo-Chine ouvrage renfermant 50 gravures hors texte sur papier teinté, dont 14 su double page, plus 120 dessins, dont 50 reproductions de photographies. U beau vol. grand in-8° jésus. Prix, broché........................... 20
Richement relié, tranche dorée, fers spéciaux....................... 28
Les Français au Tonkin, par H. Gautier, avec 6 cartes et 1 portrait d Francis Garnier, in-12, br... 3 5
Les Français à Madagascar, par L. Leroy, in-12, br., avec 1 carte.. 3 5
L'Égypte et la Tripolitaine, par Kohn-Abrest, in-8°, avec illustrations, br. 1 2
En Algérie, par le même, in-8°, avec illustrations, br............... 1 2
Voyage au pays des Kroumirs, par Antichan, in-8°, avec illustr., br. 1 2
La Tunisie autrefois et aujourd'hui, par le même, in-8°, avec illustration br.. 2 9
Vie et voyages du Dr Livingstone, par Gavard et Périer, in-12, avec illu trations, br... 2
Expédition anglaise au pôle Nord (1875-76), sous le commandement du cap taine Nares, traduction de M. F. Le Clerc, in-12, br............. 4
Impressions et Souvenirs de voyage dans les pays du Nord de l'Europe, pa Léouzon le Duc. Un volume in-4°, avec illustrations, br............. 3 9
Manuel franco-arabe, par Joseph Reinach et Ch. Richet, texte arabe pa O. Houdas, préface de V. Duruy, in-12, cart..................... 4 5

Paris — Imprimerie G. Rougier et Cie, 1, rue Cassette.

www.ingramcontent.com/pod-product-compliance
Lightning Source LLC
Chambersburg PA
CBHW050321170426

43200CB00009BA/1408